Ihr könnt mich nicht brechen

Ferzanna Riley

Ihr könnt mich nicht brechen

Im Teufelskreis von Missbrauch und Gewalt

Aus dem Englischen
von Andrea Hahn

Weltbild

Die englische Originalausgabe erschien 2007 unter dem Titel *Unbroken Spirit: A true story of a girl's struggle to escape from abuse* by Hodder and Stoughton – A Division of Hodder Headline Ltd, London

Übersetzung: Andrea Hahn
Projektleitung und Redaktion: usb bücherbüro, Friedberg/Bayern
Umschlaggestaltung: atelier seidel, teising
Coverfoto: © Thinkstockphoto/DrDjJanek
Satz: Datagroup int. SRL, Timisoara
Gesamtherstellung: CPI Moravia Books s.r.o., Pohorelice
Printed in the EU
978-3-8289-3309-5

2018 2017 2016
Die letzte Jahreszahl gibt die aktuelle Lizenzausgabe an.

Einkaufen im Internet:
www.weltbild.de

Zum wirklichen Leiden, zur Hölle wird das menschliche Leben nur da, wo zwei Zeiten, zwei Kulturen und Religionen einander überschneiden.

Hermann Hesse

Für Ion und Sophie

Kein Ort ist meine Heimat, es sind die Menschen.
Lois McMaster Bujold

Inhalt

Prolog
Gefangen!

Voller Angst warteten das Mädchen und seine jüngere Schwester eingesperrt in der stickigen Luft eines dunklen, schmuddeligen Zimmers. Tröstlich war nur, dass sie zusammen waren, egal was kommen mochte.

Das Haar des älteren Mädchens war schweißnass, und die Feuchtigkeit ließ ihr den Baumwoll-*Kamiz* am Körper kleben. Es war erst früher Abend, doch draußen war es schon dunkel. Im Osten gibt es keine Übergangszeit, während der der Tag gemächlich in den Abend hinüberdämmert. In diesem Teil der Erde rafft die Sonne ihre goldenen Röcke hoch, zieht sich hastig zurück und die Nacht fällt rasch ein. Die Grillen hatten angefangen, ihr vertrautes Abendlied zu singen, während die glühende Hitze des Tages einer willkommenen Brise wich, die den Duft von Orangenblüten und Jasmin über den Innenhof wehte.

Doch die klaustrophobische Enge dieser kleinen, stickigen Kammer, in der die Hitze das Atmen erschwerte, wurde von keiner sanften Brise erreicht. An anderen Orten im Haus gab es kühle Fliesenböden und geöffnete Fenster, vor denen Vorhänge in leuchtenden Farben zum Summen der *Punkhas* (Deckenventilatoren) tanzten. In diesem Raum aber war die Tür abgeschlossen und das kleine Fenster verriegelt und vergittert. Hier gab es nur nackten Betonboden und einen alten Standventilator, der zur Strafe früher am Abend abgeschaltet worden war.

Die Kammer war im Hauptteil des *Bungla* (Hauses) untergebracht und vom Dadda der Mädchen, dem Großvater väterlicherseits, für dessen Frau und junge Familie erbaut worden. Jahre später, als seine Kinder erwachsen waren, war die Mutter der Mädchen als junge Braut in diesen Raum eingezogen. Nachdem die Eltern ihn verlassen hatten, war er von anderen Familienmitgliedern bewohnt worden, denn die Söhne waren einer nach dem anderen verheiratet worden und hatten reihum ihre Bräute hierher gebracht. Als die dritte Generation der Familie sich vergrößerte, hatte Dadda angebaut und aufgestockt, neue Räume und ein weiteres Stockwerk hinzugefügt. Seit ihre Eltern zuletzt hier gelebt hatten, hatte sich das Haus bis zur Unkenntlichkeit verändert. Dieser Raum war jetzt zu unwichtig, nur noch eine Abstellkammer. In den vergangenen Monaten war er zugleich ein Gefängnis gewesen.

»Sie werden uns umbringen, stimmt's?«, flüsterte die jüngere Schwester. Es war eher eine Feststellung als eine Frage. Der Gedanke, hier getötet zu werden, führte ihnen die Realität ihrer Situation vor Augen. Hier in diesem Zimmer zu sterben, würde einer Ironie des Schicksals gleichkommen, denn genau in diesem Zimmer war das ältere Mädchen vor vierundzwanzig Jahren geboren worden.

»Ich glaube, ja«, antwortete die ältere Schwester, die nichts Tröstliches mehr zu sagen wusste. Vielleicht war es besser, das Unaussprechliche zuzugeben und sich auf das Unvorstellbare vorzubereiten. Monatelang hatten sich die Mädchen an die Hoffnung geklammert, dass auf wundersame Weise ein Gesinnungswandel geschehen und man sie freilassen werde oder dass ihnen die Flucht zur britischen Botschaft gelingen könnte, wo sie als britische Staatsangehörige auf ihr Recht pochen und nach England hätten heimkehren können. Doch jetzt war sogar dieser

Traum geplatzt. Sie hatten keine Hoffnung mehr. Bei der Erinnerung daran, wie man ihnen mitgeteilt hatte, dass sie England nie wiedersehen würden, wurde das ältere Mädchen von Heimweh überwältigt, und ein Schluchzen brannte ihr in der Kehle. Ihr war klar, dass sie hier entweder sterben oder verrückt werden würde.

»Glaubst du, dass sie heute Nacht kommen?«

Sie wusste es nicht. Vielleicht. Es hing davon ab, ob durch ihre Hinrichtung die *Izzat*, die Ehre ihrer Familie, gerettet werden konnte. Denn das hier war ein islamischer Staat, und in Pakistan kam es tagtäglich zu Ehrenmorden. Man hatte ihnen mit großer Ausführlichkeit erklärt, dass die Leute hier imstande seien, ihnen alles anzutun. Man hatte ihnen von Mädchen erzählt, die ermordet worden waren, weil sie ihre Familien durch »unmoralisches Betragen« entehrt hatten. Welcher Natur diese »Unmoral« war, beruhte auf einem äußerst subjektiven Befund, bei dem der Mörder Richter, Geschworener und Henker in einer Person war. Und was noch schlimmer war: Anstatt dafür bestraft zu werden, wurde den Familienmitgliedern Sympathie bezeugt, weil Ehrenmorde von einigen Muslimen nicht als Mord, sondern als gerechte Hinrichtung auslegt werden. Und was gibt es für einen Pakistani Größeres als die Ehre? Ein Mensch kann nicht ohne *Izzat* leben. Dann lieber sterben. Oder eine Tochter, die einem Schande und Ehrlosigkeit einbringt, töten. Fordert es der Koran nicht so?

Sie wusste nicht, wie lange sie beide noch durchhalten würden. Sie verloren ihren Kampfgeist. Und dennoch, allein schon diese Aussicht verlieh ihr eigenartigerweise den Willen und die Entschlossenheit zu überleben. Solange sie atmete, würde sie weiterkämpfen. Sie zuckte zusammen, als sie sich daran erinnerte, wie sie im wahrsten Sinn des Wortes zum ersten Mal zurückgeschlagen hatte.

»*Haramzahdi!* Hure!«, hatte die Frau ihre jüngere Schwester angebrüllt. »Du lebst mit deinen westlichen Sitten wie eine Hure und bringst Schande über mich. Mir wäre lieber, du wärst tot.«

Sie schnappte sich den Gehstock des alten Mannes und hob ihn hoch, um das Mädchen zu schlagen. Das duckte sich, als der Schlag heruntersauste.

»Nein! *Wag nicht*, sie zu schlagen!«, schrie das ältere Mädchen. Sie sprang nach der Waffe, um ihre Schwester zu schützen, und fuhr vor Schmerz zusammen, als ihr eigener Körper den Schlag abbekam. »Lauf!«, rief sie und packte den Gehstock mit beiden Händen, bevor er wieder erhoben wurde.

»*Shaitan ki aulad!* Ausgeburt des Teufels!«, spie ihr die Frau entgegen und wandte sich mit hasserfüllten Augen ihr zu. »*Haramin!* Das ist alles *dein* Werk! Sie macht alles, was du ihr durch Gehirnwäsche beibringst! Man hätte dich an dem Tag, an dem du geboren wurdest, erwürgen sollen!«

»Du bist verrückt«, schrie das Mädchen. Irgendetwas in ihr rastete plötzlich aus, jegliche Vernunft war weg, als der Hass auf diese Frau von ihr Besitz ergriff. Es war ihr egal, was sie ihr noch alles antun würden. Das hier war Wahnsinn, entstanden aus Kummer und Verzweiflung. Sie spürte, dass sie es nicht mehr ertragen konnte.

»Lass los!« Sie zerrte an dem Stock. »Ich *sage*, lass los!«

»Was hast du vor?«, wollte die Frau wissen. Plötzlich hatte sie Angst. Irgendein Instinkt sagte ihr, dass sie den Stock nicht loslassen durfte. Sie klammerte sich um des nackten Lebens willen daran und schrie um Hilfe. Schritte eilten herbei, das Mädchen wurde gepackt und voller Abscheu zu Boden gestoßen, während die Frau in Sicherheit gebracht wurde und weinend vor Erleichterung in den

Armen ihrer Retter zusammenbrach. Trotzdem weigerte sie sich noch immer, ihren angstvollen Griff zu lösen. Denn sie, die Mutter des Mädchens, wusste genauso gut wie das Mädchen selbst, dass ihre Tochter ihr den Schädel einschlagen würde, wenn sie die Kontrolle über die Waffe verlor.

Das alles hatte vor ein paar Wochen stattgefunden. Heute Nacht hatten die Mädchen das Bett quer in den Raum gestellt, um die Tür zu beobachten und auf der Hut zu sein, falls jemand die Kammer betreten sollte. Die ungewohnte Platzierung des Bettes verstärkte ihre Beklommenheit, und beiden war klar, dass sie nicht so ohne Weiteres in den Schlaf finden würden. Während sie im Bett lagen, war Schlaf das Letzte, was sie wollten. Sie hatten viel zu große Angst, ihre Augen zu schließen, zu große Angst, nie wieder aufzuwachen. Denn das konnte heute die Nacht sein – die Nacht, in der ein leiser Henker in den Raum schlich und sie ermordete.

Das ältere Mädchen setzte sich im Bett auf, und ein plötzliches Frösteln ergriff ihr Herz, als sie hörte, dass sich Schritte näherten ...

TEIL 1

Ein chaotischer Anfang

1
Am Anfang stand Misshandlung

An das, was wir aus der Kindheit in Erinnerung haben,
erinnern wir uns immer.
Cynthia Ozick

In meiner Kindheit und Jugend wurde ich als Hure, Bastard und Verrückte bezeichnet.

Von früh an reagierte ich auf eine Vielzahl von Namen, die sich im Grunde alle auf einen Nenner bringen ließen. *Sali, Haramin, Haramzadi, Kameeni* waren diejenigen, die mir am vertrautesten waren, doch auch Namen, die verschiedene unaussprechliche sexuelle Akte und Perversionen bezeichneten, wurden mir entgegengeschleudert, lange bevor ich alt genug war, um zu verstehen, was sie wirklich bedeuteten.

Mein Vater konnte mich einschüchtern, indem er mich einfach anschaute und ein Sortiment dieser Obszönitäten benutzte, die die Vorstellung von Unehelichkeit, Promiskuität und sexueller Abartigkeit weckten. *Bhahenchode* (Schwesterf...er) und *Maaderchode* (Mutterf...er) gehörten zu denen, die ich regelmäßig hörte, aber erst viele Jahre später verstand. Als ich klein war, waren es für mich einfach Worte, die mein Vater gebrauchte, wenn er wütend war. Erst als ich heranwuchs und mir mit der Zeit den Wortschatz einer Erwachsenen erwarb, erkannte ich voller Entsetzen und Beschämung, was er damit gemeint hatte. Aus diesem Grund fluchte ich nie auf Urdu, denn selbst die schlimmsten englischen Kraftausdrücke, die ich ausstieß, kamen nicht an die heran, die ich zu Hause aus reiner Gemeinheit gehört hatte.

Meine Mutter bestrafte mich selten, aber wenn es nötig war, erteilte sie mir einen Verweis oder eine Ohrfeige. Eine Ohrfeige war dagegen etwas, was meinem Vater ganz fernlag. Ein Schlag mit der geschlossenen Faust, einer harten männlichen Faust, fügte sehr viel größeren Schmerz zu. Ohrfeigen und Hausschuhe waren etwas für Amateure, insbesondere wenn die Schläge nicht der Disziplinierung galten, sondern dazu dienten, Frust oder Wut wegen etwas abzureagieren, was gar nicht damit in Zusammenhang stand.

Er zerrte mich an den Haaren durch den Raum, malträtierte mich mit der Faust, schlug meinen Kopf gegen harte Gegenstände. Manchmal würgte er mich und ließ erst los, wenn ich schon fast bewusstlos war. Oder er schleuderte meinen Körper gegen eine Wand, eine Tür, auf einen harten Fußboden. Ich wurde zu Boden geworfen, getreten und geschlagen. Er rammte mir seine Fäuste ins Gesicht, in den Kopf, in die Rippen. Kein Zentimeter meines Körpers wurde verschont. Er benutzte seine Fäuste und Füße und alles, was ihm in die Finger kam – einen Gürtel, einen Stiefel, die losen orangefarbenen Plastikschienen einer Autorennbahn; jede Form von Hilfsmittel, sofern es mir nur wehtat. Ihm tat es nicht weh. Meine Schreie ließen ihn nur noch heftiger zuschlagen, und er hörte erst auf, wenn er keine Kraft mehr hatte. Manchmal keuchte er aus purer körperlicher Anstrengung und brauchte Zeit, um wieder zu Atem zu kommen.

Meine verzweifelte Mutter entfernte mich wortlos aus seiner Gegenwart, untersuchte, ob meine Knochen intakt waren, und säuberte mein zerschundenes Gesicht, die aufgeplatzten Lippen und die abgeschürfte Haut. Später erlitt ich die Demütigung von verschwollenen Augen und vielfarbigen Blutergüssen, die meinen Geschwistern mitleidige Seufzer entlockten. Man erließ mir meine Haushaltspflichten, während meine Wunden heilten: lädierte Gelenke und Gliedmaßen, gequetschte Finger, ein Arm, auf den ich ungut gefallen war, ein Hinken, wenn er meine Hüfte gegen den Tisch geschmettert hatte. Es war meine Pflicht, ihm aus dem Weg zu gehen und seine Gefühle zu schonen, wenn er wieder der »gute Vater« war.

Es brauchte nicht viel, um die Gewaltexzesse meines Vaters auszulösen. Jeder Vorwand war ihm recht, um eine kräftige Tracht Prügel zu rechtfertigen, etwa, dass ich nicht genug Salz in sein Abendessen gegeben hätte. Oder Pfeifen ...

Der »Pfeif«-Vorfall ereignete sich, als ich etwa sieben Jahre alt war. Eines Nacht kam er nach Hause und war über etwas verärgert, das sich bei der Arbeit zugetragen hatte. Sein Nörgeln nahm Fahrt auf, seine Stimme wurde lauter und weckte mich, während ich oben schlief. Als seine Sprache vulgärer wurde, wusste ich aus früheren Erfahrungen heraus, was passieren würde. Genau wie ich befürchtet hatte, donnerten seine wütenden Schritte die Treppe herauf und platzten in mein Zimmer. Mein Kopf knallte zuerst auf dem Boden, als er die Decken zurückwarf und mich an meinen Beinen aus dem Bett zerrte. Er schüttelte mich und forderte von mir, ihm zu sagen, warum ich am Tag zuvor, in der Woche zuvor – oder war es im Monat zuvor? – gepfiffen hätte. Es war wirklich egal, was das Verbrechen war oder wann es begangen worden war, Hauptsache, es verschaffte ihm einen Vorwand, mich zu schlagen. Weinen war verboten. Ich lag auf dem Boden, als er von mir fortging, und wagte nicht, mich zu bewegen oder einen Ton von mir zu geben, das Gesicht abgewandt, die heißen Tränen leise herabrollend. Erst als er wieder unten war und sich hingesetzt hatte, um zu Abend zu essen, wagte ich es, meine steifen Glieder zu bewegen, mich ins Bett zurückzuschleppen und mich lautlos in den Schlaf zu weinen, wissend, dass ich meinen Zweck erfüllt hatte.

Ich erinnere mich nur allzu deutlich daran, wie ich das erste Mal Todesangst verspürte.

Mein Vater besuchte meine Mutter und das neugeborene Baby im Krankenhaus und ließ meine zehnjährige Schwester und mich zu Hause zurück, damit wir auf die jüngeren Kinder aufpassten. Da es spät war, nahmen wir an, dass er an jenem Ort Halt gemacht hatte, wo er immer den seltsamen Geruch im Atem herbekam. Die anderen beiden Babys, ein und zwei Jahre alt, schliefen und der originale *Godzilla*-Film in Schwarz-Weiß lief im Fernsehen. Nach heutigem Maßstab erscheint dieses Plastikmonster primitiv, aber in den späten 1960ern war es herrlich gruselig. Wir waren davon so gefesselt, dass wir nicht bemerkten, wie mein Vater hereinkam.

Er hörte, dass meine Babyschwester Farah im Bett quengelte, marschierte hin und entdeckte, dass ihre Windel ausgelaufen war und ihre Kleider sowie das Bettzeug verdreckt waren (seit diesem Tag löst die Farbe von Coronation Chicken Brechreiz bei mir aus). Das Zimmer schien zu schrumpfen, als mein Vater sich weitaus erschreckender als Godzilla und sehr real, sehr wütend vor uns aufbaute. Wie erwartet, richtete sich die verbale und körperliche Misshandlung einzig gegen mich, doch an diesem Abend nahm die Gewalt, obwohl ich an die Ausbrüche ja gewöhnt war, eine erschreckend neue Wendung.

Zu meinem ungläubigen Entsetzen packte er in der Küche ein großes Messer und zerrte meinen Kopf an den Haaren in den Nacken, dabei brüllend, dass er mich wie ein Tier abschlachten werde. Er entblößte meinen Hals und hielt mir das Messer an die Kehle. Ich war mir dessen kaum bewusst und nahm nur wahr, dass dies die letzten Momente meines Lebens sein mussten.

Meine Schwester fiel auf die Knie, schlang die Hände ineinander, weinte und flehte meinen Vater an, mich nicht umzubringen. Erst da flaute seine Wut ab und er gab mich frei. Anschließend ging er hinaus und ließ uns zurück. Noch voller Angst angesichts dessen, was eben geschehen war, beseitigten wir schluchzend das Chaos.

Mein Vater hätte mich beinahe umgebracht, indem er mir die Kehle aufschlitzen wollte. Ich war sechs Jahre alt.

2
Ein neues Leben in England

Es gibt nur zwei Vermächtnisse von Dauer, die wir unseren
Kindern hinterlassen können. Das eine sind Wurzeln, das
andere Flügel.
William Hodding Carter II

Vielleicht wäre alles anders gelaufen, wenn ich wie meine
(um vier Jahre ältere) Schwester in der Lage gewesen wäre,
eine Beziehung zu meinem Vater aufzubauen, bevor er
emigrierte. Ich war erst ein paar Monate alt, als er Pakistan
verließ, um in England ein neues Leben anzufangen.
   Mein Vater war eines der Mitternachtskinder von 1947.
Geboren in Allahabad, war er von der Nationalität her Inder – bis er und Millionen von Muslime am 14. August
1947 Schlag Mitternacht plötzlich aufhörten, Inder zu
sein, eine neue Nationalität erhielten und Pakistani wurden. Nach fast zweihundert Jahren war die Ära der britischen Besatzung zu Ende. Als Lord Louis Mountbatten,
der letzte Vizekönig von Indien, und der Rest der Briten
das Land verließen, war infolge der Unabhängigkeit in
den westlichen Teilen des damaligen Indien eine neue Nation entstanden. Es handelte sich um den islamischen
Staat, den der Gründervater Mohammed Ali Jinnah aus-
gehandelt und propagiert hatte. Er war ein brillanter An-
walt, in England erzogen. Die neue Nation gab ihm den
Titel als *Quaid-e-Azam* oder »Großer Führer«. Pakistan,
das Land der *Pak*, der Reinen, erstreckt sich von Karatschi,
einem florierenden Hafen an der Küste des Arabischen

Meers, im Süden über die abschreckende Grenze zu Afghanistan im Nordwesten bis an den Fuß des Himalaya im Norden.

Dadda, unser Großvater väterlicherseits, und Nanna, unser Großvater mütterlicherseits, die sich erst noch kennenlernen mussten, nahmen damals ihre Frauen und kleinen Kinder und machten sich auf die weite, gefährliche Reise entlang der inzwischen berühmten Grand Trunk Road und passierten die neu gezogene Grenze, um sich in Karatschi niederzulassen, nachdem sie einen blutigen Weg voller Massaker und Elend überlebt hatten. Muslime zogen nach Pakistan, während Hindus in die andere Richtung abwanderten, um nach Indien zu gelangen, und die gesamte Strecke entlang schlachteten sich Muslime und Hindus – Männer, Frauen und Kinder – gegenseitig ab, einzig weil sie unterschiedlichen Glaubens waren. Die Unabhängigkeit der indischen Muslime wurde auf Kosten von viel Hindu- und Moslem-Blut erkauft. Millionen ließen infolge der Teilung ihr Leben. Die Gräueltaten, die von beiden Seiten verübt wurden, brannten sich in das Gedächtnis all derjenigen ein, die Zeugen geworden waren. Meine Eltern, die zu jener Zeit kleine Kinder waren, vergaßen sie nie.

Nachdem er diese Erfahrung durchlebt hatte, war Dadda, ein willensstarker und energischer Mann, entschlossen, reich zu werden. In Indien hatte er ein besonderes Talent besessen, Geld zu verdienen, und als er nach Pakistan kam, war das nicht anders. Die politischen Umwälzungen, die sich auf dem indischen Subkontinent ereigneten, hatten zur Folge, dass er in Allahabad alles zurücklassen musste. Nur einen Ochsenkarren mit seiner jungen Familie und den Besitztümern, die sie tragen konnten, hatte er beladen können. Sobald sie in dem neuen Land angekommen waren, ließ er sich auf dem Grundstück nieder, das ihnen die Regierung überlassen hatte, und baute ein Heim für die Familie und ein neues Geschäft auf. Der Charakter dieses Geschäftes änderte sich regelmäßig, doch sein Talent, Geld zu verdienen, blieb sich gleich. Er hatte eine Tochter und sechs Söhne, und als sie alt genug waren, das Ruder zu übernehmen, besaß Dadda ein großes Einfamilienhaus und ein erfolgreiches, blühendes Unternehmen. Mein Vater erzählte uns, dass Dadda immer ein zusammengerolltes Bündel Geld im Innenfutter seiner *Kurta* trug, weil es ihm ein Gefühl von Sicherheit vermittelte, jederzeit Geld zur Hand zu haben.

Noch wichtiger war, dass es ihm darüber hinaus Status und Ansehen verlieh. Die Familie hatte sich in der Gesellschaft einen Namen gemacht. Die Söhne übernahmen das Geschäft, und die Tochter Zainab wurde aufs College geschickt und machte einen Abschluss als Anwältin. Sie arbeiteten schwer und erreichten das, wofür es sich nach Ansicht aller Pakistani lohnt, zu leben und zu sterben: Sie besaßen *Izzat.* Ehre.

Es war unschwer zu erkennen, warum mein Vater der Liebling seiner Eltern war. Er war der attraktivste und kultivierteste unter seinen Brüdern und besaß das gute Aussehen eines Filmstars. Noch ungewöhnlicher war, dass mein Vater in einem Land, in dem die Mehrheit der Bevölkerung braune Augen hatte, blaugraue Augen sein Eigen nannte. Er hatte sie von Dadda geerbt, der stechend blaue Augen hatte. All das ließ meinen Vater aus den anderen herausragen.

Mein Vater bewies schon von klein auf, dass er ein Sohn war, auf den seine Eltern stolz sein würden. Er brachte ihnen *Izzat* ein, indem er alles tat, was von ihm erwartet wurde. Er absolvierte das College, fand eine gute Stelle, heiratete ein passendes Mädchen und wurde Vater. Er war der perfekte Sohn, Bruder und Ehemann; er wurde von seiner Familie so heiß geliebt, dass sein Kosename Acha Bai (Großer Bruder) lautete. Mein Dadda und meine Daddi (meine Großmutter väterlicherseits) versteckten ihren Stolz und ihre überwältigende Liebe für ihren Sohn keine Sekunde und nannten ihn einfach Acha.

Allerdings erbte er auch Daddas Entschlossenheit und Abenteuergeist, und es war offensichtlich, dass er immer anders handelte als seine Brüder. Obwohl es für seine Eltern und Brüder ein herber Schlag war, überraschte es daher auch niemanden, als er verkündete, dass er auswandern würde, um mit seiner jungen Familie ein neues Leben in England zu beginnen.

In den 1960er-Jahren herrschte in England wirtschaftliche Hochkonjunktur. Fast zwei Jahrzehnte nach dem Ende des Krieges hatte das Land seine Wirtschaft wieder aufgebaut, und die Aussichten auf einen Arbeitsplatz waren hervorragend. Genau genommen hatte das Land sogar das Problem, dass es einen Überfluss an Stellen gab, was der einheimischen Arbeiterschaft erlaubte, sich die Rosinen herauszupicken und jene Stellen nicht zu besetzen, die als schmutzig, niedrig oder schlecht bezahlt angesehen wurden. Insbesondere in der Schwerindustrie, die in den westlichen Midlands, in Städten wie Birmingham und Coventry, ansässig war, sowie in den florierenden Textilfabriken von Lancashire und Yorkshire gab es Bedarf an billigen Arbeitskräften.

Deshalb erging eine Einladung an Commonwealth-Staaten wie Pakistan (und die Karibischen Inseln, wo England bei Menschen, die noch nie einen Fuß auf dessen Boden gesetzt hatten, noch immer als »Mutterland« bezeichnet wurde). Sie richtete sich an Männer; sie sollten kommen, um als Busfahrer, Fabrikarbeiter, Reinigungskräfte und in anderen Tätigkeiten zu arbeiten, die die Briten nicht machen wollten. Bis auf den heutigen Tag stehen kleine und große Städte im Norden, etwa Bradford, Preston, Blackburn, Manchester und Birmingham, mit den großen pakistanischen Gemeinschaften in Verbindung, die während er 1960er-Jahre kamen. Mein Vater war einer von denen, die das Wagnis eingingen.

Im Nachhinein glaube ich, dass viel von seiner Frustration daher rührte, dass er eine Arbeit verrichtete und einen Lebensstil führte, die er und seine Familie als unter seiner Würde ansahen. Er kam mit sechs englischen Pfund in der Tasche an und nahm am Stadtrand von Preston in Lancashire eine Arbeit in der Courtaulds-Fabrik auf. Für ihn war das ein sozialer Abstieg. Er tauschte Hemd und Krawatte im Büro gegen einen Overall in einer Fabrik ein, um seinen Kindern Möglichkeiten zu eröffnen, die es in Pakistan nicht gab.

Jeder, dem die pakistanische Kultur fremd ist, wird sich wohl fragen, warum ein Mann die Sicherheit eines großen Familienverbandes, ein komfortables Zuhause, Dienerschaft, Status und Rang hinter sich lässt, um auf der anderen Seite der Erde auf der unteren Sprosse der sozialen Leiter noch einmal von vorn anzufangen. Um das zu verstehen, muss man verstehen, was für ein Mensch mein Vater war.

Die Herausforderung, seine Kinder in einem neuen Land, mit einer anderen Kultur und anderen Möglichkeiten aufzuziehen, war für einen Mann, der sich in seiner Komfortzone nie wohlgefühlt hatte, einfach unwiderstehlich. Mein Vater wollte Grenzen überschreiten, etwas tun, was noch nie jemand in seiner Familie getan hatte, und erreichen, was noch keiner erreicht hatte. Er achtete seinen Vater für dessen Fähigkeit, in einem fremden Land noch einmal von vorne anzufangen und sich auch jetzt wieder wacker zu schlagen. Sobald seine Zeit da sein würde, sollte mein Vater die Früchte all dessen ernten, was Dadda in seinem Leben erreicht hatte, sofern er sich entschied, sein Erbe anzutreten. Doch die Verantwortung, Oberhaupt der Familie zu sein, verlockte ihn zu keiner Zeit. Was ihn lockte, war die Aussicht, in England aus sich selbst heraus – und ohne dass seine weitverzweigte Familie ihm half oder ihn hemmte – erfolgreich zu sein. In Pakistan war mein Vater nicht einmal in der Lage gewesen, die Namen für seine eigenen Kinder selbst auszusuchen.

Das war nichts Ungewöhnliches. Ein junges Paar beginnt sein Eheleben bei den Eltern des Ehemannes und hat normalerweise bei der Namenswahl, in Bildungsfragen und in der Erziehung seiner eigenen Kinder wenig mitzureden, da die Großeltern eine herausragende Stellung einnehmen. Setzt er seinen eigenen Willen durch, riskiert der Sohn unter Umständen, dass seine Eltern verärgert sind und das heimische Boot ins Schlingern gerät. Oder er kann den Weg des geringsten Widerstands gehen und ihnen freie Hand geben. Meinung und Wünsche seiner jungen Frau in Bezug auf ihren Nachwuchs zählen kaum, sofern es das Terrain ihrer Schwiegermutter betrifft. Meine Daddi war nicht anders als andere pakistanische Schwiegermütter. Sie war eine sehr energische Frau, die einen Sturm entfacht hätte, hätte sie nicht in jedem Lebensbereich ihrer Enkel freie Hand bekommen – angefangen bei dem, was sie anzogen, bis hin zu ihren Namen.

Als ich zur Welt kam, nannten mich meine Großeltern nach dem Großmogul, der das Taj Mahal erbaut hatte. Warum sie mir einen männlichen (wenn auch königlichen) Namen verliehen, war ein Rätsel. Ob meinen Eltern der Name gefiel oder nicht, die Entscheidung wurde in ihrem Interesse gefällt, und sie hatten sie zu akzeptieren. Doch so sehr er in Pakistan den Großeltern ihr Vorrecht zugestand: Eines der ersten Dinge, die mein Vater nach meiner Ankunft in England erledigte, war die Änderung des Namens, den man mir bei meiner Geburt gegeben hatte. In Pakistan hatte man mich Shah Jahan gerufen, in England nannte mich mein Vater in Ferzanna um.

Als mein Vater seine Träume verwirklichte und nach England ging, ließ er seine junge Frau und die beiden Töchter zunächst in der Obhut seiner Eltern zurück. Während dieser Zeit schickte er regelmäßig Geld, um uns drei in Pakistan zu unterstützen. Für die erste Generation pakistanischer Männer, die nach England kam, war es kein einfaches Leben. Während sie in den Fabriken, wo ihre billige Arbeitskraft gebraucht wurde, toleriert wurden, hieß man sie in der Gesellschaft, die sie eingeladen hatte, hier zu leben und zu arbeiten, nicht willkommen. Mein Vater erzählte uns Geschichten aus der Anfangszeit, in der die Pakistani sich gegenseitig helfen mussten, um zu überleben.

Zum einen war es ein Problem, eine Behausung zu finden. *Angrezis* –Engländer – waren »Farbigen« gegenüber misstrauisch. Gegenüber einem Volk und einer Kultur, denen sie bis dato niemals begegnet waren, zeigten sie sich noch misstrauischer. Zum anderen hatten sie noch nie zuvor solches Essen kennengelernt, und Leuten, die mehr an den Geruch von gekochtem Schinken und gedämpftem Kohl gewöhnt waren, galten die würzigen Aromen einer Küche, die die britische Nation innerhalb der nächsten Dekade faszinieren sollte, als etwas entschieden Fremdes und daher Abstoßendes. Was sie nicht kannten, mochten sie nicht. Ihrer Meinung nach brachten die Pakistanis einen seltsamen, penetranten Geruch mit sich, der ihre Häuser durchzog und sich in ihren Kleidern festsetzte. Das weckte ihren Widerwillen, den stinkenden »Pakis« ihre Häuser oder Zimmer zu vermieten. Also mussten sich die pakistanischen Männer gegenseitig helfen.

In einer Kultur, in der *Biraderi* (Brüderlichkeit) ganz natürlich ist, kauften sich die Männer während jener frühen Jahre gezwungenermaßen gemeinsam ein Haus und vermieteten Zimmer an andere Pakistani. Die *Biraderi* kam den Männern enorm zu Hilfe. Sie bot ihnen in ihrer Einsamkeit und Trennung von ihren Familien Kameradschaft, und sie bot ihnen auch finanzielle Vorteile. Räume und sogar Betten wurden in Schichten vermietet, um die Belegung der Unterkunft zu maximieren und möglichst viel Geld zu sparen, das nach Hause geschickt werden konnte. Zudem hatten die Männer in ihren eigenen Häusern die Freiheit, zu kommen und zu gehen, wie sie Lust hatten, ohne von neugierigen Vermieterinnen überwacht zu werden, die immer auf das verdächtige oder abartige Verhalten lauerten, mit dem sie vonseiten dieser Fremden mehr oder weniger rechneten.

Noch wichtiger war, dass die Männer in ihren eigenen Häusern die Freiheit hatten, das *Desi* (heimische) Essen zu kochen, das den *Angrezis* widerstrebte, in ihnen aber die Erinnerung an das Leben und die Familien weckte, die sie zurückgelassen hatten.

Schon in diesen Anfangsjahren hatten die ersten geschäftstüchtigen Orientalen schnell die wachsende Nachfrage auf dem Markt entdeckt und Geschäfte eröffnet, um authentische asiatische Nahrungsmittel zu importieren und anzubieten, von denen man damals in diesem Land noch nichts gehört hatte – Gewürze wie Chili, Kurkuma,

Koriander und Kreuzkümmel sowie exotische Gemüsesorten wie Okraschoten und Auberginen. Diese Geschäfte waren außerdem die einzigen Orte, wo die Männer *Halal* oder koscheres Fleisch erstehen konnten, das ihre Religion vorschrieb. Zunächst gab es nur wenige dieser speziellen orientalischen Läden, und sie lagen weit auseinander, aber sie wurden in dem Maße mehr, wie der Bedarf wuchs.

Wie andere Männer in seiner Lage, mietete mein Vater ein Zimmer im Haus eines Freundes. Er arbeitete hart, um sich in dieser misstrauischen, unfreundlichen Gesellschaft etablieren zu können, die seine überqualifizierte Arbeit brauchte, ihm im Gegenzug aber keine Unterstützung oder Ermutigung anbot. Der Tatendrang und die Entschlossenheit, die er von seinem eigenen Vater geerbt hatte, halfen ihm voranzukommen. Innerhalb von drei Jahren hatte er genug gespart, um sich seine eigene Immobilie zu kaufen, einen englischen Führerschein zu erwerben und sein erstes Auto, einen braunen Morris Minor, zu erstehen.

Sogar in jener Zeit unterschied er sich von den anderen Pakistani. Die meisten hatten Gegenden ausgespäht, die bereits von Pakistani bewohnt wurden und in denen sie sich sicher fühlen konnten, da sie von ihrer eigenen Sippe umgeben waren. Als weitere Migranten aus Pakistan dorthin übersiedelten, zogen die *Angrezi* weg. Dadurch entwickelten sich in den erschwinglicheren oder ärmeren Stadtteilen zunehmend rein pakistanische Viertel. Ich erinnere mich noch gut an eine solche Gegend in Preston, in der es Reihenhausstraßen gab und noch immer gibt, die alle nach Vögeln benannt waren. Sie trägt den Spitznamen »Kanarische Inseln«. Diese Gegend erstreckte sich bis in einen Bezirk namens Deepdale, einen der ersten Bezirke, in denen es eine eigens erbaute Moschee und spezielle pakistanische Geschäfte gab und wo es ganz normal war, Leute zu sehen, die im traditionellen *Shalwar Kamiz* herumliefen.

Mein Vater jedoch wollte ein nettes Haus in einer besseren Gegend. Er mied die Viertel, in denen andere Pakistani begonnen hatten, sich niederzulassen, und mietete ein Haus in der Morgan Street, die eine reine *Angrezi*-Straße war. Seiner Überzeugung nach war Integration und nicht Absonderung der Weg, in einem neuen Land zu leben.

Nachdem er ein Heim für seine Familie geschaffen und für drei Flugtickets gespart hatte, war er endlich in der Lage, uns nachkommen zu lassen.

Für meine Mutter war das eine riesige Erleichterung. Nachdem ihr Mann auf die andere Seite der Erde abgereist war, um für seine Familie ein neues Leben aufzubauen, war ihr wie so vielen pakistanischen Ehefrauen nichts anderes übrig geblieben, als mit ihren Kindern an Ort und Stelle auszuharren. Sie lebte bei ihrer Schwiegerfamilie, wartete auf den Tag, an dem er sie holen würde, und nahm hin, dass es einige Zeit dauerte, während der er schwer arbeitete und Geld sparte, um eine Wohnung zu finden und, was genauso wichtig war, um für die Flugtickets zu sparen.

Von Zeit zu Zeit drangen beunruhigende Geschichten von Männern nach Pakistan durch, die Frau und Kinder in der Absicht zurückgelassen hatten, im Westen ein besseres Leben zu führen. Man sagte, dass sie etwas mit *Goris* (weißen Frauen) angefangen hatten, sobald sie in England waren. Manche holten ihre Familien schließlich, machten aber trotzdem mit ihrem Treiben weiter, immerhin hatten sie ja die Gewissheit, dass sie hier in England weit weg waren von der Missbilligung und der Kontrolle durch die Großfamilie. Isoliert und fremd in einer neuen Kultur, waren die Ehefrauen hilflos und konnten nichts dagegen unternehmen. Einige andere Frauen hatten sogar noch weniger Glück. Mein Vater erzählte uns von ein paar Männern innerhalb seines Bekanntenkreises, die ihre englischen Geliebten tatsächlich heirateten und sich mit einer Zweitfamilie in England niederließen, während sie ihre erste Familie in Pakistan dahinvegetieren ließen.

Als mein Vater Pakistan verließ, um nach England zu gehen, war ich noch ein Säugling, weshalb ich mich nicht an ihn erinnern konnte. Bei meiner älteren Schwester war es ganz anders. Vor ihrer Geburt hatte sich eine Tragödie abgespielt, die ihre Beziehung zu meinem Vater prägte: Meine Eltern hatten ihren achtzehn Monate alten Sohn verloren. In einer patriarchalischen Gesellschaft, in der die Geburt eines Sohnes als Segen für die Eltern angesehen wurde, vernichtete der Tod des Erstgeborenen das junge Paar in zweifacher Hinsicht. Die baldige Geburt eines weiteren Babys war Balsam für die unendlich trauernde Seele meines Vaters. Laut meiner Mutter berührten die Füße meiner Schwester niemals den Boden, weil sie auf den Schultern meines Vaters überallhin getragen wurde. Sie beteten sich gegenseitig an und waren unzertrennlich. Als es für ihn an der Zeit war abzureisen, wurde meine Schwester – wiederum laut meiner Mutter – dünn und siechte fast vor Kummer dahin. Sie lebte einzig für den Augenblick, in dem sie wieder mit ihrem geliebten Abba-Ji vereint sein würde.

Ich war drei, als ich meinen Vater wiedersah, also empfand ich keine solche Vorfreude. Da ich mich nicht an ihn erinnerte, hatte die Reise nach England für mich weniger den Charakter einer Wiedervereinigung als den eines

Abenteuers. Es war ein langer Flug von Pakistan über die Schweiz, und die Reise war aufgrund der stillen Vorfreude meiner Mutter und der unbändigen Freude meiner Schwester über die nahe Wiedervereinigung mit ihrem Vater sehr emotional gewesen. Mir war das fremde westliche Essen nicht bekommen, und ich erbrach es restlos über die eleganten Schuhe der Stewardess.

Mein Zusammentreffen mit meinem Vater war genauso unglücklich. Ich beobachtete, wie meine Mutter einen diskreten Klaps erhielt (pakistanische Paare zeigen öffentlich keine Zuneigung) und meine Schwester auf ihn zulief und »Abba-Ji! Abba-Ji!« rief. Ich jedoch fühlte mich von diesem Mann eingeschüchtert, den man mir als den in der Ferne weilenden Vater präsentierte, den jeder liebte. Mein ganzes Leben lang hatte man mir von ihm erzählt, hatte mir berichtet, wie klug und gut aussehend und was für ein guter Sohn, Bruder und Ehemann er sei. Immer war er Gegenstand der Gespräche der Erwachsenen gewesen – und plötzlich stand er da, bückte sich, um mich zu begrüßen, und streckte die Arme aus.

War er überglücklich, weil seine ältere Tochter den Erinnerungen, die er an sie gehabt hatte, gerecht wurde, so sah er sich in den Erwartungen, die er seiner Jüngsten gegenüber gehabt haben mochte, sehr enttäuscht. Ich entsinne mich, dass ich mich schmerzhaft nach derselben stürmischen Begrüßung sehnte, die ich eben zwischen ihm und meiner Schwester beobachtet hatte, aber es gab zwischen uns beiden schlicht und einfach keine Vorgeschichte, die das hätte bewerkstelligen können.

Obwohl ich von »Abba-Ji in England« wusste, war er einfach nur ein Name, der in aller Munde war, und ein Gesicht auf einem Foto. Ich war noch ein Baby gewesen, als er gegangen war. Mein Dadda, meine *Chacha* (Vaters

Brüder) und *Mamoo* (Mutters Brüder) waren die Männer in meinem Leben. Meine *Chacha* und *Mamoo* hatten mich auf ihren Schultern getragen, mir Süßigkeiten gekauft und mit mir gespielt. Für das Kind, das ich damals war, war dieser Mann, der da vor mir stand, nichts weiter als ein Fremder, und ich versteckte mich in den üppigen Falten des *Shalwar* meiner Mutter und weinte. Mein Vater war verärgert, überspielte es aber mit einem Lachen und sagte, dass ich mich mit der Zeit an ihn gewöhnen werde.

Unglücklicherweise wurde es nach unserer Ankunft in unserem neuen Zuhause nicht besser. Meine Scheu gegenüber diesem fremden Vater muss sich für ihn wie eine Zurückweisung angefühlt haben, und es dauerte nicht lange, bis ihn mein Zurückweichen reizte und verärgerte. Er schrie meine Mutter an, dass sie mich aus dem Weg schaffen solle, und wandte bewusst oder unbewusst all seine Aufmerksamkeit und Zuneigung meiner Schwester zu.

Von Anfang an brachte er ihr kleine Geschenke mit nach Hause. Sie kreischte vor Freude, während sie mit diesen Spielsachen spielte, und sonnte sich in dem Glanz des Lieblingskindes. Das war ein Zustand, den ich akzeptierte und immer akzeptiert hatte. Schon bevor ich meinen Vater kennenlernte, konnte ich ihrer Erinnerung an ihn nicht entgehen, denn während der Jahre der Trennung hatte sie bei Gesprächen über meinen Vater ihre Erinnerungen innerhalb der Familie einbringen und ihn als ihr Eigentum beanspruchen können.

Immerhin hatte mein Vater sein Versprechen gegenüber meiner Mutter gehalten und uns geholt. Sobald wir in England waren, gab es viel hinsichtlich dieser neuen Gesellschaft zu lernen. Da gab es zum Beispiel eine neue Sprache, in der meine Schwester und ich als kleine Kinder kein einziges Wort sprechen konnten. Anfangs verstand ich nicht einmal, dass es eine Sprache gab, die anders als diejenige war, die wir immer sprachen.

Fern von meinem Vater war ich ein glückliches, kontaktfreudiges Kind, das vor der Haustür stand und mit Nachbarn und Passanten plauderte. Für Augen, die bisher nur dunkelhäutige, dunkelhaarige Leute gekannt hatten, waren *Goras* (Weiße) seltsam, aber wunderschön anzuschauen mit ihrer blassen, durchscheinenden Haut und Haaren, deren Farbschattierungen ich noch nie gesehen hatte. Insbesondere blondes Haar faszinierte mich. Blonden *Gori*-Damen erlaubte ich immer, mich hochzunehmen, damit ich über ihr Haar streichen konnte, denn die Verwunderung darüber, dass dieses goldene Haar echt war, wich nie.

Das war in den späten 1960ern, als Leute wie wir noch immer eine neue Erscheinung waren. Die *Angrezi* belächelten mich nachsichtig, während ich vor mich hin plapperte. Ich verstand nicht, was sie sagten, und sie hatten eindeutig keinen Schimmer, was ich in meiner Urdu-Babysprache brabbelte. Zwischen uns gab es in punkto Hautfarbe, Sprache und Kultur riesige Unterschiede, doch trotz allem spürten wir meiner Meinung nach, dass wir uns gegenseitig mochten.

3
Privatleben im Belagerungszustand

*Es ist egal, wer mein Vater war, es ist wichtiger, als wen ich
ihn in Erinnerung behalte.*
Anne Sexton

Ironie des Schicksals: Von all seinen Kindern war ich das-
jenige, das meinem Vater am ähnlichsten war.

Mir war bewusst, dass ich meinen Vater zur Weißglut
trieb, ihn zur Verzweiflung brachte und dafür sorgte, dass
er sich unbehaglich fühlte. Die Tatsache, dass ich in so
vielerlei Hinsicht die weibliche Version von ihm war, be-
unruhigte mich, denn ich wuchs mit der Angst wie er auf,
dass ich dasselbe Naturell haben würde wie er. Während
ich heranwuchs, fragte ich mich, ob ich meine eigenen
Kinder genauso schlagen würde, wie er mich schlug. Dies
ließ die uralte Frage nach dem menschlichen Verhalten in
mir aufkommen: Würde Natur oder Erziehung den Ausschlag geben? Ich besaß immer einen starken Sinn für Gerechtigkeit und Ungerechtigkeit, und ich fand, dass ich
das Recht hatte, das zu sagen. Nie verpasste ich die Gelegenheit, scharfe Bemerkungen darüber zu machen, wie
mein Vater mich behandelte. Als gefügige Tochter hätte
ich meinen Mund halten müssen, aber das war gegen
meine Natur, und das wiederum geht in einem orientalischen Haushalt, in dem die Eltern absoluten Gehorsam
fordern, nicht gut.

Trotz seines Verhaltens mir gegenüber war mein Vater
in erster Linie ein Familienmensch. Wenn er nicht in der

Arbeit war, zog er es vor, zu Hause im Kreis seiner Familie zu sein und diese auf dem Sofa oder auf dem Schoß zu haben, von seinem Teller essen und aus seiner Tasse trinken zu lassen. Er nahm die Familie mit auf Tagesausflüge in den Knowsley Safari Park, den Zoo von Chester, nach Blackpool und Morecombe. Er befahl meiner Mutter, einen Picknickkorb zu packen, und wir quetschten uns alle auf den Rücksitz des Autos (jetzt ein Morris Minor Van) und verbrachten den Tag im Freien. Ich erinnere mich noch gut an einen Vorfall, der das Paradoxon meines Vaters gut veranschaulicht.

An einem Sommerabend verkündete er, dass wir alle zur Bucht von Morecombe fahren würden, weil so schönes Wetter sei. Wir waren noch nicht lange dort, als meine Mutter in ihrer Handtasche verzweifelt nach etwas suchte, wobei sie schließlich alles auf den Autositz leerte.

»Wo ist es?«, jammerte sie ängstlich. »Ich weiß, dass ich es hier hineingetan habe. Wie konnte ich nur so achtlos sein?« Weil es sich um einen spontanen Ausflug handelte, hatte sie schnell die Tageseinnahmen aus dem Geschäft zusammengezählt und das Geld in ihre Handtasche gegeben, um es gleich am nächsten Morgen auf die Bank zu bringen. Nun war das Geld verschwunden, und ich konnte an dem Zittern in ihrer Stimme feststellen, dass sie Angst vor der Reaktion meines Vaters hatte. Ich glaube, sie hatte mindestens ein paar Hundert Pfund verloren. Zu unser aller Betroffenheit wurde meine Mutter von ihrer Verzweiflung überwältigt und brach in Tränen aus. Vielleicht berührten ihn die für meine Mutter so untypischen Tränen derart, dass mein Vater nicht wütend wurde. Stattdessen umarmte und tröstete er sie und sagte ihr, dass es sich nur um Geld handle und wir es zwar vermissen würden, das Wichtigste aber sei, dass die Familie in Sicherheit war. Das sei keine Tragödie, versicherte er ihr, eine Tragödie sei es, ein Familienmitglied zu verlieren.

Vorfälle wie dieser zeigen, dass die Familie das Allerwichtigste für meinen Vater war – der Mittelpunkt seines Universums, ohne das er nicht leben konnte.

Der Hauptzweck seines Daseins bestand darin, für die finanzielle Sicherheit seiner Familie zu sorgen, und aus Pakistan war er ursprünglich weggegangen, um seiner Frau und seinen beiden Töchtern (später kamen fünf weitere Kindern dazu) ein besseres Leben zu ermöglichen. Mein Vater konnte einfach nicht gut mit Wut umgehen, und wenn er in Stress geriet, sah er sich nach jemandem um, der den Sündenbock für seine Frustration abgeben konnte. Ich bin überzeugt, dass ihn Gewissensbisse plagten, sobald so ein Gefühlsausbruch abgeflaut war.

Vielleicht hätte er mir gegenüber anders empfunden, wäre ich ihm gegenüber nicht so nervös gewesen und hätte positiver reagiert, wenn er versuchte, der »gute Papa« zu sein (und er versuchte es sehr intensiv). Ich erstarrte schon bei der reinen Andeutung, dass ich mich auf dem Sofa zu ihm kuscheln solle. Da ich es nicht wagte, ihn zurückzuweisen, saß ich stocksteif da, vermied den Augenkontakt und antwortete einsilbig auf seine Gesprächsversuche, bis ich eine Entschuldigung fand, nach dem Abendessen zu sehen, nach den Babys, nach allem, was mir einen Grund zur Flucht gab. Ich glaube, ich verbrachte mein ganzes Leben damit, es zu vermeiden, in ein und demselben Zimmer mit ihm zu sein.

In Pakistan war Dadda für seinen Zorn gefürchtet, und auch meine *Chacha* waren Choleriker. Mein Vater erbte das *Khandani*-(Familien-)Naturell, und es beeinträchtigte nicht nur seine Beziehung zu mir, sondern auch zum Rest der Familie. In einem Augenblick lachte und scherzte er, im nächsten brachte ihn irgendetwas Stressiges aus anderen Bereichen seines Lebens auf die Palme und er begann zu schreien. Keiner wollte der Auslöser dafür sein. Wir alle wollten ein normales häusliches Leben führen, statt die Gefangenen seiner Stimmungsschwankungen zu sein. Er war unberechenbar, es konnte jederzeit passieren, ausgelöst von etwas total Unwichtigem oder Unerwartetem, etwa von Schuhen, die noch auf dem Treppenabsatz lagen, oder einem muslimischen Bekannten, der beiläufig fragte, warum seine Töchter englische Kleidung trugen und nicht den *Shalwar Kamiz*.

Dann setzten die Vorwürfe und Verwünschungen ein, wobei er alle seine Bemerkungen in Bezug auf seine faule, undankbare Brut, deren einziger Lebenszweck es sei, ihm Probleme zu verursachen und ihn in Verlegenheit zu bringen, an meine Mutter richtete. Eine dunkle Wolke aus Angst und düsteren Vorahnungen senkte sich auf den ganzen Haushalt, alle redeten mit gedämpfter Stimme, gingen auf leisen Sohlen, achteten darauf, dass keine Türen zufielen, Teller und Besteck nicht zu laut klapperten, und sie meinem Vater nicht über den Weg liefen. Wenn er ein Zimmer betrat, kam es innerhalb weniger Minuten zu einem Exodus, da einer nach dem anderen eine Entschuldigung fand, um aufzustehen und hinauszugehen, sodass er allein dort sitzen blieb.

Paradoxerweise griff mein Vater in guter Stimmung kaum zu körperlichen Strafen, sondern erteilte stattdessen einen sorgfältig formulierten Verweis, in dem er auf das Fehlverhalten und seine möglichen Konsequenzen hinwies. Er fällte salomonische Urteile, appellierte an unser Rechtsempfinden und ließ uns in dem Gefühl zurück, eine gerechte Behandlung und angemessene Strafe erfahren zu haben.

Doch wenn er in schlechter Stimmung war, klagte, fluchte und kritisierte er lautstark, redete sich in Rage, bis sich die verbale Gewalt auf die nächste Stufe hochschaukelte. Dann begann er sich auf ein unglückliches Individuum zu fixieren. Das wurde zu ihm zitiert und erhielt den Befehl, vor ihm mit geradem Rücken, herausgestreckter Brust, anliegenden Armen strammzustehen, während er, der Stabsfeldwebel, sitzen blieb und Fragen blaffte. Wie er mit diesem Stein des Anstoßes umging, hing ganz davon ab, um wen es sich handelte. War es zum Beispiel meine ältere Schwester, die er nie schlug, richtete er stattdessen seine Wut gegen mich, den Sündenbock, und suchte einen Grund, um Dampf abzulassen und mir eine ordentliche Tracht Prügel zu verpassen.

Ich erlitt nicht nur körperliche Gewalt, sondern auch emotionale. Mein Vater empfand für gewöhnlich große Freude daran, mit meinen jüngeren Geschwistern ein Spiel zu spielen, um mich zu quälen. Es war ganz einfach: Zwei oder mehr von ihnen wurden herbeigerufen, um bei ihm zu sitzen und mir bei der Arbeit zuzusehen, wobei sie wetteten, wie lange es dauern würde, bis ich etwas fallen ließ oder zerbrach. Meinen Brüdern und Schwestern blieb kaum etwas anderes übrig, als die Spiele meines Vaters mitzuspielen, und sie waren zu jung, um die Kränkung und Demütigung zu verstehen, die ich erlitt. Während ich zum Beispiel Geschirr spülte, gab er einen Hörspielbericht zum Besten.

»Jetzt nimmt sie einen Teller hoch, sie wäscht ihn ab. Wird sie ihn fallen lassen oder wird sie nicht? … Nein, sie hat es geschafft, ihn ganz zu lassen. Nun ja, für alles gibt es ein erstes Mal. Nun handelt es sich um eine Tasse. Hoppla, fast aus den Händen gerutscht! Schafft sie's, schafft sie's nicht? Ja! Ja, sie hat es geschafft!« Ein lauter Jubel brach aus, und mein Vater feuerte sein Publikum, das sich unbehaglich fühlte, mit Gelächter an, damit es sich über mich lustig machte.

Er sagte, es sei nur ein Spiel, aber ich fühlte mich immer restlos am Boden zerstört und wünschte mir, tot zu sein. Jeden Tag meines Lebens gesagt zu bekommen, dass ich dumm, fett und ungeschickt sei und vor allem keinen *Akal* (gesunden Menschenverstand) habe, verletzte meine Seele. Schon in sehr frühen Jahren wurde jegliches Selbstvertrauen, das ich vielleicht hatte, aus mir herausgehöhnt und herausschikaniert, und übrig blieb ein nervöses und verschüchtertes Kind. Ich fühlte mich wertlos und glaubte nicht, dass ich eines Blicks oder einer freundlichen Geste würdig sei, geschweige denn, dass mein Leben irgendeinen Wert besitzen würde. Ich akzeptierte seine Behandlung als mein *Kismet.*

Selbst fern von meinem Vater konnte ich seiner Präsenz nicht entfliehen. Er sagte mir, er hätte seine Augen überall und würde meine Geschwister ermutigen – ja sogar bestechen –, mir nachzuspionieren und mich für die kleinste Kleinigkeit zu verpfeifen.

Als ich dreizehn war, kaufte ich eine Geburtstagskarte, um sie einem berühmten Popstar zu schicken, doch bevor ich die Möglichkeit hatte, sie zu versenden, entdeckte sie meine Schwester unter der Matratze und brachte sie geradewegs zu meinem Vater. Das Erste, an das ich mich dabei erinnere, war, dass mein Vater mich zwang, mich vor meine Geschwister hinzustellen und sie laut vorzulesen, bevor er mir befahl, sie in kleine Stücke zu zerreißen. Ich brannte vor Scham und Verlegenheit und sehnte mich danach, mich in ein Loch zu verkriechen und zu sterben. Meine Gedanken drehten sich wie wild um alle möglichen Ideen, wie ich alles hinter mir lassen und weit weg von diesen Leuten kommen könnte.

Es gab nicht viel, das ich hinter mir lassen musste. Was materielle Dinge betraf, so besaß ich einfach gar nichts. Ich sah es als selbstverständlich an, dass schöne Sachen für andere Kinder bestimmt waren. Eines Tages fand ich eine Silbermünze auf der Straße. Plötzlich dieses Geld zu besitzen, schenkte mir das Gefühl, reich zu sein, und jauchzend vor Glück steckte ich es ein, um es jedem zu zeigen. Meine Seifenblase platzte, als mein Vater mir befahl, es meinem Bruder Mohammed zu geben. Ich war am Boden zerstört.

»Aber es gehört mir!«, protestierte ich. Tränen traten mir in die Augen, während ich steif dastand – fassungslos, dass mein Vater einen derart ungerechten Befehl erteilen konnte.

»Gib es ihm«, befahl er. »Er spart es.« Und das war's. Mit gebrochenem Herzen tat ich, was er gesagt hatte, und lief schluchzend aus dem Haus. Am liebsten wäre ich gerannt und gerannt und niemals mehr zurückgekehrt.

Ich glaubte immer, dass mein Vater mich so behandelte, weil er einen Sündenbock brauchte, jemanden, der als Hauptleidtragender seine schlechte Laune abbekam, wenn er wütend war. Seltsamerweise verlieh mir dies auf gewisse Weise meine Identität und zugewiesene Rolle innerhalb der Familie, und ich akzeptierte sie. Hatte mein Vater nicht seine Launen, dann konnte er sogar sehr witzig sein. Abscheulich war er nur, wenn er verärgert war. Allerdings änderte sich das alles eines Sonntags, als er mich aufforderte, zu kommen und mich zu ihm zu setzen. Mein Herz hämmerte vor Angst und meine Gedanken rasten, als ich mich angestrengt zu erinnern versuchte, was ich wohl falsch gemacht hatte.

»Komm und sprich mit mir«, sagte er sanft. Das war die Stimmlage, die er für die anderen benutzte, nicht für mich. Meine Mutter saß neben ihm und strickte. Ich schaute verwirrt von einem zum anderen.

»Sag mal, glaubst du, dass ich dir gegenüber gerecht bin?«

»Ich – ich weiß nicht«, stotterte ich und ahnte eine Falle.

»Glaubst du, dass ich dich anders behandeln sollte?« Meine Gedanken überschlugen sich. Hatte ich mich gegenüber meiner älteren Schwester beschwert, und diese hatte es dann meinem Vater erzählt?

»Nein«, sagte ich zögerlich. »Nein, es macht mir nichts aus.«

»Aber ich habe eben deiner Schwester eine Gitarre gekauft. Findest du, dass ich dir auch eine hätte kaufen sollen?«

»Nein«, erwiderte ich und sah dabei von meinem Vater zu meiner Mutter, während ich zu verstehen versuchte, was da vor sich ging. Meine Mutter fuhr fort zu stricken, ohne den Blick zu heben.

»Aber du hasst deine Schwester, weil ich sie bevorzuge, nicht wahr?«

»Ich hasse sie nicht«, antwortete ich unglücklich. »Ich hasse niemanden.«

»Weißt du, was Gerechtigkeit bedeutet?«, fragte er und nahm sanft meine Hand. Ich war es gewöhnt, dass er wütend auf mich war. Jetzt war er nett und sprach in einem Ton zu mir, den ich nicht gewohnt war, und das verwirrte mich.

»J-ja. Es bedeutet, fair zu sein«, brachte ich stockend heraus.

»Glaubst du, dass ich dir gegenüber *gerecht* bin?«

Tränen traten mir in die Augen. Allmählich dämmerte es mir, auf welche Reaktion er von mir wartete, und ich war entschlossen, ihm nicht die Genugtuung zu verschaffen, mich weinen zu sehen. Ich schaute zu meiner Mutter, die fortfuhr zu stricken. Ihr Gesichtsausdruck änderte sich kein einziges Mal.

»War es gerecht, deiner Schwester eine Gitarre zu kaufen und dir nicht?«, beharrte er mit freundlicher Stimme. Es hatte keinen Sinn, mein Herz fühlte sich an, als ob es brechen wolle, und eine riesige verräterische Träne entkam mir und rollte meine Wange hinunter, meine innere Qual verkündend.

»Nein«, schluchzte ich auf. Ich sehnte mich danach, dass er aufhörte, doch er war erbarmungslos.

»Sag mir«, befahl er mir ruhig, »sag mir, wie du mein Verhalten dir gegenüber empfindest.«

Es hatte keinen Sinn. Ich war ein Kind, und mein zerbrechlicher Gemütszustand war ihm nicht gewachsen. Der ersten verräterischen Träne folgte noch eine und noch eine, bis sich die Schleusen öffneten und ich die Tränenflut nicht länger zurückhalten konnte.

»Ich mag es nicht, wie du mich behandelst«, weinte ich. »Du hast sie immer bevorzugt und ihr erlaubt, gemein zu mir zu sein.« Es brachte nichts, jetzt aufzuhören. »Ich wünsche mir, dass du netter zu mir bist und mir Sachen kaufst. Aber du bist nie nett zu mir, und ich wünsche es mir!« Ich hörte schluchzend auf, die Hände vorm Gesicht. Er sah zufrieden aus.

Meine Mutter warf ihr Strickzeug weg und schrie: »*Bas! Bas ho gaya!* (Genug! Das ist genug!) Du solltest dich schämen!«

»Wie meinst du das?«, fragte mein Vater mit unschuldigem Blick. »Ich führe mit einem meiner Kinder ein Gespräch, nichts weiter.« Er war es nicht gewöhnt, dass ihn meine Mutter kritisierte, und wirkte plötzlich fast kleinlaut.

46

»Ich weiß genau, was für eine Art Gespräch du führst!«, erwiderte sie verärgert. »Warum quälst du sie so? Du willst ihr das Herz brechen. Eins von ihnen hebst du in den Himmel, auf dem anderen trampelst du herum. Das ist nicht in Ordnung. Lauf, wasch dir das Gesicht und geh hinaus zum Spielen«, befahl sie mir. Dann wandte sie sich wieder meinem Vater zu und fuhr fort. »Es ist ein Wunder, dass sie euch beide nicht hasst, so wie ihr sie ärgert und quält. Das ist ihrer Natur zu verdanken und nicht euch. Wenn sie erwachsen wird, werdet ihr beide schon sehen, was sie von euch hält.«

Sie hatte recht. Als ich erwachsen war, erfuhr er sehr deutlich, was ich von ihm hielt. Zu Hause veränderte sich nichts zum Besseren. Im Gegenteil, es wurde sogar noch viel schlimmer, denn als ich vierzehn wurde, begann ich zu widersprechen.

Die panische Angst, die er während meiner Kindheit in mir erregt hatte, hatte sich zu einer tief sitzenden Verachtung gegenüber dieser schlechten Behandlung entwickelt. Die Art und Weise, wie mein Vater mit mir umging, war falsch, und ich ließ ihn durch Worte oder herausfordernde Blicke spüren, was ich empfand.

Schon in sehr frühen Jahren hatte ich angefangen, mir auszumalen, dass ich, sobald ich erwachsen war, einen großen, starken Mann heiraten würde, der mich vor meinem Vater beschützte. Jahrelang trug ich ein Bild von diesem zukünftigen Ehemann in Gedanken mit mir herum, und wenn ich wieder einmal an den Nachwehen von Schlägen litt, tröstete ich mich mit der Vorstellung, wie mein Vater sich vor diesem großen, mit grünen Augen und einem kantigen Kinn ausgestatteten Helden von einem Ehemann ducken würde. Allein schon dessen bloße Anwesenheit würde ausreichen, um meinen Vater einzuschüchtern und ihn davor zu warnen, seine Hand gegen mich zu erheben. In der Zwischenzeit bis zu seinem Auftauchen musste ich ihm alleine die Stirn bieten.

Am meisten hasste er meinen verächtlichen Blick. Er provozierte ihn immer dazu, einen neuen Anschlag gegen mich auszuführen. Einmal war er so wütend darüber, dass ich es gewagt hatte, ihm Paroli zu bieten, dass er mich schlug. Er schleuderte mich mit solcher Gewalt gegen eine Wand, dass ich ohnmächtig zu Boden ging und mich mehrere Tage im Bett erholen musste.

Vorfälle wie dieser beeinträchtigten die ganze Familie zutiefst. Tagelang herrschte eine angespannte Atmosphäre, meine Mutter war die Einzige, die mit ihm sprach. Alle anderen wagten kaum, laut zu atmen, um ihn nicht erneut zu provozieren.

An meine Kindheit erinnere ich mich als eine äußerst freudlose und unglückliche Zeit voller Geschirr, das gegen die Wand geschleudert wurde, eingeworfene Fensterscheiben, verbale Misshandlungen, entsetzte Schreie und danach tödliche Stille.

Es war wie ein Leben im Belagerungszustand.

4
Abbas Liebling

Wenn du nicht verstehen kannst, dass eine Frau im gleichen Augenblick ihre Schwester innig lieben und ihr am liebsten den Hals umdrehen kann, dann bist du wahrscheinlich ein Einzelkind.
Linda Sunshine

Nachdem wir in England eingetroffen waren, setzte sich die Beziehung zwischen meinem Vater und meiner Schwester fort, als wären sie diese drei Jahre nie getrennt gewesen, und allein schon das machte sie mir gegenüber überlegen: Sie war diejenige, auf die er gewartet und die er in Erinnerung behalten hatte.

Obwohl sie Zeugin seiner Brutalität gegen mich war, rannte sie nie weg, um sich zu verstecken. In Situationen, in denen sich die meisten Kinder panisch wegducken würden für den Fall, dass die Gewalt sich gegen sie richten würde, wusste sie instinktiv, dass sie nie in die Gefahr kam, geschlagen zu werden. Deshalb konnte sie auch in jener Nacht, in der er dabei war, mich umzubringen, meinen Vater um mein Leben anflehen.

Mir kam nicht in den Sinn, dass mein Vater mir vielleicht genauso viel Zuneigung hätte entgegenbringen sollen. Eines Tages brachte er ihr eine kleine Spielzeugwaschmaschine mit, die einen Griff besaß, den man drehen und mittels dem man tatsächlich kleine Mengen von Puppenkleidern waschen konnte. Wie immer war mir erlaubt, das Geschenk anzuschauen, aber nicht, es zu berühren. Meiner Erinnerung nach war es aber das erste Mal, dass ich unglücklich darüber war, leer ausgegangen zu sein. Ich wollte sie zum Weinen bringen, deshalb packte ich das kleine Taschentuch, das sie eben gewaschen hatte, und scheuerte damit wild über den Boden, um es dreckig zu machen. Sie schrie entsetzt auf, und mein Vater peitschte mich kräftig aus.

Das neue Fahrrad allerdings werde ich nie vergessen. Er schob es stolz herein und beobachtete, wie ihre Augen vor Freude funkelten. Als er sie mit hinausnahm, um ihr das Fahren beizubringen, hatte ich das Gefühl, mein zehnjähriges Herz würde brechen. Das war der Tag, an dem ich entdeckte, dass ich das Maß war, um die Liebe meines Vaters zu meiner Schwester zu messen. Indem er mich derart übel behandelte, bewies er, wie sehr er sie liebte und schätzte. Er schaute beständig zu mir hinauf, um meine Reaktionen zu sehen, so als wäre er nur dann imstande zu genießen, dass er ihr das Rad geschenkt hatte, wenn er gleichzeitig aus dem Augenwinkel heraus Zeuge meiner Traurigkeit sein konnte.

»Fass es an, Fatso, und ich sag's«, drohte sie mir und deutete auf meinen Vater, der sie voller Stolz anstrahlte, während sie den funkelnden neuen Rahmen polierte.

»Böse, gehässige Kuh«, schnaubte ich, wobei mir Wut und Entrüstung aus jeder Pore quollen. Ich verstand nie, warum sie sich so ekelhaft mir gegenüber verhielt, schließlich war ja sie diejenige, die geliebt wurde. Ich nahm ihre Drohung als Herausforderung und war entschlossen, genau das zu tun, wovor sie mich gewarnt hatte, wusste ich doch, wie wütend es sie machen würde. Ich kam extra mittags von der Schule nach Hause, um ihr wertvolles Rad zu fahren, und konnte mein Glück nicht fassen, als ich in meiner Mutter, die sich sonst immer aus solchen

Streitigkeiten heraushielt, eine Verbündete gegen die beiden fand. Am ersten Tag zögerte sie noch, schaute mich zweifelnd an und versicherte, dass es Ärger geben werde, sollte meine Schwester es herausfinden.

Aber plötzlich sagte sie: »*Inki aisi ki taisi!*« (Dafür gibt es keine adäquate Übersetzung, aber es drückt das Gefühl von »Sie können mich mal!« aus.) Anschließend half sie mir, das Rad auf die Straße hinauszuschieben. Von diesem Tag an kam ich mittags nach Hause, um das verhasste Ding zu fahren, bis es Zeit war, in die Schule zurückzugehen. Dann rannte ich den ganzen Weg zur Schule in einem Glücksrausch zurück, weil ich eine halbe Stunde lang die ungeteilte Aufmerksamkeit meiner Mutter besessen hatte, ohne andere rivalisierende Kinder um mich zu haben.

Eines Tages jedoch brach das Unglück über mich herein. Ich stürzte vom Rad und sah zu meinem Schrecken, dass der Rahmen leicht beschädigt war. Mir graute davor, dass meine Schwester erraten würde, dass ich daran schuld war, und es meinem Vater steckte. Und ich lag nicht falsch damit.

»Gib es zu, Fatso!«, forderte sie verärgert. Ihre Augen füllten sich mit Tränen. »Das warst du, stimmt's? Du hast mein Rad gestohlen!«

Sie hatte mir bereits eine Ohrfeige verpasst, sah aber unter Tränen zu Mum, damit diese ihre Anschuldigung bestätigte und verriet, dass ich Rad gefahren sei, während sie in der Schule gesessen hatte. Was ich natürlich getan hatte. Ich muss gestehen, dass ich es trotz der Ohrfeige restlos genoss, meine Schwester weinen zu sehen. Das lohnte die Tracht Prügel, die ich von meinem Vater erwartete, sobald er von der Arbeit nach Hause kommen würde. Ich konnte die Szene vor meinem geistigen Auge sehen.

Sie würde an der Tür stehen, die Uhr beobachten und mich von Zeit zu Zeit erinnern: »Warte nur, Fatso, warte nur, bis ich es ihm erzähle!«

Glücklicherweise hatte mein Vater an diesem Tag aber gute Laune, und es war eines der extrem seltenen Male, dass er verkündete, sich beide Seiten anhören und ein gerechtes Urteil anhand von Beweisen fällen zu wollen. Er brauchte den Beweis, dass tatsächlich ich es gewesen war, die das Fahrrad beschädigt hatte, und deshalb sahen sie zu meiner Mutter, die es bestätigen sollte.

Ich hielt den Atem an. Mir gegenüber war Mum gut und ehrlich und erzählte nie Lügen, warum also sollte sie für mich lügen? Außerdem mischte sie sich bei sieben Kindern niemals in die Streitigkeiten ihrer Sprösslinge ein und stellte sich nie auf irgendeine Seite. Nicht in alle Ewigkeit erwartete ich von ihr, dass sie etwas anderes behauptete als das, was wirklich geschehen war. Deshalb war ich restlos überrascht, als ich meine Mutter sagen hörte, dass meine Schwester es wohl irgendwann selbst beschädigt habe, da ich nicht in der Nähe des Rades gewesen sei.

Mum trat für mich ein! Das war mehr, als ich zu hoffen gewagt hatte – viel, viel mehr! Ich genoss den wütenden und ungläubigen Aufschrei meiner Schwester über alle Maßen, warf ihr einen schadenfrohen und triumphierenden Blick zu und sprang davon, während ihre Beschimpfungen wie Musik in meinen Ohren klangen. Mein Vater ließ das Rad reparieren, aber es war für sie nie mehr dasselbe – eine Tatsache, die mir große Befriedigung verschaffte. Ich hatte meinen Treffer gelandet, der Punktestand hatte sich etwas ausgeglichen, und danach interessierte mich das Rad nicht mehr.

Als sie mitten in ihren Teeniejahren war, waren wir schon ganz und gar in unseren Feindseligkeiten festgefahren. Als kleine Kinder hatten wir miteinander gespielt, allerdings nie auf Augenhöhe. Sie musste immer die Oberhand behalten und mich ihre Autorität spüren lassen, um zu gewinnen. Einmal schlug sie das Spiel Bockspringen vor und verkündete dabei, dass sie als Erste dran sei, weil sie älter sei. Pflichtschuldig beugte ich mich hinunter, damit sie über mich hinwegspringen konnte.

»Lass jeden von uns zwei Runden machen«, sagte sie, und ich ließ sie erneut über mich springen.

»Lass jeden von uns drei Runden machen«, schlug sie vor. Dann vier, dann fünf, dann sechs. Als sie dreizehn Runden gesprungen war, verkündete sie, dass sie nicht mehr spielen wolle, und ging, ohne sich auch nur umzudrehen, kichernd nach drinnen. Mich ließ sie indessen draußen in dem Gefühl stehen, betrogen worden zu sein, und in dem Wissen, dass sie mich hereingelegt hatte.

Sie stand immer in Konkurrenz zu mir, obwohl das gar nicht nötig gewesen wäre. Besonders gut erinnere ich mich daran, dass sie es nie ertragen konnte, wenn ich etwas besaß, was sie nicht hatte. Wenn ich etwas erreichte, was sie gern gehabt hätte, quälte es sie Tag und Nacht. Sie konnte nicht in den Schlaf finden und an nichts anderes denken, bis sie es mir abspenstig machen konnte. Normalerweise schaffte sie es, indem sie mir ein Spiel »Tauschen« vorschlug, bei dem sie mir etwas von ihren Sachen anbot (das sie sorgfältig aufgrund des geringeren Wertes ausgesucht hatte) als Gegenleistung für das, was sie von mir begehrte. Dann beschwatzte sie mich, dass es zu meinem eigenen Gunsten sei und sie mir einen Gefallen tue, wenn sie es mir wegnähme. Ich blieb enttäuscht und entmutigt zurück, weil sie mich wieder einmal um etwas erleichtert hatte, nur weil sie nicht wollte, dass ich es besaß.

Auch wenn sie nicht gerade die ideale ältere Schwester

war, so muss ich gerechterweise zugeben, dass ich selbst eine teuflische jüngere Schwester war. Sie besaß Make-up und hatte Geheimnisse, die Schwestern teilen sollten, doch sie teilte nichts davon mit mir. Im Gegenzug fand ich eine perverse Freude daran, ihr Sachen zu klauen, einfach nur, um sie zu ärgern. Zum Beispiel damals, als sie eine Schachtel mit Schokolade nach Hause brachte. Sie behauptete, sie selbst gekauft zu haben, wirkte dabei aber ausgesprochen unaufrichtig, und ich vermutete, dass irgendjemand, vielleicht ein Junge, sie ihr geschenkt hatte. Jetzt suchte sie fieberhaft danach.

»Ich weiß, dass du das warst!«, kreischte sie. »Ich weiß, dass *du* sie mir weggenommen hast, Fatso!«

Natürlich hatte ich sie ihr weggenommen! Ich war genau in diesem Augenblick im oberen Stockwerk, versteckt unter dem Bett, stopfte die gestohlene Schokolade in mich hinein und kicherte voller Schadenfreude, während sie außer sich vor Wut das Haus auf den Kopf stellte.

Ich kam erst zum Vorschein, als ich hörte, dass die übrige Familie nach Hause kam, und erriet richtig, dass sie keine allzu große Szene machen würde, da sie dann meinen Eltern hätte erklären müssen, woher sie die Schokolade bekommen hatte. Zu jener Zeit – ich war noch immer der Boxsack – waren die Wutanfälle meines Vaters häufiger und unberechenbarer geworden. In seiner Gegenwart fühlte sich keiner wohl, und die ganze Familie tat alles Menschenmögliche, um nicht seine schlechte Laune zu erregen. Selbst meine Schwester hatte aufgehört, mich zu verpetzen, weil sie dadurch riskiert hätte, die zunehmend gewalttätige Stimmung meines Vaters zu entfesseln und den gesamten Haushalt ins Chaos zu stürzen.

Auch als wir älter wurden, kamen meine Schwester und ich uns nicht näher. Eines Tages, ich war gerade im Teenageralter, hatten wir einen Zickenkrieg auf dem oberen Treppenabsatz und warfen uns gegenseitig Beleidigungen an den Kopf. Meine Mutter rannte nach oben, um uns zu trennen, wobei sie uns zurief, dass wir einen ernsthaften Unfall hätten verursachen können, wenn eine von uns die Treppen hinuntergefallen wäre.

»Genau das war der Sinn und Zweck!«, dachte ich vernichtend und voller Genugtuung über die Niederlage, die ich in den Augen meiner Schwester gesehen hatte, bevor meine Mutter eingriff. Ich spürte, dass sie jetzt verstanden hatte, dass ich nicht davor zurückschrecken würde, sie zu schlagen.

Mittlerweile tat es mir nicht mehr weh, wenn mein Vater ihr etwas kaufte. Sie konnte ihm alles entlocken, indem sie sich einfach an ihm hochschlängelte und ihm erzählte, es sei für Unterrichtszwecke. Wenn ich etwas haben wollte, hielt ich es für unter meiner Würde, ihn anzubetteln, ihm zu schmeicheln und ihn zu beschwatzen, was er aber erwartete. Entweder es wurde freiwillig gegeben oder gar nicht, da war ich kompromisslos. Die Folge war, dass ich nicht nur bei der Familie, sondern auch bei Außenstehenden als die Böse, Aggressive wahrgenommen wurde, während meine Schwester als charmant und damenhaft galt. Sie machten sich nie die Mühe, einen Blick unter die Oberfläche zu werfen.

Das wurde mir klar, als meine Mutter Pakistan besuchte. Es war das erste Mal, dass sie dorthin zurückkehrte, seit wir vor vierzehn Jahren gegangen waren. Es war in all den Jahren auch das erste Mal, dass mein Vater von ihr getrennt war, und er kam nur schlecht damit zurecht. Inzwischen waren seine Bindung an sie und die emotionale Abhängigkeit von ihr groß. Während er das Oberhaupt der Familie war, war ihre Stärke zu seinem Fels in der Brandung geworden, und zunehmend erlangte sie mehr Mitspracherecht in häuslichen und finanziellen Angelegenheiten.

Meine Schwester hatte bereits das Haus verlassen, um ein Lehrerseminar in einem Marktflecken namens Retford, gelegen im nördlichen Nottinghamshire, zu besuchen, einem Ort, von dem keiner von uns vorher gehört hatte. Ich hielt sie für bescheuert, weil sie an einen Ort ging, wo meine Eltern in gut zwei Stunden hinfahren konnten. Es war eine verpasste Gelegenheit – hätte ich die Wahl gehabt, wäre ich viel weiter weggegangen.

Da meine Schwester weg und meine Mutter im Ausland war, fiel mir die Aufgabe zu, den Haushalt zu führen, die jüngeren Kinder, die jetzt zwischen neun und dreizehn Jahre alt waren, zu versorgen, einzukaufen und alle Mahlzeiten zuzubereiten. Es war nicht leicht. Ich musste früh aufstehen, um die Kinder aufzuwecken, anzuziehen, ihnen Frühstück zu machen und sie in die Schule zu schicken, bevor ich selber mehr als drei Kilometer in meine eigene Schule zurücklegte. Während des Unterrichts war ich von Gedanken daran abgelenkt, dass ich notgedrungen früh gehen musste, um für das Abendessen einzukaufen, heimzueilen, bevor die Kinder aus der Schule zurück waren, und mit dem Abendprogramm zu beginnen. Wenn ich dann das Essen gekocht, die Familie abgefüttert, das Geschirr abgeräumt, die Kinder ins Bett gebracht und das Haus in Ordnung gebracht hatte, war es spät, und ich war erschöpft. Ich wollte einfach nur ins Bett fallen, bevor das Ganze von vorne begann.

Mehr und mehr geriet ich mit dem Lernpensum in Rückstand und sorgte mich, dem hohen Niveau, das von mir erwartet wurde, nicht gerecht zu werden. Es war eine schwierige Zeit. Ich wurde von meinen Lehrkräften ermutigt, mich um einen Platz in Oxford oder Cambridge zu bewerben und Jura zu studieren. Es war schon schwer genug gewesen zu lernen, während ich meiner Mutter geholfen hatte. Jetzt, wo ich die Last allein zu tragen hatte, war es mir unmöglich, über die Aufnahmeprüfung in Oxford auch nur nachzudenken.

»Tolle Aussichten«, dachte ich bitter. »Nicht solange ich Dienstmädchen und Köchin, Haushälterin und Kindermädchen für *ihn* spielen muss!«

Theoretisch war es die Aufgabe meines Vaters, sich um die Familie zu kümmern, aber er verbrachte die meiste Zeit damit, mir im Weg zu sein und mir auf die Nerven zu gehen. Anstatt die Dinge in die Hand zu nehmen, verbrachte er seine Zeit auf dem Sofa und damit, um meine Mutter zu trauern und voller Selbstmitleid ihren Namen zu rufen.

»Mein Gott«, dachte ich verärgert, »sie ist nicht gestorben, sie ist nur nach Pakistan gereist!« Ich wünschte mir, er wäre fröhlich mitgegangen, so unnütz, wie er für mich war.

Das brachte mich auf die Idee, ihn zu überreden, auch zu gehen. Wie viel schwieriger könnte es sein? Ich bewältigte ja sowieso schon alles allein. Er war eher ein Hindernis als eine Hilfe. Wenn er weg war, konnte ich mir meinen Tagesablauf einrichten, wie es mir passte, und genug Zeit übrig lassen, um zu lernen. Mir war nicht bewusst gewesen, wie viel meine Mutter für ihn holte und herumtrug, und jetzt erwartete er dasselbe von mir. Wenn er sein Essen zu spät bekam oder die Kinder etwas brauchten, bereitete er mir Schuldgefühle, insbesondere wenn ich gerade lernte. Also legte ich erschöpft meine Bücher beiseite und kümmerte mich darum.

Gestern hatte ihm irgendetwas missfallen, er hatte sein Abendessen genommen und an die Wand geworfen. Meine Mutter hätte das Chaos einfach weggeputzt und ihm danach neues Essen gegeben, notfalls ihr eigenes. Nun ja, sie mochte unterwürfig und selbstaufopfernd sein, ich war es nicht! Ich war an diesem Tag in der Schule getadelt worden, weil ich zu spät gekommen war, und nun versuchte ich alle Haushaltspflichten zu erledigen, damit ich die Kinder zu Bett bringen und lernen konnte. Aufgrund meiner Müdigkeit war ich ebenso schlecht gelaunt wie er, und ich hatte keine Angst, das auch zu zeigen. Er ging mir allmählich wirklich auf die Nerven!

»Ich habe eine Ewigkeit gebraucht, das zu kochen«, schrie ich angriffslustig, die Hände in den Hüften, und wünschte mir, dass ich sein gereiztes Gesicht in die Essensreste hineindrücken könnte. »Das war dein Abendessen. Glaub bloß nicht, dass ich es mache wie Mum und dir meins gebe. *Du* hast es geworfen, *du* putzt es auf!«

Ich wusste, dass er wütend werden und mich schlagen würde, weil ich ihn angeschrien hatte, aber das interessierte mich nicht. Ich war erschöpft und seiner Wutanfälle müde.

»Jetzt reicht's«, dachte ich giftig. »Er geht nach Pakistan.«

Am nächsten Tag machte ich die beiläufige Bemerkung, dass er doch vielleicht reisen und sich meiner Mutter in Pakistan anschließen könnte. Sie hätten noch nie Zeit miteinander verbracht, ohne uns Kinder dabeizuhaben, und vielleicht könnten sie ja sogar zweite Flitterwochen erleben (nicht, dass mir bewusst gewesen wäre, dass sie erste Flitterwochen gehabt hatten). Schuldgefühle und väterliches Pflichtbewusstsein sorgten dafür, dass mein Vater einen gewissen Widerstand leistete, aber er war eindeutig begeistert und ergriff, wie ich erwartet hatte, die Gelegenheit.

»Natürlich«, versicherte er mir, »wird deine ältere Schwester aus Retford zurückkommen und dir helfen.«

»Ja, klar«, dachte ich sarkastisch, »unmittelbar nach meiner Krönung zur Miss World!«

»Natürlich«, sagte ich zu meinem Vater, nahm mir ein Beispiel an ihr und lächelte süß.

Meine Schwester kam über das Wochenende, um meinen Vater zu verabschieden. Einer seiner Freunde, ein Mr Khan, war ebenfalls da, um uns zu helfen und im Weg zu sein.

»Was für eine weichherzige Tochter du hast«, bemerkte Mr Khan und deutete auf meine ältere Schwester, die weinte. »Nicht so wie die andere, was?« Er nickte in meine Richtung, während ich fleißig die Kebabs, die ich für die fünfstündige Reise meines Vaters zum Flughafen von Heathrow gemacht hatte, verpackte und seinen Pass sowie die Flugtickets checkte.

»*Pattar ka dil* (ein Herz aus Stein)«, schloss er, wobei er mir einen missbilligenden Blick zuwarf.

»Fall tot um, Kriecherin«, zischte ich leise und bedachte meine Schwester mit einem vernichtenden Blick. Jetzt, wo er wirklich im Begriff war zu verschwinden, gab ich mein Bestes, um meine Gefühle im Griff zu behalten, während ich gleichzeitig anfing, mir Sorgen zu machen, ob ich es wirklich schaffen würde, wenn ich mit der Betreuung der kleineren Kinder, dem Haushalt und der Schule allein war. Mein Vater mochte ohne meine Mutter keine Hilfe sein, aber wenigstens hatte ich die Sicherheit, einen Erwachsenen im Haus zu haben. Selbst für einen Erwachsenen war es ein äußerst anstrengendes Pensum und eine schwere Verantwortung. Ich hingegen war eben erst siebzehn geworden. Plötzlich überfiel mich die Sorge, ob ich imstande sein würde, alles zusammenzuhalten, und mir kamen die Tränen. Wütend unterdrückte ich sie. Ich konnte nicht ausgerechnet jetzt zusammenbrechen, weil ich es mir, anders als meine Schwester, nicht leisten konnte, in einer Ecke zu sitzen und zu heulen. Wenn ich ähnlich egoistisch sein und meinen Gefühlen nachgeben würde, würde ich den kleineren Kindern, die sowieso schon reichlich durcheinander waren, Kummer machen.

»Ihnen entgeht nichts, Mr Khan, was?«, hauchte ich leise. »So bin ich, kein Herz, nur große Klappe. Mich interessiert nichts und niemand!«

»*Bas! Chup!* Sei still!«, warnte mich mein Vater, der über meinen Mangel an Respekt gegenüber einem Gast und älteren Menschen entsetzt war. Dann richtete er all seine Instruktionen und Ratschläge zur Haushaltsführung, Sicherheit, Finanzen und so weiter an meine Schwester und überging mich dabei völlig. Die Vorfreude auf die erstmalige Rückkehr nach Pakistan und die Wiedervereinigung mit meiner Mutter machte ihn überglücklich, und er dankte meiner Schwester dafür, dass sie hergekommen war und das alles möglich machte. Mit einer herzlichen Umarmung für sie fuhr er los. Vierundzwanzig Stunden später tat sie dasselbe und kam erst Wochen später zurück, als meine Eltern mit Koffern voller Geschenke und Herzen voller Dankbarkeit eintrafen. Mein Vater hielt eine gefühlsbetonte Rede vor der Familie und Freunden darüber, wie wunderbar sie sich um die Familie gekümmert und ihren Eltern damit die Rückkehr nach Pakistan für zweite Flitterwochen ermöglicht habe.

Keiner machte sich die Mühe, mir zu danken.

5
Meine Mutter

Bitter sind die Tränen eines Kindes: Versüße sie.
Tief sind die Gedanken eines Kindes: Beruhige sie.
Heftig ist der Kummer eines Kindes: Nimm ihn von ihm.
Weich ist das Herz eines Kindes: Verhärte es nicht.
Bearbeitung eines Zitats von Pamela Wyndham Tennant,
Lady Glenconner

Meine Kindheitserinnerungen an Ammi waren die Erinnerungen an einen Engel.

Als sie in ihren frühen Teenagerjahren verheiratet
wurde, war sie wunderschön und gutmütig. Es ist im
Orient nicht üblich, Zuneigung durch Umarmungen und
Küsse oder öffentliche Liebesbezeugungen auszudrücken
wie im Westen, und meine Mutter machte da keine Ausnahme. Was sie betraf, so drückte sie ihre Gefühle für ihre
Familie mittels der fantastischen Gerichte aus, die sie für
ihren Ehemann und ihre Kinder schuf.

Da er das Oberhaupt der Familie war, und ein lautstar-
kes dazu, gingen wir alle davon aus, dass mein Vater der
Starke in der Familie sei. Sein Tatendrang und sein Ehrgeiz spielten eindeutig eine große Rolle in Sachen Fami-
lienfinanzen. In Wirklichkeit war es aber meine Mutter,
die die Familie am Laufen hielt. Leise und mit unbemerk-
ter eiserner Entschlossenheit arbeitete sie hart für uns alle,
führte den Haushalt, managte den Bekleidungsladen, den
er für sie kaufte, und kochte diese wunderbaren Gerichte.
Anders als mein Vater behandelte sie alle sieben Kinder in

gleicher Weise und hatte keine Lieblinge. Doch soweit es mich betraf, war meine Mutter in dem zunehmend gewalttätigen häuslichen Leben ein Zufluchtsort.

Als pflichtbewusste und gehorsame junge muslimische Frau war meine Mutter hin und her gerissen zwischen ihrer Loyalität gegenüber ihrem Ehemann, der ihr Herr und Gebieter war, und ihrem mütterlichen Instinkt, ihr Kind zu schützen, das das Unglück hatte, die Zuneigung seines Vaters nicht zu gewinnen. Als ich klein war, war sie mein Asyl, der Ort, zu dem ich rannte, um mein Gesicht in den Falten ihres *Shalwar* zu vergraben, eine zerbrechliche Schranke zwischen dem Zorn meines Vaters und mir. Wenn er wütend war, schob sie mich hinter sich oder stieß mich schnell in ein anderes Zimmer, um ihn davon abzuhalten, mich zu schlagen. Jedoch war meine Zuflucht meistens nur von kurzer Dauer, weil er mich einfach hinter ihr hervorzog, um mich zu schlagen, und manchmal führten ihre Bemühungen, mich zu beschützen, nur dazu, dass er seinen Zorn gegen ihren eigenen Kopf richtete.

Eine der lebhaftesten Erinnerungen, die ich an sie habe, datiert zurück auf die Zeit, als ich vier oder fünf Jahre alt war und die beiden sich fertig machten, um zu einer Hochzeit zu gehen. Damals, bevor sie die ganzen anderen Kinder bekam, hatte sie mehr Zeit für sich selbst, und wir plauderten, während sie am Schminktisch saß und sich zurechtmachte. Ich sah fasziniert zu, wie sie ihr Make-up auftrug, ihren Schmuck anlegte und ihr Haar im typischen Stil der eleganten Sechzigerjahre hochsteckte. Meine Mutter hatte ein gutes Stilgefühl und wusste immer, was ihr stand. Sie sagte, dass sie es mochte, gut auszusehen. Während sie wie die meisten pakistanischen Frauen normalerweise den traditionellen *Shalwar Kamiz* trug, war sie an diesem Tag in einen Sari gekleidet. Als sie aufstand und die Falten des Stoffes sich ausrichteten, schaute ich wie gebannt zu ihr hoch, in Ehrfurcht vor ihrer Schönheit und nicht sicher, ob meine Mutter ein Filmstar oder eine Königin war, aber absolut davon überzeugt, dass keine andere Mutter so schön war wie meine.

Ich erinnere mich nicht genau daran, was meinen Vater aufbrachte, doch als sie sich bereit machten zu gehen, begann er zu schreien und mich zu schlagen. Meine Mutter zog mich schützend zu sich.

»Warum?«, rief sie. »Warum lehnst du sie so sehr ab? Sie ist doch nur ein Kind!« Sie flehte ihn an, mich nicht mehr zu verletzen, trotzte der Wut meines Vaters und stand unbeweglich zwischen uns, wobei sie mich mit ihrer schlanken Figur schützte, während ich weinte, mich an ihren Sari klammerte und vor Angst schrie. Mein Vater war außer sich darüber, dass er von ihr ausgebremst wurde, und richtete wegen ihres Dazwischentretens seine Wut gegen sie. Er schlug sie dermaßen heftig, dass sie mehrere Tage das Bett hüten musste.

Eine große Wolke aus Kummer senkte sich auf unser Heim. Mein Vater verließ das Haus, als meine Mutter Zuflucht im Schlafzimmer suchte. Jahre später erfuhr ich, dass sie das hauptsächlich deshalb tat, weil sie als muslimische Ehefrau die Pflicht hatte, die *Izzat* ihres Mannes vor Tadel und Kritik von außen zu schützen und weil es ihn entehrt hätte, wenn die Leute erfahren hätten, was er getan hatte. Was auch immer zu Hause passierte, musste um seiner Würde willen stillschweigend erduldet werden. Allerdings klagte ihn jeder Fleck und jeder Bluterguss in ihrem Gesicht an, ohne dass sie auch nur ein einziges Wort des Vorwurfs äußerte. Das konnte er nicht ertragen, also blieb er weg, blieb dem Haus und ihr fern, und kehrte nur nachts zurück, wenn er nicht anders konnte.

Ich war sehr froh darüber, dass er das tat, denn wenn er zeitweise aus dem Weg war, hatte ich freie Bahn. Ich wollte einfach nur in der Nähe meiner Mutter sein, mich neben ihr ins Bett kuscheln, ihren Duft einatmen und sie wissen lassen, wie sehr ich sie liebte.

»Ammi«, wisperte ich, »warum wird Abba-Ji verrückt?«

»Ich weiß es nicht, *beta*, Liebes«, antwortete sie traurig.

Obwohl sie mir versicherte, dass es ihr gut gehe, zuckte sie zusammen, als sie versuchte, sich im Bett aufzusetzen. Ich nahm voller Schrecken die hässlichen blauroten Blutergüsse auf ihrem schönen Gesicht wahr und erinnere mich daran, wie schuldig ich mich fühlte, weil sie das alles meinetwegen erlitten hatte. Ich fühlte mich für die Traurigkeit verantwortlich, die sie vor mir zu verbergen versuchte, und mein Herz quoll vor lauter Liebe zu ihr fast über. Sie sagte uns nie, dass sie uns liebte – orientalische Eltern tun das selten. Aber ich nahm die Blutergüsse auf ihrem Gesicht als Beweis für die Liebe, die sie mir gegenüber empfand. Sie war bereit zu leiden, um mich zu beschützen, und dafür liebte ich sie. Wie hätte ich sie nicht lieben können?

Mir und meinen Geschwistern wurde die Geschichte erzählt, wie mein Vater sich vom ersten Augenblick an in sie verliebt hatte. Trotz der Tatsache, dass seine Familie wohlhabend war und deshalb sozial höher stand, unterbreitete die Familie meines Vaters ihrer Familie ein Heiratsangebot. Es war leicht zu verstehen, warum er sie heiraten wollte. Sie war sowohl eine fantastische Köchin (immer ein hervorragendes Verkaufsargument, wenn man für den geliebten Sohn eine potenzielle Braut in Betracht zog) als auch zierlich, wunderschön und sehr, sehr hellhäutig.

Angrezi oder *Gora*, wie sie unter Orientalen üblicherweise heißen, denken bei der Hautfarbe normalerweise nur an allgemeine äußerliche Merkmale: Afrikaner sind schwarz, Chinesen sind gelb, amerikanische Eingeborene sind rot, Asiaten sind braun. Für *Gora* sind die Unterschiede bei den Hautfarben in vielerlei Hinsicht ein politisches Statement und nicht nur eine Kategorie zur Beschreibung der ethnischen Zugehörigkeit.

Nehmen wir zum Beispiel die Afroamerikaner. Ein Mann mag eine helle Haut haben und europäische Gesichtszüge, aber wenn er aus früheren Generationen das Gen für schwarzes Blut besitzt, wird er politisch und sozial als »schwarz« eingestuft. Die unterschiedlichen Schattierungen von Schwarz oder Braun sind unerheblich.

Wenn aber Pakistani andere Pakistani beurteilen, sind die unterschiedlichen Braun-Schattierungen von größter Bedeutung und geben sehr oft den Ausschlag, wenn es um ästhetische Vorlieben geht. Ein hellerer Teint steht auf dem Heiratsmarkt höher im Kurs als eine dunklerer. Ein dunklerer Teint lässt auf eine niedrigere soziale Klasse schließen, eine Klasse, die im Freien unter der unbarmherzigen Sonne schuftet, die die Haut bräunt. Im Gegensatz dazu hat das Mitglied einer höheren sozialen Klasse die Zeit und das Geld, sich einen Lebensstil auszusuchen, der es von der Sonne fernhält. Je dunkler die Haut, so die Schlussfolgerung, desto weniger begehrenswert ist man und desto tiefer steht man auf der sozialen Leiter. Diese Denkweise ist der westlichen Kultur nicht ganz fremd, denn dieselbe Einstellung gegenüber der Hautfarbe herrschte in Europa bis ins 20. Jahrhundert hinein vor.

Asiaten erscheint daher ein dunkler Teint als nicht begehrenswert bei einer Frau, was damit begründet wird, dass ihre dunklen Gene sich in dunkelhäutigen Nachkommen manifestieren würden. Tatsache ist, dass die meisten Pakistaner, wenn es um die ernsthafte Frage geht, eine Schwiegertochter zu wählen, eine dunkelhäutige Schönheit zugunsten ihrer unscheinbareren, aber hellhäutigeren Schwester zurückweisen würden. Die Gene, die die hellere Hautfarbe hervorbrachten, wären weitaus begehrter, um den eigenen *Khandani*-Genpool zu ergänzen, aus dem dann die nächste Generation hellhäutiger Kinder hervorgehen wird. Keiner will eine *Kali* (Schwarze), also wird die *gori*-häutige Schwiegertochter immer bevorzugt werden.

Meine Mutter, die einen wunderschönen Körperbau und einen ungewöhnlich hellen Teint besaß, galt als außergewöhnliche Schönheit und wurde daher als Trophäe und Zuchtstute geschätzt. (Als Exkurs sei erwähnt, dass es vielerorts in Pakistan ein beliebtes Produkt zur Hautaufhellung zu kaufen gibt, das »Hell und schön« heißt. Ich fragte mich oft, ob die restliche Bevölkerung als »dunkel und hässlich« angesehen wird, wenn helle Haut mit Schönheit gleichgesetzt wird. Und würde dieses Produkt mit seiner derart eklatanten Diskriminierung durchgehen, wenn es von einem westlichen Unternehmen vertrieben würde?)

Meine Mutter hatte bei der Entscheidung, nach England zu gehen, so gut wie nichts zu melden. In Pakistan setzen sich Mann und Frau nicht hin und diskutieren das Für und Wider einer Auswanderung. Es handelte sich um eine Entscheidung, die mein Vater als Ehemann und Hausherr eigenmächtig auch im Namen seiner Frau traf, der man es erst sagte, nachdem die Entscheidung gefallen war. Hätte es überhaupt eine Diskussion gegeben, dann hätte mein Vater zuerst eher seine Eltern und seine Familie zurate gezogen. In den frühen Jahren war das Leben meiner Mutter hinsichtlich seiner Qualität und Richtung restlos vom Willen und der Wesensart ihres Ehemannes abhängig. Es wurde beschlossen, dass er nach England ging und meine Mutter weiterhin bei ihren Schwiegereltern lebte, bis mein Vater ihr ein Ticket schickte, um zu ihm zu kommen.

Im Haus meiner Großeltern wurde sie immer *Dhoolan* (Braut) genannt, aber sie verlebte dort keine Flitterwochen. Daddi, meine Großmutter, war recht glücklich darüber, dass diese wunderschöne und sehr nützliche Braut in die Familie kam. Aber sie war auch eine sehr dominante Frau, die es gewohnt war, ihren Kopf durchzusetzen, und nicht im Entferntesten gedachte, sich die Zuneigung ihres Sohnes von dieser jungen, schlanken Frau streitig machen zu lassen.

Daddi gab meiner Mutter die Schuld, als ihr kostbarer Sohn zur anderen Seite der Welt hin abtrünnig wurde – es kam ihr nie in den Sinn, dass sie selbst vielleicht Anteil an seinem Weggang haben könnte. Meine Mutter erzählte uns, wie Daddi, immer die Dramaqueen, kaum eine Gelegenheit ausließ, um jedem, der sich in Hörweite befand, lautstark ihren Kummer zu verkünden und darüber zu jammern, dass »*Inglaaand*« ihr ihren Lieblingssohn gestohlen habe und sie ihn nie wieder sehen werde. (Lässt man Daddis Theatralik einmal beiseite, war es schmerzlicherweise genau das, was wirklich passierte. Es dauerte siebzehn Jahre, bis mein Vater zu seinem ersten Besuch nach Pakistan zurückkehrte. Zu diesem Zeitpunkt war Daddi gestorben, ohne ihn jemals wieder gesehen zu haben.)

Indessen erfüllte meine Mutter widerstandslos und ohne zu klagen ihre Pflicht als Schwiegertochter. Sie kochte, putzte, kümmerte sich um die unverheirateten jüngeren Brüder ihres Mannes und ihre fordernden Schwiegereltern, während sie darauf wartete, dass mein Vater sie nachkommen ließ.

Als er das tat, verließ sie Pakistan, ihre Eltern, Familie, Freunde und alles, was sie kannte, um ihrem Ehemann auf die entgegengesetzte Seite der Welt zu folgen, wo alles ganz anders war. Sie erzählte uns später, was für ein Kulturschock es war, in dieses kalte Klima zu kommen, mit seiner fremden Sprache und einer Gesellschaft, in der sich Frauen unanständig kleideten und betrugen.

In Pakistan war sie die einzige Tochter unter fünf Brüdern gewesen. Später war sie mit einem Mann verheiratet worden, der fünf jüngere, unverheiratete Geschwister hatte, weshalb sie, da ihr die Bürde der Hausarbeit und des Kochens zufiel, immer von Leuten und Arbeit umgeben war. Klatsch und Kameradschaft waren die Würze ihres Lebens gewesen. Da war Abschottung kein Thema: Einsamkeit und Raum um sich herum sind keine wichtigen Güter in großen pakistanischen Haushalten, in denen Lärm, Gewühl und Aktivität die Regel sind und man wegen des ständigen Zustroms von Freunden, Verwandten, Nachbarn und Bediensteten nie allein sein kann. Nein, Einsamkeit und Privatsphäre gehörten nicht zu den Dingen, von denen meine Mutter viel erfahren hatte.

Im Gegensatz dazu war die Isolation in England erdrückend. Abgesehen von einer größer werdenden Brut kleiner Kinder, die ihr tagsüber Gesellschaft leistete, hatte sie in jenen frühen Jahren niemanden, mit dem sie sprechen konnte, bis ihr Mann von der Arbeit zurückkam. Mit nur geringen oder gar keinen Englischkenntnissen war sie wie so viele andere pakistanische Ehefrauen an das Haus gebunden, den *Angrezi* gegenüber gehemmt, nicht in der Lage, Freundschaften zu schließen, sofern sie nicht von ihrem Ehemann geprüft und für gut befunden worden waren, und nur imstande auszugehen, wenn sie von ihm mitgenommen wurde. Die Babys kamen innerhalb von neun Monaten nach ihrer Landung, fünf Säuglinge innerhalb von fünf Jahren.

Ich kann nur darüber spekulieren, wie schwer es für meine Mutter in diesen Jahren gewesen sein muss, zurechtzukommen. Ich erinnere mich daran, dass ich im Alter von acht oder neun Jahren aufwachte, weil aus der Küche ungewohnte Geräusche drangen. Mein Vater war auf Nachtschicht, weshalb der Weg frei war, und als ich mich im Dunkeln nach unten schlich, hörte ich, wie meine Mutter leise weinte. Ich erschrak.

»Ammi!«, flüsterte ich voller Angst. »Warum stehst du im Dunkeln?«

Sie straffte die Schultern, fuhr sich übers Gesicht und zwang sich zu einem Lächeln. »Es ist alles in Ordnung, *Beta*. Ich habe mir nur gerade die Finger in der Waschmaschine eingeklemmt. Aber es geht mir schon wieder gut.«

Weil ich ein Kind war und weil ich Angst hatte, meine Mutter wegen etwas weinen zu sehen, das ich nicht gutmachen konnte, glaubte ich ihr. Nur aus dem Rückblick heraus verstehe ich jetzt, wenn ich mir als Erwachsene diese ergreifende Szene vergegenwärtige, warum sie mitten in der Nacht allein in der unbeleuchteten Küche stand und weinte. Und jetzt, wo ich den Schmerz ihrer Einsamkeit, ihrer Isolation und ihres Heimwehs verstehe, weine ich um sie.

Eine pakistanische Braut kommt als schüchternes, ängstliches junges Wesen in ihr neues Zuhause und steht restlos unter der Herrschaft ihres frisch angetrauten Mannes. Ihr Wille ist seinem untergeordnet. Seine Vorlieben, Abneigungen, Hoffnungen und Sehnsüchte werden zu ihren. Er behält diese Macht während der Ehejahre, in denen die Kinder groß werden. In meiner Familie war es eindeutig so, und viele Jahre lang regierte mein Vater das Haus mit einem autokratischen Willen, während meine Mutter schweigend und widerspruchslos ihre Pflicht erfüllte.

Ich kann mich nicht erinnern, dass ich, während ich heranwuchs, jemals mit ihr einkaufen gegangen wäre oder bedeutungsvolle Gespräche von Mutter zu Tochter geführt hätte. Ja, schon das Wort »Gespräche« ist missverständlich, da es einen wechselseitigen Austausch von Mitteilungen impliziert, ein Teilen von Gedanken und Ideen, während es in der Realität schwerlich über Anweisungen zu den täglichen Mahlzeiten oder Ermahnungen zu meinen Aufgaben als Tochter, Schwester und Muslima hinausging. Kurzum, ab etwa meinem achten Lebensjahr beschränkte sich meine Beziehung zu meiner Mutter auf Küche und Haushaltspflichten.

Schon von klein auf wusste ich, dass mein Wert als gute Muslima an meiner häuslichen Nützlichkeit gemessen würde. Mädchen existierten nur, um zu kochen, zu putzen und kleine Kinder zu hüten. Folgerichtig wurde mir zu Hause nur beigebracht, wie man kocht, auf jüngere Kinder aufpasst und Hausarbeit verrichtet. Meiner Mutter nach waren das die einzigen Fähigkeiten, die ein Mädchen beherrschen musste. Eine Ehefrau musste mit ihrer Schwiegerfamilie zurechtkommen und durfte ihrer Familie keine Schande machen. Sie musste in der Lage sein, für ihren Ehemann akzeptable Mahlzeiten auf den Tisch zu bringen, ihm den Haushalt zu führen und seine Kinder großzuziehen. Darüber hinaus war meine Mutter meiner Meinung nach nie wirklich daran interessiert, ihre Kinder kennenzulernen, ihre Vorlieben, Abneigungen, Hoffnungen oder Sehnsüchte. Ganz sicher wusste sie nur sehr wenig über mich. Vielleicht kam das daher, dass sie nicht erwartete, selbst von jemandem gekannt oder verstanden zu werden. Sie war ein Buch mit sieben Siegeln.

Es entspricht daher der Wahrheit, wenn man bezüglich meiner eigenen Beziehung zu meiner Mutter behauptet, dass ich sie nie wirklich gekannt habe und sie ihrerseits nie versuchte, mich kennenzulernen oder zu verstehen. Nachdem ich meine Kindheit hinter mir gelassen hatte, erinnerte ich mich an andere Kinder, die mit Zuneigung behandelt, an den Schultoren von ihren Eltern abgeholt, mit Umarmungen und Küssen begrüßt worden waren, während ich zugeschaut hatte. Ich kann mich nicht erinnern, auf dem Schoß meiner Eltern gehätschelt oder im Bett zugedeckt und mit einem Gutenachtkuss bedacht worden zu sein. Als ich älter wurde, fragte man mich nie nach meiner Meinung oder meinen Gefühlen in irgendeiner Sache. Mir wurde einfach nur ein Befehl erteilt und erwartet, dass ich dem nachkam, ohne zu fragen oder zu zögern. Als Tochter war das die mir zugedachte Rolle in der Familie. Wie bei allen Söhnen und Töchtern aus Asien war es nicht meine Aufgabe, zu lieben oder zu verstehen, sondern einfach nur zu gehorchen.

TEIL 2

Der Osten ist der Osten

6
Die besten aller Tage

Kollektive Angst stimuliert den Herdentrieb und neigt dazu,
Grausamkeit gegenüber jenen zu produzieren, die nicht als
Mitglieder der Herde gelten.
Bertrand Russell

»Du hast sie umgebracht, du Mörderin. Paki! Dich schlagen wir zusammen, verdammt noch mal!«
Ich schaute ungläubig auf den Körper, der zusammengekrümmt und bewegungslos zu meinen Füßen lag. »Sie kann nicht tot sein!«, dachte ich. »Sie tut nur so!« Ich konnte ihr Gesicht nicht sehen, sondern nur eine Masse dunkler Kleider und langer schwarz gefärbter Haare. Sie war auf die Knie gesunken, bevor sie zu meinen Füßen zusammenbrach. Angewidert zog ich meinen Fuß weg. Sie kleidete sich wie ein Vampir, und hinter ihrem Rücken nannten ihre Opfer sie »Morticia«. Ihr Gefolge nannte sie immer so, wie es ihr am meisten schmeichelte. Männliche und weibliche Wesen hatten von ihr gleichermaßen Angst. Die Lehrer waren ihr gegenüber auf der Hut. Und ich hatte sie eben tätlich angegriffen.
Mary Harker und ihr Gefolge hatten mir seit der Vorschule das Leben zur Hölle gemacht. Von Anfang an machten sie sich über mich lustig, weil ich kein Englisch konnte. Das tat weh. Aber weil ich die Tochter meines Vaters war, strengte ich mich in der Schule viel mehr an als meine *Angrezi*-Mitschüler, die keine neue Sprache, keine

neue Kultur oder keine neuen gesellschaftlichen Umgangsformen zu lernen brauchten, um dazuzugehören.

Ich war mir immer bewusst, dass mein Vater uns mit großen Hoffnungen und dem Ziel hierher gebracht hat, ein neues Leben zu beginnen und zu dieser neuen Gesellschaft zu gehören. Er hatte einen sozialen Abstieg vollzogen, damit wir aufsteigen konnten. Ich schuldete es ihm und mir selbst, so hart, wie ich nur konnte, daran zu arbeiten, mich zu integrieren und vor allem Erfolg zu haben. Meine Eltern kamen aus einer Gesellschaft, in der Schulbildung nur für einen hohen Preis zu haben war. Bereits mein Großvater hatte seinen Lieblingskindern eine teure Ausbildung zukommen lassen. Keiner hielt in Pakistan Schulbildung für etwas Selbstverständliches.

Im Gegensatz dazu kostete englischer Unterricht nichts, und wenn die Leute für etwas nichts bezahlen müssen, ist es kein Privileg mehr, sondern etwas, das sie für gegeben halten. *Angrezi*-Kinder waren selbstzufrieden. Sie brauchten nicht schwer zu arbeiten, um sich das, was ihnen gehörte, zu beschaffen, sie hatten es ja schon. Anders als ich, mussten sie sich nicht beweisen, und keiner wusste oder wollte wissen, welche Opfer meine Eltern gebracht hatten, um uns eine englische Erziehung zu ermöglichen. Warum auch?

Doch die Tochter eines ehrgeizigen Einwanderers der ersten Stunde nimmt nichts für selbstverständlich. Aus diesem Grund lernte ich nicht nur Englisch zu sprechen, sondern sprach Englisch mit fehlerfreier Grammatik und Aussprache. Wie so viele Menschen, die die Herausforderung bestehen, eine neue Sprache zu erlernen, um sich zu integrieren, sprach ich ein besseres Englisch als die Engländer. Das Stadium, in dem ein dummer regionaler Dialekt Teil meiner Sprache wurde, ging glücklicherweise vorüber. Darüber hinaus las ich, sobald ich die Sprache beherrschte, jedes Buch, dass ich in die Hände bekommen konnte, arbeitete mich in den ersten Jahren auf der Schule durch jede Klassenbibliothek und lieh mir am Ende etwas aus den Jahrgängen über mir aus. Bis ich im zweiten Grundschuljahr war, hatte ich jedes Buch der Schule gelesen. Zu meiner großen Freude versuchte die Schule, uns Kinder zum Lesen anzuregen, deshalb wurden wir alle mit hinunter zur Stadtbücherei genommen, damit wir uns einschreiben konnten. In punkto Lesen musste man mir nichts zweimal sagen. Ich wusste, dass mein Vater mir erlauben würde, die Bücherei einmal in der Woche allein zu besuchen, und als ich erst einmal Zugang zu den umfangreichen und vielfältigen Bücherbeständen der städtischen Harris Library hatte, gab es kein Halten mehr für mich.

Ich war verrückt nach den alten nordischen Sagen von Hrothgar, dem Dänenkönig, und dem Krieger Beowulf, der das Ungeheuer Grendel besiegte. C.S. Lewis' Chroniken von Narnia fesselten mich, und als ich zwölf war, las ich Homer und Vergil, weil mich die griechische Mythologie und die Geschichten über den Fall von Troja und die Flucht des Aeneas in der *Ilias* begeisterten. Bücher waren die alles überstrahlende Freude meiner Kindheit, denn wenn ich las, konnte ich mein unglückliches Leben hinter mir lassen und stundenlang zu jeder Epoche und jedem Ort der Geschichte und jeder außerirdischen Welt entfliehen, ohne dass mich etwas anderes als meine eigene Fantasie einschränkte. Es gab kaum etwas, das ich nicht lesen konnte oder wollte.

Aber es war nicht nur das Lesen. Sah man einmal von Mathe ab, war ich eine gute Allrounderin. Mit neun Jahren war ich in den meisten Fächern mühelos zur Klassenbesten geworden, und als ich meine mittlere Reife machte, hatte ich mich unter den ersten dreien des Jahrgangs fest etabliert. Hoffte ich aber, dass mir meine harte Arbeit die Anerkennung meiner Klassenkameraden einbringen würde, so wurde ich bitter enttäuscht. Eine »Paki« zu sein war schlimm genug. Die Dreistigkeit zu besitzen, eine »kluge Paki« zu sein, besiegelte mein Schicksal, und ich wurde schikaniert und gemobbt.

Das Mobben begann im Alter von acht Jahren, indem sie mich anstießen, herumschubsten und mir Schimpfnamen gaben. Jedes Mädchen, das versuchte, nett zu mir zu sein, musste bald feststellen, dass es ebenfalls gemobbt wurde, also gewöhnte ich mich daran, allein zu sitzen und nie eine beste Freundin zu haben. Einsamkeit war schon eine Strafe an sich. Auf unfaire Weise zur Zielscheibe gemacht zu werden war beinahe unerträglich. Die meisten Schikanen wurden von einer kleinen Gruppe von Mädchen angezettelt, die von Mary Harker und ihrer Freundin Dora Trumann angeführt wurde.

Truman meinte, sie sei allen anderen überlegen, obwohl ihr Vater nur ein Fensterputzer war und sie in einem gewöhnlichen Haus in einer sehr gewöhnlichen Gegend wohnte. Dennoch war es ihr Lieblingsspiel, durch die ganze Klasse zu gehen und alle in der Reihenfolge ihres Vermögens aufzurufen. Sie deutete mit dem Finger in der Klasse herum, wobei sie immer bei sich selbst als Reichste anfing und zu meiner Empörung immer mich als Letzte und Ärmste nannte, einfach weil ich aus Asien stammte.

Ich glaube, dass sich diese beiden Mädchen nicht einmal gegenseitig leiden konnten. Truman betrachtete sich gegenüber Harker, die in einem Reihenhaus wohnte und ohne Vater aufwuchs, als gesellschaftlich überlegen. Von den beiden war Truman die körperlich aggressivere gegen mich. Sie war ein kräftiges Mädchen und herrschte, indem sie jedem, der ihr widersprach, Prügel androhte. Für mich war das kein Thema, denn mich verprügelte sie sowieso. Ich erinnere mich, wie sie ein paar Jahre später, wir waren Teenager, Arm in Arm mit Darren Coleman, der sich am Rand ihres Kreises herumtrieb, über den Schulhof ging. Alle gingen davon aus, dass sie damit die Leute zum Lachen bringen wollten. Sie war größer und ein ganzes Stück dicker als er und der Anblick, wie sie über den Schulhof schritten, die Arme umeinandergeschlungen, wobei er kaum um ihre kräftige Taille herumkam, war sehr lustig. Bis jemand flüsterte: »Sie gehen miteinander.« Große Stille.

»Bist du sicher?«

»Ja. Seit dem Wochenende.«

»Wer ist denn auf die Idee gekommen?«

»Keine Ahnung. Aber ich wette, er war's nicht!«

Truman schüchterte alle ein, vor Harker hatten alle Angst. Man empfand sie als unheimlich. Heute würde man sie als Grufti bezeichnen, doch als sie mit elf Jahren zum ersten Mal ihre braunen Haare pechschwarz färbte, ihre langen Nägel schwarz anmalte und anfing, schwarze Kleider zu tragen, etablierte sie sich als Freak – insbesondere als sie damit angab, einen Freund zu haben, der sehr viel älter sei. Es ging das Gerücht, dass sie ihre ersten sexuellen Erfahrungen mit zehn Jahren gemacht habe. Als sie in die Pubertät kam, besuchte sie die Schule seltener und brach schließlich ganz ab. Doch solange sie auf die Schule ging, wagte niemand, sie zu verärgern oder ihr zu widersprechen, da sie für ihre Gemeinheit bekannt war.

Harker und Truman machten mir das Leben zur Hölle, doch der größte Teil ihrer dreckigen Arbeit wurde von ihrem Gefolge und ihren Mitläufern verrichtet. Diese Mädchen (und ein paar Jungs) hätten nette Leute sein können, wenn sie den Mut gehabt hätten, sich freizuschwimmen. Doch aus Angst, ins Abseits zu geraten, wenn sie nicht innerhalb der Gruppe blieben, suchten sie in der Menge Sicherheit. Also jagten alle im Rudel. Und ich war ihre Lieblingsbeute.

Ich weiß nicht, wodurch sie sich stärker angegriffen fühlten: durch die Tatsache, dass ich eine »Paki« war, oder die Tatsache, dass ich eine »Paki« war, die ständig bessere Noten hatte als sie. Was immer der Grund war, sie gaben ihr Bestes, um mir das Leben zur Hölle zu machen. Das war keine Kunst, denn ein einzelnes, verschüchtertes Mädchen war dieser Übermacht nicht gewachsen. Dass mit dem Finger auf mich gezeigt wurde, dass ich herumgestoßen und -geschoben wurde, machte mir nicht so viel aus wie die Isolation. Fast in jeder Pause versuchte jemand, Stärke zu beweisen, indem sie mich ohrfeigten oder Schläge androhten, wobei sie wussten, dass ich niemals zurückschlagen würde, und überzeugt waren, dass es sie innerhalb des Gefolges beliebt machen würde.

Im vierten Grundschuljahr wurde eine neue Französischlehrerin eingestellt. Da ich bereits zweisprachig war, stellte ich fest, dass es mir leichtfiel, eine weitere Sprache zu erlernen. Ich liebte Französisch und freute mich immer auf unseren Unterricht. Da die Französischstunden ein neues Experiment für die Schule waren, hielt sich Miss Barton nicht zurück und zeigte offen, wie sehr sie es schätzte, eine Schülerin in ihrer Klasse zu haben, die dafür empfänglich war. Damit wurde dem Mobbing die Tür zum Klassenzimmer geöffnet. Ich wurde bei jeder Gelegenheit von hinten angestoßen und geschubst. Jedes Mal, wenn ich den Mund aufmachte, wurde gekichert und geschnaubt. Manchmal warteten sie nicht einmal auf die Pause oder den Schulschluss, sondern begannen mich schon in der Stunde zu quälen. Sie saßen hinter mir, stachen mich mit Stiften und zischten mir »Paki-Balg!« ins Ohr.

Die meiste Zeit überging ich sie und tat schweren Herzens so, als wäre alles in Ordnung, aber im Lauf der nächsten Monate wurde ich immer unglücklicher und verzagter. Eines Tages wurde es mir zu viel, und ich brach zusammen, schlug die Hände vors Gesicht und schluchzte, als würde mir das Herz brechen. Miss Barton, die normalerweise gutmütig war, sagte der ganzen Klasse, dass sie sich für sie schäme, weil sie sich wie eine Meute Tiere aufführten, und – es war gerade kurz vor dem Mittagessen – warf alle hinaus. Sie schloss die Tür, kam zu mir und hockte sich neben mich.

Ich weiß nicht mehr, was sie sagte, doch statt mich getröstet zu fühlen, wurde ich nur noch verzweifelter. Ich war es gewöhnt, dass die Leute mich ignorierten, mich beschimpften und schlugen. Ich war es nicht gewöhnt, dass jemand freundlich zu mir war, und ich hatte das Gefühl, als würde mir das Herz vor Kummer brechen.

Miss Barton fragte mich, wie lange das schon so ginge. Als ich ihr sagte, dass es schon immer so gewesen, aber während des Französischunterrichts schlimmer geworden sei, antwortete sie mir, dass sie mich drangsalierten, weil sie eifersüchtig auf mich wären. Dann verriet sie mir ein Geheimnis.

Es ging um die jährlichen Auszeichnungen, die die Schule den besten Schülerinnen und Schülern verlieh. Es gab einen Klassenpreis und einen Jahrgangspreis. In diesem Jahr kam noch ein weiterer hinzu – für Französisch. Da ich allerdings schon sowohl für den Klassen- als auch den Jahrgangspreis nominiert war, erlaubte die Schule Miss Barton nicht, mir die Auszeichnung in Französisch zu verleihen, und man hatte ihr aufgetragen, jemand anderen zu nominieren.

»Du bist die Klassenbeste, ich möchte nicht, dass du denkst, dass andere besser sind als du, nur weil sie die Belobigung erhalten. Ich habe versucht, im Kollegium klarzumachen, dass niemand sonst sie so sehr verdient wie du, aber sie haben ihre Meinung nicht geändert. Es tut mir leid«, schloss sie und sah wirklich verärgert aus.

Die Tränen hatten aufgehört und ich war imstande, sie anzulächeln und ihr zu sagen, dass das egal sei. Das war die Wahrheit. Es war egal. Ich machte mir nichts aus Auszeichnungen. Es bedeutete mir sehr viel mehr, dass jemand, der so hübsch und klug war wie sie, mich so sehr mochte, dass er für mich eintrat. Ironischerweise sorgte sie dadurch wohl dafür, dass ich nach der Schule eine weitere ordentliche Abreibung erhielt, aber das erzählte ich ihr nicht.

Als ich auf die weiterführende Schule kam, führte allein schon die Tatsache, dass ich eine ältere Schwester in der fünften Jahrgangsstufe hatte, dazu, dass mich die Tyrannen fast mein ganzes erstes Jahr in Ruhe ließen. Die größte Überraschung aber war die Begrüßung durch die Lehrer und Freunde meiner Schwester, die von mir zu wissen schienen. Sie hatten gehört, wer und wie klug ich war. Das erstaunte mich, denn meine Schwester sagte solche Dinge niemals zu mir, und ich hatte nicht im Entferntesten gewusst, dass sie mich so einschätzte. Ich begann sie in einem anderen Licht zu sehen und hoffte, dass sie mir vielleicht erlaubte, mich ihr und ihren Freunden anzuschließen, damit wir Dinge miteinander unternehmen konnten, wie es Schwestern tun. Doch leider hielt sie mich weiterhin auf Distanz. Immerhin fühlte ich mich sicher, jetzt, wo sie da war und auf mich aufpasste. Sie

warnte mich vor einem der Lehrer, Mr Taylor, im Natur-
wissenschaftsraum, da er offenbar den Ruf hatte, ein
Grapscher zu sein.

Eines Morgens in der zweiten Woche, die ich an der
Schule war, stellte sie mich ihrer Freundin Sarah vor.
Sarah schien sich sehr für meinen neuen Stundenplan zu
interessieren und dafür, welche Lehrer ich in bestimmten
Fächern hatte, wobei sie mich fragte, wen ich in Naturwissenschaften hätte. Als ich ihr sagte, dass Mr Taylor
mein neuer Lehrer in Naturwissenschaften sei, fragte sie
mich, was ich von ihm halte. Das war eine Frage, die ich
nur zu gern beantwortete, und ich begann mit einer leb-
haften Aufzählung all der Geschichten, die ich seit meiner
Ankunft über ihn gehört hatte. Ich berichtete ihr, wie er
unnötig nah bei den Mädchen stehe, um auf ihre BHs hi-
nunterzuschauen, und dass er unanständige Witze erzähle, und wie er Probleme bekommen habe, weil er
einem Mädchen seine Hand auf den Rock gelegt hatte.
Mitten in diesem Wortschwall fiel mir auf, dass meine
Schwester nach hinten getreten war, weg aus Sarahs Sichtfeld, und mir wild signalisierte, still zu sein. Aber es kam
nicht oft vor, dass ich im Zentrum der Aufmerksamkeit
stand, und ich redete mich gerade erst warm. Ich überging
ihre verzweifelten Signale und erzählte Sarah vergnügt,
dass alle sagten, Mr Taylor sei echt pervers.

»Warum willst du das wissen?«, fragte ich, als ich endlich aufhörte, um Luft zu holen. »Ist er auch dein Lehrer?«

»Nein«, lautete die Antwort. »Er ist mein Dad.«

Im zweiten Jahr auf der weiterführenden Schule wurden
wir alle entsprechend unserer schulischen Befähigung in
Klassenzüge eingeteilt. Ich hatte inzwischen ein paar
Freundschaften geschlossen, hatte aber keine Busenfreun-

din, einfach weil alle Busenfreundinnen-Positionen schon besetzt zu sein schienen. Keine hatte Lust, eine bereits existierende Beziehung zur besten Freundin zu lösen, um zur Zielscheibe von Schikanen zu werden, nur weil sie meine Freundin war. Das Gefolge stand inzwischen auf Jungs und schaute auf mich herunter, weil ich keinen Freund hatte.

Ich hatte aus zwei Gründen keinen Freund. Erstens war ich ein muslimisches Mädchen und es war mir daher nicht erlaubt, mich mit einem Jungen zu treffen. Der zweite Grund war einfacher: Ich war schon als Kind nicht hübsch gewesen und hatte es nicht geschafft, zu einem hübschen Teenager aufzublühen. So lieblos es war, meine Schwester hatte recht, wenn sie mich »Froschgesicht« und »Bugs Bunny« nannte. Meine Augen waren zu groß, meine Vorderzähne waren es auch. Selbst meine Mutter nannte mich *Habri* (Pferdegebiss). Unter Schulkindern sind Einsamkeit und Unbeliebtheit ansteckend, und Hässlichkeit ist geradezu abstoßend, also machten alle einen sehr großen Bogen um mich. Der Beleidigung wurde noch eine Verletzung hinzugefügt, indem sich die Jungen gegenseitig drohten: »Pass auf, oder ich sage der Paki-Tussi, dass du auf sie stehst!«

Zu Hause führte ich weiterhin ein ganz anderes Leben als meine Altersgenossinnen und -genossen. Während sie Pubs und Partys besuchten, ging ich heim zu meinen häuslichen Pflichten. Und ohne die Ablenkung durch Jungs und die Geselligkeit von Teenagern blieb mir außer der Hausarbeit nur die Arbeit für die Schule.

Zwar war ich das einzige orientalische Mädchen, doch es gab noch zwei Hindu-Jungen im Abitur-Zug, und wir drei konkurrierten in den Prüfungen immer um den Spitzenplatz. Das blieb nicht unbemerkt, und ich hörte, wie eine aus dem Gefolge bemerkte: »Diese Pakis müssen immer die Ersten sein, oder?«

»Du wärst auch Erste, wenn du nicht die ganze Zeit die Schule schwänzen und versuchen würdest, mit Jungs abzuhauen«, konterte ich empört.

Das Mobbing hatte erneut angefangen und wurde zunehmend bösartiger. In meinem zweiten und dritten Jahr auf der weiterführenden Schule verging kaum eine Woche, in der ich nicht mit zerrissenen Kleidern oder blutigem Gesicht nach Hause kam. Sie lauerten mir ständig auf und überfielen mich aus dem Hinterhalt heraus, sobald ich das Schulgebäude verließ. Als ich einmal nach einer weiteren Abreibung nach Hause kam, wandte sich meine Mutter an meinen Vater.

»Ist es das, wofür du uns in dieses Land gebracht hast?«, wollte sie verärgert wissen, während sie mich sauber machte. »Damit diese *Gora* unsere Kinder verhauen können? Warum unternimmst du nichts, um sie zu schützen?«

Ich erwartete, dass mein Vater in die Schule gehen und von den Lehrern fordern würde, die Tyrannen, deren Namen ich ohne Probleme nennen konnte, zu bestrafen. Aber ich entdeckte, dass mein Vater wie die meisten Einwanderer seiner Generation die Konfrontation mit Autoritäten hasste. Immerhin kam er und holte mich mit dem Auto von der Schule ab, was aber nur dazu führte, dass die Tyrannen das als Einladung betrachteten, mich offen zu verspotten.

»Was ist los, Paki? Kannst du nicht für dich selber kämpfen? Muss dich dein Papa von der Schule abholen? Schisser, wir kriegen dich trotzdem!«, drohten sie. Die verbalen Übergriffe hörten nicht auf, aber wenigstens wurde ich für etwa eine Woche nach der Schule nicht mehr angegriffen. Allerdings verkündete mein Vater nach einer Weile, dass er das Problem gelöst habe, und hörte zu meiner Bestürzung auf, mich abzuholen. Sobald sein Auto nicht mehr vor den Schultoren auftauchte, ging es mit den Gewalttätigkeiten weiter.

Sie erreichte eine neue Stufe, als ich nach der bisher schlimmsten Prügelattacke fast ins Krankenhaus eingeliefert werden musste. Das passierte während des Geländelaufs in meinem vierten Jahr.

Ich liebte den Geländelauf. Ich war weg von zu Hause und weg von der Schule und erlebte es zum ersten Mal, in Turnschuhen und einem kurzen Sportrock, die Beine unbedeckt, draußen zu sein. Zu Hause war es mir nie erlaubt, ohne Begleitung irgendwohin zu gehen oder an Aktivitäten teilzunehmen, die im Freien stattfanden, und daher war dies hier ein wahrlich seltener Moment in frischer Luft, mit körperlicher Betätigung und in Freiheit. Seit meinem zehnten Lebensjahr war es eine meiner Lieblingsbeschäftigungen, irgendwo zu stehen, wo ich einen Blick auf die Pennines im Osten erhaschen konnte, und noch aufregender war die Autobahn M6, die unter der Brücke im Park durchführte. Ich empfand immer wieder einen Nervenkitzel, weil ich wusste, dass mich diese Straße eines Tages weit weg von diesem Ort bringen würde. Es war die Straße in die Freiheit.

Ich liebte es, den Wind auf meinem Gesicht zu spüren, wenn der Geländelauf mich aus der Schule wegführte, durch den Park, über die Felder, durch die Wälder am Stadtrand und zu den Flussauen des Ribble, von wo aus ich sehen konnte, wie sich die Autobahn meilenweit hinzog. Es war einer der seltenen Augenblicke, in denen ich mich frei und sorglos fühlte. Ich ahnte nicht, dass es nicht lange anhalten würde.

Auf dem Rückweg durch den Park waren sie da, sie warteten auf mich: Truman und Harker, die Hände in den Hüften, tapfer von ihrem Gefolge flankiert und von einer Menge anderer aus dem Jahrgang, die einen neugierig darauf, was da los war, die anderen in freudiger Erwartung dessen, was kommen würde.

Sie umzingelten mich bedrohlich, freuten sich hämisch, als sie mir den Weg abschnitten. Es war niemand da, der sie aufhalten konnte, und mir war klar, dass ich in Schwierigkeiten steckte. Mit Entsetzen sah ich, wie Harker und Truman zur Brücke schielten, die nur wenige Schritte entfernt war. Ich versuchte, mich davon wegzudrücken, in panischer Angst, dass sie planten, mich auf die Autobahn M6 hinunterzuwerfen. Ich zweifelte nicht daran, dass sie dazu imstande wären, insbesondere wenn sie von ihren Anhängern dazu aufgestachelt wurden. Es waren zwischen fünfzehn und zwanzig Leute, die mich einschlossen – gegen so viele hatte ich keine Chance.

Dann ging es los. Harker und Truman teilten die ersten Faustschläge aus und schlugen mich nieder. Sobald ich am Boden lag, ließen sie ihren Füßen freien Lauf und kickten mich brutal, als sich noch mehr Füße an dem Angriff beteiligten. Ich konnte kaum spüren, auf welchen Teil meines Körpers eingetreten wurde, weil mich so viele Füße attackierten. Jeder wütende Fußtritt wurde von einem Schimpfwort begleitet.

»Verfickte schwarze Hure!«, oder: »Blöde Kuh! Ich hasse Pakis!«

Durch meine Tränen und die wirre Masse von Haaren, die sich aus meinem Haarband gelöst hatten, konnte ich kaum etwas sehen. Während ich mich mit dem Gesicht nach unten in Embryohaltung zusammenkauerte, um meinen Kopf zu schützen, spürte ich den Dreck in meinem Mund. Es schien kein Ende zu nehmen, aber ich war entschlossen, ihnen nicht die Genugtuung zu verschaffen, dass ich das Bewusstsein verlor oder sie mich sogar weinen sahen. Ich kann mich nicht daran erinnern, wie lange es so ging, nur daran, dass ich Angst hatte, sie würden erst aufhören, wenn sie mich umgebracht hatten.

»He! Was soll das?« Über den Lärm hinweg hörte ich eine Stimme rufen. Es war eine Frau, die ihren Hund im Park spazieren führte. Sie schrie ihnen zu, dass sie sich schämen sollten, so viele gegen ein einziges Mädchen, und dass sie die Polizei rufen werde. Als die Meute plötzlich aufhörte und wegzulaufen begann, rief sie hinter ihnen her, dass sie wüsste, auf welche Schule sie gingen, und es dort melden werde.

Sie half mir, den Dreck, die Tränen und die Haare aus den Augen zu wischen, damit ich etwas sehen konnte, und zog die zerrissenen Kleider um mich, damit ich wenigstens sittsam aussah. Ich war über und über mit Matsch verschmiert, und alles tat mir weh. Mein Kopf, meine Gliedmaßen, meine Rippen schmerzten schrecklich, und ich konnte kaum gehen. Als mich meine Gefühle überwältigten und ich untröstlich weinte, half sie mir, zur Schule zurückzuhinken.

Die Schule war inzwischen zu Ende, sodass kaum mehr jemand da war. Die erste Person, auf die wir trafen, war zufällig meine Klassenlehrerin, eine barsche, plumpe kleine Frau namens Banfield. Statt mir einen Krankenwagen zu rufen, um mir eine medizinische Versorgung zukommen zu lassen, waren ihre ersten Worte, als sie mich sah: »Schau dich an! Was hast du gemacht?« Und obwohl meine Retterin ihr in unmissverständlichen Worten erzählte, was mir eben geschehen war, schickte sie mich nach Hause, mutterseelenallein, was mir das Gefühl vermittelte, ihr Schimpf und Schande bereitet zu haben. Die Sache wurde nie wieder erwähnt, und niemand wurde bestraft. Ja, ich erinnere mich sogar, dass Mrs Banfield mich immer so behandelte, als wäre ich eine Unruhestifterin. In mein Zeugnis schrieb sie, dass ich dazu neige, eine »Umstandskrämerin« zu sein, was mir erneuten Ärger mit meinem Vater einbrachte.

Ich war inzwischen fünfzehn und hatte es restlos satt, ständig verhauen zu werden. Eines Nachmittags sagte ich, der Schikanen herzlich überdrüssig, Mary Harker, sie sei eine Schreckschraube. Ich wusste natürlich, dass ich es nach der Schule heimgezahlt bekommen würde, aber ich tat so, als wäre mir das egal. Die Schulglocke signalisierte Feierabend; schweren Herzens und voller Angst ging ich langsam zur Garderobe, um meinen Mantel zu holen. Ich war mir sehr wohl der sirrenden Aufregung bewusst, als das Gefolge Blut witterte und sich versammelte, um auf den Beginn der Show zu warten. Es machte keinen Sinn wegzulaufen, denn es gab nur einen Ausgang. Eine aus dem Gefolge trat vor, um mir ins Gesicht zu sehen. Sie schüttelte ihre Faust gegen mich.

»Du wirst verdammt übel verdroschen, weil du sie beschimpfst!«, quietschte sie.

Ich hatte keine Lust darauf und lachte ihr ins Gesicht.

»Hau ab, Midget«, gab ich verächtlich zurück und genoss ihren kurzzeitig panischen Gesichtsausdruck, als sie sich hastig in die Sicherheit der Gang zurückzog. Ich wusste genau, dass sie fern vom Gefolge ein nettes Mädchen war, das aus einer guten Familie stammte. Sie war eines der kleinsten Mädchen des Jahrgangs, und selbst ein Kind aus dem Jahr darunter hätte sie plattmachen können. Doch sie folgte dem Herdentrieb, und gerade jetzt wollte der Leitwolf mein Blut sehen.

Dann ging es los.

»Red nicht so mit ihr«, befahl Harker.

»Sie soll lieber erst gar nicht mit mir reden«, gab ich zurück.

»Du hältst dich für was Besseres als alle anderen, nicht wahr?«, blaffte Harker, die Hände in den Hüften, eine Show für ihr Publikum abziehend. »Nicht wahr, Paki?«, fauchte sie.

»Allemal besser, als eine Schlampe zu sein«, erwiderte ich herausfordernd. Alle schnappten schockiert nach Luft. Noch nie hatte jemand so mit ihr gesprochen. Auch ich tat das nicht – normalerweise, aber mir war klar, dass ich eine aufs Dach bekommen würde, egal, was ich sagte, also machte ich mir nichts mehr daraus. Wie alle Fieslinge hatte sie etwas dagegen, wenn sie das bekam, was sie anderen gegenüber austeilte, und sie wurde rot vor Zorn.

»Wie hast du mich genannt?«, schrie sie. »Wie hast mich eben genannt?«

»Bist du ebenso taub, wie du eine Schlampe bist?«, fragte ich müde.

Sie ging auf mich los. Aber etwas in mir drehte durch. Ich verdiente das nicht. Ich hatte jahrelang Schikanen und Quälereien erlitten, obwohl ich nichts anderes suchte als Freundschaft. Wie konnten sie es wagen? Wie konnten sie es wagen, mich so zu misshandeln? Solange ich mich erinnern konnte, quälten sie mich. Und warum? Weil ich anders war? Weil ich nicht aggressiv war? Wie auch immer man mich behandelt hatte, ich hatte alles erduldet, hatte es als mein Schicksal hingenommen. Niemand hatte mir jemals zugutegehalten, dass ich freundlich war, denn alle waren zu sehr damit beschäftigt gewesen, mich zu beschimpfen und zu drangsalieren.

»Jetzt ist Schluss«, wütete ich. »Nicht dieses Mal!«

Also ging ich auf sie los und bemerkte plötzlich, dass ich keine Angst vor ihr hatte. Jetzt, da ich das wusste, würde ich definitiv nie wieder Angst vor ihr haben. Außerdem erkannte ich, dass ich nach Jahren des Geschlagenwerdens genau wusste, was zu tun war, wenn es zu diesem Geschlagenwerden kam: Ich wusste, was am meisten wehtat und wo es wehtat. Und jetzt wollte ich nichts anderes, als diesem Mädchen, das so viel Freude daran gehabt hatte, mir wehzutun, meinerseits wehtun. Durch den roten Schleier, der meine Augen überzog, konnte ich nicht genau sehen. Ich hörte nichts und ich empfand nichts, denn dass ich zu dieser Art von Abscheulichkeit gezwungen wurde, hatte eine alles beherrschende Wut und Empörung in mir ausgelöst. Meine Wut war entfesselt, und jetzt war mein einziges Ziel, ihr heftig wehzutun. Sie zu töten. Ihr ekelhaftes, hässliches, boshaftes Gesicht zu Brei zu schlagen, bis sie tot war.

Ich schlug sie wieder und wieder zu Boden, bearbeitete ihr Gesicht mit geballten Fäusten. Sie hatte keine Chance. Ich hörte, wie etwas in ihrem Gesicht knirschte, und schlug doch weiter auf sie ein – bis meine Wut verflog. Sie versuchte mehrmals aufzustehen, konnte aber nur schreien und versuchen, ihr zerschundenes und blutiges Gesicht mit den Händen zu schützen.

»Steh auf!«, schnauzte ich sie an. »Wehr dich, du Hure!«

Als sie nicht aufstand, packte ich ihr langes Haar, schlang es um meine Hand und zog sie schreiend auf die Füße. Sobald ich ihre Haare losließ, gaben ihre Beine unter ihr nach und sie sackte mit einem Stöhnen zu Boden. Erst als sie zu meinen Füßen zusammenbrach, wurde mir bewusst, was um mich herum vorging.

Ich hörte, wie mir Verwünschungen entgegengeschleudert wurden, aber es kam niemand, um ihr zu helfen.

Angstschreie hatten sich zu tödlichem Schweigen verwandelt, als sie auf den Boden sank und es nicht mehr schaffte aufzustehen. Ich trat einen Schritt von ihr zurück, die Augen zornig aufblitzend, die Hände noch immer zu Fäusten geballt, zischend, funkelnd, fauchend gegen sie alle, sie herausfordernd, es zu versuchen. Ich hasste sie alle dafür, und in diesem Augenblick war ich bereit, jeden umzubringen, der versuchen würde, mich zu packen. Aber niemand tat es.

»Mörderin!«, schrie eine Stimme aus der Menge. Ich schaute mit Entsetzen und Fassungslosigkeit auf die zusammengekrümmte Masse zu meinen Füßen. War sie tot? Das war nicht möglich, schlussfolgerte ich. Ich war nicht imstande, so etwas zu machen. Ich spürte Galle in mir hochsteigen und wusste, dass mir schlecht wurde. Als ich sah, wie sich einer der Lehrer den Weg durch die Menge bahnte, kam ich plötzlich zu mir, und die schreckliche Erkenntnis dessen, was ich getan hatte, drang in mich ein. Dann drehte ich mich um und suchte das Weite.

Ich rannte den ganzen Weg nach Hause in der Erwartung, die Polizei bereits dort zu finden, um mich des Mordes anzuklagen, aber zu meiner Erleichterung war nur meine Mutter daheim. Ich wich ihr vorsichtig aus und ging geradewegs zum Badezimmer hoch, um mich zu waschen. Ich war furchtbar erschüttert und noch immer im Schock, aber ich sagte keinem etwas, sondern versuchte mein heftig pochendes Herz zu beruhigen und das Schreckliche, das ich eben getan hatte, für mich zu behalten, während ich meinen Schulrock gegen eine Hose tauschte, meine Haare zu einem Pferdeschwanz zurückband und hinunterging. Ausnahmsweise war ich dankbar, dass meine Mutter zu beschäftigt war, um irgendeine Notiz von mir zu nehmen, und ich nahm den Kehrbesen und begann meine Haushaltspflichten zu erledigen.

Wie sich herausstellte, war Mary Harker nicht gestorben. Aber ich litt nach diesem Tag an Albträumen. Es war nicht damenhaft, es war würdelos, sich zu schlagen – ich wollte es nie tun. Aber ich hatte mich zur Wehr gesetzt, und indem ich das getan hatte, war ich gezwungen, mich mit der Frage nach der Gewalt auseinanderzusetzen, die mich mein ganzes Leben lang verfolgt hatte. Lag es in der Natur oder war es anerzogen? Ich wusste es nicht.

Hatte ich, als ich meine Peinigerin bewusstlos geschlagen hatte, bewiesen, dass ich tatsächlich die Tochter meines Vaters war?

7
Liebesmahle

Vergesst die Gastfreundschaft nicht; denn durch sie haben
einige, ohne es zu ahnen, Engel beherbergt.
Brief an die Hebräer 13,2

Essen und Gastfreundschaft spielten eine wichtige Rolle
in unserer Erziehung, und ich nahm ihre Bedeutung mit
in mein Erwachsenenleben. Nicht nur, was wir essen, sondern auch wie und mit wem wir essen, gehört zu den we-
sentlichen Dingen der orientalischen Kultur.

Mahlzeiten bilden ein Band, das eine orientalische Familie zusammenfügt, und als ich heranwuchs, bildeten sie
den Mittelpunkt des Familienlebens, um den herum sich
unser Tagesablauf gruppierte. Jeden Tag wurden große
Töpfe mit Fleisch, Reis und Gemüse zubereitet und auf
große Schüsseln und Teller verteilt, die dann in die Mitte
gestellt wurden, damit jeder sich so viel oder so wenig
nehmen konnte, wie er mochte.

Eines der ersten Dinge, die ich als muslimische Tochter
lernte, war die Tatsache, dass das Gewähren und Annehmen von Gastfreundschaft ein wesentlicher Teil der pakistanischen Kultur ist. Der Koran geht sogar noch weiter
und befiehlt einem Gastgeber, dass er für jeden Besucher
oder Gast nur die besten Speisen und die beste Unterkunft bereithält. In orientalischen Häusern ist Gastfreundschaft selbstverständlich und wurde auf jeden aus-
gedehnt, der unser Haus besuchte. Unabhängig von der
Tageszeit verschwand meine Mutter einfach in der Küche

und kochte etwas Köstliches, um es jedem Gast, der unerwartet vorbeischaute, hinzustellen, sei es ein schlichter Imbiss wie Pakora (Frittiertes Gemüse mit Kichererbsenmehl), oder ein Teller mit aufgeschnittenem Obst wie Orangen oder Melonen. Freunde, Nachbarn und Bekannte wurden gleichermaßen gedrängt zu bleiben, um mit uns die nächste Mahlzeit einzunehmen und Curry, Fladenbrot und Reis mit uns zu teilen. Besuchern, die für ein paar Minuten vorbeischauten, erlaubte man nicht zu gehen, ohne nicht vorher genötigt worden zu sein, Platz zu nehmen und Tee, Kaffee und einen Teller mit Gebäck angeboten zu bekommen.

In der englischen Gesellschaft wird Tee oder Kaffee normalerweise nur ein einziges Mal angeboten und eine Weigerung meist fraglos akzeptiert (manchmal vermutlich mit Erleichterung). In orientalischen Häusern könnte es nicht gegensätzlicher sein. Hier sind zwei Benimmregeln am Werk: Ein Gast wird quasi mit dem besten Essen und Trinken, das verfügbar ist, zwangsernährt, da ein Gastgeber nicht geizig oder knauserig wirken will; für den Gast gibt es im Gegenzug die stillschweigende Verpflichtung, diese ihm so großzügig entgegengebrachte Gastfreundschaft anzunehmen. Sie zu verweigern, könnte als Kränkung gegenüber dem Gastgeber ausgelegt werden, da dieser das Gefühl haben könnte, dass sein Zuhause, seine Familie und seine Gaben verschmäht werden. Aus diesem Grund steht die *Izzat* eines Gastgebers auf dem Spiel, wenn Gäste im Haus sind, es aber nichts gibt, was man ihnen anbieten könnte. In einer solchen Situation hätten meine Eltern einem von uns Kindern Geld in die Hand gedrückt und es zum nächsten Laden geschickt, um etwas für den Gast zu kaufen.

Ein Unterschied zwischen jenen Besuchern, deren Gesellschaft wir genossen, und jenen, die wir gern wieder loswerden wollten, wurde nicht gemacht. Ich erinnere mich an eine Begebenheit, als zu meinem Missfallen sogar der Wichtigtuerin, die von Haus zu Haus ging, um Geschichten aus dem Privatleben der Leute weiterzutratschen, Respekt gezollt wurde.

»Nein! Ammi!«, flehte ich. »Sei nicht so eine Spielverderberin. Sie ist eine solche dumme Kuh! Lass mich wenigstens in ihr Getränk spucken, wenigstens ein einziges Mal!«

Doch obwohl sie ihre Belustigung kaum verbergen konnte und diese Frau selbst nicht ausstehen konnte, lehnte meine Mutter entschieden ab, dass ich in ihre Kaffeetasse spuckte, tadelte mich, weil ich respektlos sei, und schickte mich mit einem Tablett ins Wohnzimmer, während ich voller Enttäuschung meine Stacheln zeigte. Ich lernte daraus, dass es erstens eine Sünde war, das Essen oder Trinken eines Gastes zu verunreinigen, und zwar ohne Rücksicht darauf, wie sehr ich jemanden nicht leiden konnte, und zweitens, dass es unehrenhaft und beschämend war, wenn man es nicht schaffte, jedem Besucher seine Gastfreundschaft anzubieten.

Essen und Gastfreundschaft spielten noch eine andere wichtige Rolle in meinem Leben, denn sie waren die Basis für die einzige Art von Beziehung, die ich zu meiner Mutter pflegte. Als mein Vater mich zu schlagen begann, brachte mich meine Mutter weg in die Küche, wo sie mich tröstete und meine Tränen trocknete, indem sie mir etwas zu essen gab. Noch viele Jahre danach assoziierte ich Essen mit Zuflucht vor emotionalen Erschütterungen, was mich zur klassischen Frustesserin machte.

Was die Beziehung zwischen meiner Mutter und mir betraf, so konnte ich die schweigende, undurchdringliche

Aura, von der sie normalerweise umgeben war, nur durchbrechen und eine gewisse Nähe zu ihr spüren, wenn ich neben ihr in der Küche stand und ihr beim Schälen, Hacken und Umrühren half, während wir die Familienmahlzeiten vorbereiteten. Manchmal wurden meine Bemühungen belohnt, ihre brüske Art entspannte sich, und die ausdruckslose Miene ihres schönen Gesichts taute auf. In den seltenen Fällen, in denen sie nicht herumhetzte, erzählte sie sogar kleine Anekdoten aus ihrer Kindheit, die sich jeweils auf das Essen bezogen, das wir gerade zubereiteten. Sie erzählte uns Geschichten darüber, wie sie dieses oder jenes Essen zum ersten Mal oder auf welche Art sie es in Pakistan gekocht hatte, wo sie Zutaten benutzte, von denen ich nie gehört hatte. Sie zauberte diese exotischen Ingredienzien aus ihrem Küchenschrank herbei und zeigte mir, wie sie aussahen und dufteten und wie man sie einsetzte.

Ich lernte, die leuchtend gelbe Farbe des *Haldi* (Safran) zu erkennen und das lebhafte Rot von gemahlenem süßen Paprika. Ich wusste, dass *Dhania* (Koriander) in drei Formen vorkam: als Samen, der wie ein kleines braunes Pfefferkorn aussieht, als *Dhania*-Pulver, wenn er gemahlen wird, und – ein Favorit – als leuchtend grüne *Dhania*-Frucht, deren Stängel und Blätter gehakt und wegen ihrer Farbe und ihres Aromas über die meisten fertigen Gerichte gestreut werden.

Ich wusste, dass mein Vater nie *Garam masala* (wörtlich »scharfe Gewürze«, aber in Wirklichkeit eine Gewürzmischung) oder andere Gewürze in den Supermärkten der *Angrezi* kaufte, weil sie fade, geschmacklos und für gewöhnlich mit billigeren Zutaten verschnitten waren, keinen richtigen Duft besaßen und nicht dieselbe Geschmacksintensität hatten wie jene Gewürze, die er in den Asienläden erstand.

Ich lernte, dass es ein Gewürz wie »Currypulver« nicht gab und dass das scharf schmeckende gelbe Pulver, das die *Angrezi* benutzten, um »Currys« zu kochen, ein verschnittenes Machwerk für diejenigen war, die es nicht besser kannten. Das, was *Angrezi* unter Currypulver verstanden, wurde bei uns zu Hause niemals benutzt, ja sogar von meinem Vater verboten, weil es so widerlich war.

Der Kochunterricht war eine gemeinsame Zeit zu zweit, die es nur gab, weil ich ein Mädchen war und die Aufgabe hatte, meiner Mutter in der Küche zu helfen. Ich wurde nicht ausgeschimpft oder herumkommandiert, sondern unterrichtet und durfte die allzu knappe Zeit meiner Mutter mit ihr teilen. Das kam nicht oft vor, was diese Momente nur noch wertvoller machte.

Ich erinnere mich daran, wie die Küche an besonderen Festtagen wie dem Fest des Fastenbrechens, das auf den Fastenmonat Ramadan folgte, vor Aktivität nur so brummte und mit äußerst berauschenden Düften angefüllt war. Zum Fest des Fastenbrechens kochte Mum immer *Biryani*. Dabei handelte es sich um ein besonderes Reisgericht, das aus Unmengen von Lamm oder Hühnchen zubereitet, für den Wohlgeschmack mit Kardamom, Nelken und Zimt gewürzt, für die Farbe mit in Milch getränktem Safran aufgegossen und schließlich mit eingelegten Mandeln und in Butter gerösteten Zwiebeln garniert wurde, damit es saftig schmeckte.

Dann gab es noch *Haleem*, bei dem mein Vater darauf bestand, dass es mit einer verschwenderischen Fülle von Lamm zubereitet wurde. »Bei *Haleem* darfst du mit dem Fleisch nicht knausrig sein«, erklärte er, bevor er mir ein riesiges Paket mit Hammelfleisch überreichte, das er eben eigens gekauft hatte. Pakistani ziehen Hammel wegen seines intensiven Geschmacks dem Lamm vor, aber in

England werden Lämmer geschlachtet, bevor sie die Möglichkeit haben, erwachsen zu werden, weshalb man Hammel normalerweise nur in den Halal-Metzgereien erhält. Im Haus meines Vaters war Fleisch nicht verhandelbar. Dhal und Gemüse waren nur Beilagen und Armeleuteessen. Die Männer in unserem Haus verlangten nach Fleisch, meistens Huhn, Hammel oder Ziege, und zwar in Mengen, weshalb man mit Fleisch, wie mein Vater sagte, nicht knauserig sein durfte.

Eine würzige Fleischsoße wurde hergestellt und mit einer Vielfalt an gelben, grünen, weißen und braunen Linsen und Perlgraupen angedickt. Nachdem es stundenlang geköchelt hatte und das Fleisch auseinanderfiel, wurde das Gemisch zerstoßen, bis die Fleischfasern aufbrachen und sich mit den Linsen und Graupen vermengten, um einen unglaublich sämigen Fleischeintopf zu ergeben, in dem ein Löffel fast stehen blieb.

Er wurde in Schüsseln serviert, mit *Garam masala* bestreut und mit gerösteten Zwiebeln, geriebenem Ingwer und gehackten Korianderblättern garniert. Wir konkurrierten alle darum, wer die meisten Schüsseln davon essen konnte, und verbrachten dann die Nacht mit Bauchschmerzen, weil wir zu viel gegessen hatten. So nahrhaft all diese Bohnen und Hülsenfrüchte im *Haleem* waren, besaßen sie aber eine unangenehme Begleiterscheinung, und zwar eine, die das Haus vor Protestschreien seitens der Frauen und schallendem Gelächter seitens der Männer widerhallen ließ, da die Männer nicht nur darum konkurrierten, wer am meisten essen, sondern später am Abend auch die anderen beim Furzen übertrumpfen konnte.

An Freitagen gab es oft das Lieblingsessen der Familie, würzig gegrilltes Huhn. Mein Vater kaufte immer Huhn, obwohl es damals noch keine Massenproduktion gab und es deshalb teuer war. Zwei Hühnchen wurden in Portionen geschnitten, mit Öl, Paprika, Chili und Gewürzen eingerieben und danach auf den Grill gelegt. Das halbgare Hühnchen wurde mit einer Zwiebelpaste, Ingwer, Knoblauch und grünen Chilis bedeckt und gegrillt, bis es eine perfekte goldbraune Farbe annahm. Serviert wurde es mit Röstkartoffeln, Gemüse und Bratensoße. Mein Vater mochte Hühnchen nicht besonders, aber er aß das Gericht. Ich kann mich nicht erinnern, dass wir dieses Essen jemals einem serviert hätten, der nicht das Rezept haben wollte.

Bei besonderen Gelegenheiten machte Mama *Nehari*, ein traditionelles pakistanisches Gericht. *Nehari* war ein kräftiger Eintopf mit riesigen Fleischbrocken, die in einer speziellen Mischung aus Fenchelsamen und Gewürzen stundenlang geköchelt wurden, bis das Fleisch so zart war, dass es zu einer dicken, wohlschmeckenden Soße auseinanderfiel. Am Tisch wurde es mit darübergestreutem gemahlenen Ingwer, gehacktem Koriander und *Garam masala* serviert und mit köstlichen Tandoori-Fladen, die heiß und aufgegangen vom Grill kamen, gegessen.

Mein Lieblingsessen war *Kofta*: Fleischbällchen aus Lamm und Kartoffeln in einer dicken würzigen und mit Bockshornklee abgeschmeckten Soße. Manchmal bereitete Mama besonderes *Nargisi Kofta* zu, *Kofta*, die mit einem halben hart gekochten Ei gefüllt waren. Wir tunkten es mit Fladenbrot und lockerem Basmatireis auf.

Fladenbrot wurde jeden Tag und bei jeder Mahlzeit gegessen. Der Teig wurde aus Vollkornmehl und Wasser hergestellt, musste ruhen, um aufzugehen, und wurde dann bis zur Größe eines Esstellers dünn ausgerollt. Man muss geschickt sein, um sie so auszurollen, dass sie dünn und vollkommen rund sind, und das erreicht man nur durch Übung und Erfahrung. Im Anschluss werden sie auf einer *Tawa* (einer flachen Grillpfanne) und über offener Flamme fertig gebacken, wobei eine gute Köchin wie meine Mutter sie mit Dampf zum Aufgehen bringen kann. Bei zwei bis drei Fladenbroten für jeden Erwachsenen bedeutete das ein ganzes Becken voller Teig, der täglich zu kneten und auszurollen war. Fladenbrote werden am besten frisch und heiß verzehrt, weshalb die Männer Platz nahmen und aßen, während die Frauen ihnen auftrugen. Diejenige, die die Fladen ausrollte und buk, war immer die Letzte, die sich zum Essen setzte.

Nicht nur was und wie gegessen wird, macht den Unterschied zwischen dem orientalischen Essen und den englischen Mahlzeiten aus, sondern auch die Reihenfolge, in der bestimmte Speisen verzehrt werden. Es gibt keine »Gänge«. Das ganze Essen – Fladenbrot, Fleisch, *Dhal*, Gemüse, Salat und Eingelegtes – wird gleichzeitig serviert, und nach einem stillen Dankgebet beginnt das Mahl, bei dem sich jeder so viel oder so wenig von jedem Gericht nimmt, wie er möchte, und herumgibt, was andere nicht erreichen können. Das ist völlig anders als die westliche Art, bei der man einen Teller voll Essen hingestellt bekommt, das bereits zugeteilt ist – eine Art, bei der ich mich nie ganz wohlgefühlt habe. Als Orientalin war ich immer daran gewöhnt, mir je nach Appetit und Vorliebe besondere Speisen herauszusuchen, und zwar ohne dass jemand für mich entschied. Zum Beispiel mag ich normalerweise nicht so viel Fleisch und mehr Linsen und Gemüse.

Das Mahl wird in zwei Teilen eingenommen. Nach dem Fladenbrot isst man zu denselben Gerichten Reis. *Angrezi* essen Curry mit Brot (*Naan* oder *Roti*) und Reis auf demselben Teller. Pakistaner würden niemals auf diese Art und Weise essen, Brot und Reis werden getrennt gegessen. Zusammen mit dem Essen werden immer Krüge mit Wasser serviert.

Pudding oder Desserts werden im Allgemeinen nur zu besonderen festlichen Gelegenheiten gereicht oder wenn Gäste anwesend sind. In solchen Fällen bereitete meine Mutter *Zaarda* zu, eine süße Safran-Reis-Speise mit Rosinen, Mandeln und Pistazien. Oder *Gulab Jamun*, süße Bällchen, die mit Zuckersirup getränkt sind, *Kheer*, einen cremigen Pudding aus Reismehl, oder *Supenni*, einen milchigen Pudding aus kleinen Nudeln, Rosinen und Nüssen.

Nach alltäglichen Mahlzeiten war der Nachtisch, sofern ein Nachtisch erforderlich war, einfach nur ein Teller mit aufgeschnittenem Obst, je nach Jahreszeit etwa Orangen, Wassermelone, Honigmelone oder Mangos. Aber selbst das hatte einen typischen östlichen Touch. Im Westen wird gemahlener schwarzer Pfeffer nur als pikantes Würzmittel benutzt. Pakistaner sind da weitaus abenteuerlustiger und wissen, wie frisch gemahlener Pfeffer das Obst zum Leben erweckt. Ich hätte nie gedacht, dass Engländer Appetit darauf haben würden, bis ich las, wie die berühmte Fernsehköchin Nigella Lawson von ihrer Entdeckung schwärmte, dass schwarzer Pfeffer das Aroma von Erdbeeren betont. Das war für mich nichts Neues, meine Eltern hatten immer schon Pfeffer als Würzmittel für Obst benutzt.

Die wichtigste Hausarbeit bei uns war das Vorbereiten, Kochen, Servieren und Abtragen des Hauptessens am Abend. Zum Mittagessen konnte es das aufgewärmte Essen vom vergangenen Abend geben oder irgendetwas ganz Einfaches. Das Abendessen aber musste frisch zubereitet sein. Es lebten fünf Männer im Haushalt, alle mit einem gesegneten Appetit, also musste früh mit der Vorbereitung angefangen werden. Zwiebeln, Ingwer und Knoblauch mussten geschält und gehackt werden. Alles wurde in großen Mengen gekocht. Nachdem ich ausgezogen war, machte ich jahrelang immer viel zu viel, weil ich in einer großen Familie aufgewachsen war und es dauerte, bis ich mir abgewöhnt hatte, für eine neunköpfige Familie zu kochen.

Meine Mutter experimentierte ständig herum, um Speisen zu kreieren, die sie von Pakistan her in Erinnerung hatte, da mein Vater diese Gerichte am liebsten mochte. Wie die meisten pakistanischen Ehemänner jener Generation erledigte er die Einkäufe und brachte ihr die Zutaten nach Hause, während sie in der Küche die fantastischen Speisen herbeizauberte, die ihre Familie inzwischen erwartete. Es handelte sich nicht nur um pakistanisches Essen, Mum konnte sich auch englischen Gerichten zuwenden und machte regelmäßig ganze Ladungen Brötchen, Fleisch- und Kartoffel-Pies sowie Fisch-Frikadellen. Immer wenn sie über etwas Neues und Interessantes stolperte, verschwand sie in der Küche und kochte es stolz und mit bewundernswertem Ergebnis nach.

Obwohl mir das damals nicht bewusst war, hinterließen ihre Fertigkeiten in der Küche einen bleibenden Eindruck bei mir. Mein Vater war extrem pingelig und lehnte jedes Gericht ab, das nicht aus Mutters Händen stammte, deshalb waren mir nur die banalen Küchenarbeiten gestattet, etwa die Zubereitung von *Roti*, Schälen, Hacken und Rühren sowie am Ende das unvermeidliche Abräumen und Abwaschen. Es war mir aber auch erlaubt, mit den Speisen zu experimentieren, die mein Vater nicht aß, und so wurde ich versiert im Kochen von *Dhal* und Gemüse, die eher von den Frauen unserer Familie bevorzugt wurden. Ich verwertete auch Reste, um Speisen wie *Poori,* gefüllt mit Gewürzkartoffeln oder Lammhackfleisch und Bohnen, zuzubereiten. Es war ein wahres Lob, wenn ich diese Gerichte herstellte und die Männer unserer Familie sie vorsichtig kosteten, sie unerwartet mochten und sich eine große Portion aufluden. Eines der größten Komplimente, das mir mein Vater jemals machte, war die Verlautbarung, dass meine *Parantha* und gefüllten *Poori* sogar die von meiner Mutter gemachten übertreffen würden. Ein großes Lob, wenn man bedenkt, dass sie eine fantastische Köchin war.

Darüber hinaus erwarb ich mir detaillierte Kenntnisse über die verschiedenen Fleischstücke, lernte die unendliche Vielfalt von Linsen, Gewürzen und Kräutern kennen und eignete mir das Fingerspitzengefühl an, sie alle zu kombinieren, ohne Rezepte dafür zu brauchen.

Nachdem ich pakistanisches Essen in sehr vielen verschiedenen Häusern und Restaurants wie auch in meiner eigenen Küche erprobt habe, kann ich ehrlich behaupten, dass ich nach all den Jahren noch immer die Kochkünste meiner Mutter zu schätzen weiß. Selten, sehr selten stoße ich auf eine pakistanische Küche, die an die herankommt, mit der wir aufwuchsen.

Mein Vater hielt sich für einen Kenner guten Essens, da er mit Speisen aufgewachsen war, die zubereitet waren aus Fleischstücken, Basmatireis, Gemüse und Gewürzen von erstklassiger Qualität, erstanden im Basar. Daddis Kinder wurden mit großen Erwartungen an die Familienmahlzeiten großgezogen. Es waren Erwartungen, die auf der Liste der Qualitäten, die man sich von einer zukünftigen Schwiegertochter ersehnte, sehr weit oben standen. Als er heiratete und eine eigene Familie gründete, war es unumgänglich, dass mein Vater ebenfalls auf den besten Zutaten bestand. Doch es reichte nicht aus, einfach nur Zutaten von guter Qualität im Basar zu kaufen, da talentierte Hände unentbehrlich waren, um das alles zu kombinieren. Und meine Mutter enttäuschte ihn nicht. Ihre Fähigkeiten in der Küche beeindruckten ihre kritischen Schwiegereltern, als sie wundervolle Speisen zubereitete, die mit der Küche ihrer Schwiegermutter in Konkurrenz standen und das Herz ihres Ehemanns gewannen.

Im Rückblick wird mir bewusst, wie glücklich wir waren, eine Mutter zu haben, die in der Küche so abenteuerlustig und kreativ war. Unser Familienleben drehte sich um Speisen und Mahlzeiten, und das Thema Essen beherrschte unsere Gespräche; ja, ich frage mich immer wieder, ob es überhaupt zwischen meinem Vater und dem Rest der Familie Gespräche gegeben hätte, wenn das Thema Essen aus unserem Haus verbannt worden wäre. Blättere ich moderne Kochbücher für orientalische Küche durch, erkenne ich die meisten der abgebildeten Gerichte wieder und begreife, wie gut und kreativ unser Essen war.

Heute, Jahre später, denken meine Schwester Farah und ich über das Essen nach, das in unserer Kindheit und Jugend so maßgeblich unser Leben dominierte, und über die Gerichte, die wir als Familie aßen. Nachdem wir ein solches Familienleben wie unseres durchlebt hatten, gibt es in dem Chaos aus unterdrückten oder schlechten Erinnerungen an unsere Kindheit nur sehr wenig, an das wir angenehme Erinnerungen haben. Jetzt, als Erwachsene, stellt für uns das gemeinsame Kochen und Essen jener Gerichte einen sicheren Hafen dar, einen kulinarischen Zufluchtsort und unseren einzigen Weg zu einer schmerzlosen Nostalgie.

8
O Bruder!

Das Alter ist für eine asiatische Familie sehr wichtig, und *Izzat* gegenüber Autoritäten und Älteren wird von Anfang an in die asiatischen Kinder eingepflanzt. Dieses Training beginnt zu Hause mit dem Respekt gegenüber älteren Geschwistern, deren Autorität in den Augen der jüngeren Brüder und Schwestern gleich nach der der Eltern kommt.

Angehörige des Abendlandes wissen oft nicht, dass ältere Menschen im Orient nicht mit dem Vornamen angesprochen werden. Dies beschränkt sich nicht nur auf Großeltern, Tanten und Onkel, sondern wird gleichermaßen auf Cousins und Cousinen, Freunde oder ältere Brüder und Schwestern angewandt. So wie ein Kind seine Eltern Ammi oder Abba (manchmal mit einem angehängten -ji, das noch größeren Respekt signalisiert) nennt, würde ein jüngeres Geschwisterkind niemals den Vornamen eines älteren Geschwisterkindes benutzen, sondern einen Titel verwenden, der Respekt ausdrückt. In diesem Fall wird ein älterer Bruder mit *Bhai* (Bruder) angesprochen, und eine Schwester heißt *Apa* (Schwester).

Aufgrund des Altersunterschieds zwischen uns und den jüngeren Kindern hießen meine ältere Schwester und ich *Buri Apa* (Ältere Schwester) und *Chot Apa* (Jüngere Schwester). Als meine Brüder in die Pubertät kamen und ganz besonders nach ihrer Hochzeit, versuchten sie ein- oder zweimal ihr Glück und nannten meine ältere Schwester und mich bei unseren Vornamen. Sie wurden entweder mit einem scharfen Tadel oder mit einer Ohrfeige für den mangelnden Respekt belohnt.

Farah bildete eine Ausnahme. Weil die jüngeren Kinder in einem ähnlichen Alter waren und zusammen zur Schule gingen, wo es ihnen peinlich war, wenn jemand hörte, dass sie ihre Geschwister mit seltsamen Namen ansprachen, die ihre englischen Freunde nicht verstanden, erlaubten meine Eltern Shoukat, Lee und Jo, alle jünger als Farah, dass sie beim Vornamen genannt wurde.

Als Zweitälteste wechselte ich schon Windeln, kaum dass ich ihnen selbst entwachsen war. Angesichts von fünf jüngeren Geschwistern bedurfte ich keiner Puppe, ich hatte ja richtige Babys, um die ich mich kümmern musste. Das ist nichts Ungewöhnliches, denn in großen orientalischen Familien ist es ganz normal, dass die älteren Geschwister helfen, die jüngeren Kinder mit aufzuziehen und zu versorgen. Es ist einfach eine Erweiterung der elterlichen Verantwortung, die Hierarchie innerhalb der Familie – von den Ältesten zu den Jüngsten – nach unten sickern zu lassen.

Mein Vater war gnadenlos ehrlich in Bezug auf seine Vorurteile und Begünstigungen gegenüber seinen Kindern. Wenn wir unterschiedlich behandelt wurden, hatte das, als wir ganz klein waren, weniger mit der jeweiligen Persönlichkeit zu tun als vielmehr mit der Gunst, die einzelnen Individuen aus verschiedenen Gründen geschenkt wurde. So wie mein Vater meine ältere Schwester bevorzugte, hatte er andere Gründe, um seine Kinder für eine besondere Behandlung auszuwählen: zum Beispiel einfach, weil es der älteste Sohn war, und der wuchs meinem Vater wie den meisten Pakistani besonders ans Herz.

Als wir Kinder waren, wurden unsere Geburtstage nicht gefeiert, und ich kann mich nur an ein einziges Mal erin-

nern, dass einer von uns Geburtstag hatte. Damals nämlich organisierte mein Vater eine Party für Mohammed,
seinen Stammhalter, der noch klein war. Meine Mutter
hatte für einen Geburtstagstee mit Wackelpudding, Sandwiches und einem Kuchen, der mit Kerzen geschmückt
war, zu sorgen, und meiner älteren Schwester und mir
wurde zu unserer Demütigung befohlen, auf Spielzeug-
trompeten die Begleitung zu spielen, während der Rest
der Familie »Happy Birthday« sang. Einzig der Gedanke
an die Schläge, die unser Vater uns zukommen lassen
würde, hielt uns davon ab, dem eingebildeten kleinen
Balg mit seiner eigenen Plastiktrompete eine Kopfnuss zu
verpassen.

Ich kann mich auch noch an die Weetabix-Episode erinnern. Weetabix hatte eine Sonderaktion laufen, bei der
der Schachtel Sammelspielzeug beigegeben war. Wie bei
so vielem hatte der Stammhalter auf alles, was in der
Schachtel war, das Vorrecht. Nur wenn er es nicht haben
wollte, durften es sich die anderen Kinder nehmen, was
selten der Fall war, da normalerweise das Spannendste an
dem Plastikspielzeug in der Müslischachtel die Aufregung
beim Aufreißen und Auspacken der Schachtel war. Danach handelte es sich nur noch um ein uninteressantes
Plastikspielzeug.

Die meisten Eltern hätten sich damit zufriedengegeben,
das Müsli bei ihrem Wocheneinkauf zu erstehen, aber da
es darum ging, den Stammhalter glücklich zu machen,
fuhr mein Vater extra eineinhalb Kilometer weiter und
kaufte eine ganze Palette voll im Großhandel. Ich erinnere
mich daran, wie mein Bruder eine Schachtel nach der anderen aufriss, das hochgeschätzte Spielzeug herausholte
und versprach, dass er ab jetzt nie mehr etwas anderes als
Weetabix essen würde. Ihm war nicht bewusst, wie sich

die übrige Familie mehr und mehr ärgerte, denn uns war klar, wer dieses Müsli essen würde. Wie ich vermutet hatte, verkündete Mohammed nach einer Woche, dass er Weetabix satthabe und es nicht mehr essen wolle. Vergnügt spachtelte er die anderen Müslis, die mein Vater nun für ihn kaufte, in sich hinein, völlig blind gegenüber den vernichtenden Blicken von uns anderen, die wir das verdammte Weetabix noch monatelang in uns hineinzwingen mussten.

Der zweite Sohn der Familie war Shoukat. Von klein auf neigte er zu Kopfschmerzen und Schwindelanfällen und wurde generell für sehr zart gehalten. Seine Schmerzempfindlichkeit sorgte dafür, dass mein Vater bei allen möglichen Gelegenheiten seine Hand gegen ihn erhob. Der Junge tendierte dazu, hemmungslos zu weinen, und das Ergebnis war, dass wir alle ihn einen Weichling nannten und Schimpflieder auf ihn sangen, die ihn noch heftiger zum Weinen brachten.

Dass die jüngeren Kinder von den älteren gehütet wurden, wurde aus den besonderen Beziehungen innerhalb des Familienverbandes deutlich, so etwa aus der zwischen Shoukat und meiner älteren Schwester, dem zweitjüngsten Kind und dem ältesten. Zwischen beiden herrschte ein Altersunterschied von zehn Jahren, und da er sehr jung war, war er ihr Liebling. Er lechzte nach Zuneigung, und sie gab ihm diese Zuneigung, hätschelte ihn, stellte sich in Geschwisterstreitigkeiten auf seine Seite und bemutterte ihn, wenn er krank oder unruhig war, nahm ihn überall hin mit und kaufte ihm besondere Geschenke. Keines der anderen Kinder erhielt so viel Aufmerksamkeit von ihr, und im Gegenzug suchte er ihre Zuneigung.

Shoukat war ein hübsches Kind, das zu einem Mann mit einem angeborenen Charme heranwuchs, welcher ihm die Zuneigung anderer Menschen gewann. Sein Humor und seine Gabe, andere zum Lachen zu bringen, machten ihn unter den Gleichaltrigen beliebt. Noch lange nachdem meine Schwester von zu Hause ausgezogen war und selbst nachdem sie geheiratet und eigene Kinder bekommen hatte, besaßen die beiden eine besondere Bindung aneinander.

Soweit es meinen Vater betraf, gab es zwei Kinder, mit denen er nie klarkam. Das eine war ich, das andere war mein Bruder Lee. Wir waren beide starke, eigenwillige Charaktere, die nicht einsehen wollten, dass die Behandlung durch unseren Vater eine gerechtfertigte elterliche Disziplinmaßnahme darstellen sollte, und sie stattdessen als zutiefst falsch und ungerecht empfanden.

Der grundsätzliche Unterschied zwischen Lee und mir war, dass ich verzweifelt auf Flucht sann, um mich dem Arm meines Vaters zu entziehen und die Chance zu erhalten, mir ein eigenes, von der Familie unabhängiges Leben aufzubauen. Lee dagegen sah, als er erwachsen wurde, sein wichtigstes Ziel darin, nicht zu fliehen, sondern akzeptiert zu werden, und seine Rebellion war Ausdruck des Bedürfnisses, das ein Sohn hat, der von seinem Vater bemerkt und anerkannt werden will. Lee war ein liebenswerter kleiner Rowdy, der immer in Schwierigkeiten geriet, weil er zu den Lehrern vorlaut war und (selbst in der Vorschule) mit Mädchen flirtete. Er hatte ständig Unsinn im Kopf. Mein Vater hielt ihn für einen kompletten Schulversager.

Ich erinnere mich daran, dass Farah an einem Samstagnachmittag, als es an der Tür klopfte, öffnete und zwei äußerst schick gekleidete Kinder, bewaffnet mit einem knallbunt eingepackten Päckchen, erwartungsvoll auf der Türschwelle standen.

»Wir kommen zu Lees Geburtstagsfest«, verkündeten sie und mussten erfahren, dass hier kein Fest stattfand und Lee nicht einmal Geburtstag hatte. Der Witzbold, der sich diesen Scherz erlaubt hatte, hatte schon längst das Weite gesucht und war nirgends zu finden.

Ich glaube, dass Lees Charakter durch die Tatsache geformt wurde, dass er, obwohl gewitzt und ein kluges Köpfchen, während seines ersten Schuljahres in die Förderklasse gesteckt worden war, was ihm mein Vater und meine Brüder selten vergessen ließen.

»Ja, wer ist ein ehemaliger Förderschüler?«, zogen sie ihn auf.«

»Ich bin *kein* ehemaliger Förderschüler«, protestierte er aufgebracht. »Ich war mal einer, aber ich bin es jetzt nicht mehr!« Zu seinem Entsetzen sank selbst Farah, seine Lieblingsschwester und Verbündete, zusammen mit den anderen Geschwistern bebend und hysterisch zu Boden, während er allein dastand und sich fragte, was er gerade gesagt haben mochte, das seine Geschwister zu einem kollektiven Anfall veranlasste.

Als Farah eines Tages in der Schule gemobt wurde, fertigte er die älteren Mädchen auf seine eigene unnachahmliche Weise ab. »He! Schlampe!«, rief er der Anführerin zu. »Fass unsere Kleine noch einmal an, und ich vergess, dass du ein Mädchen bist, und verpasse dir eine abgefuckte Kopfnuss!«

Seine Worte und Taten waren nicht subtil, er war laut, frech, unverbesserlich und immer in Schwierigkeiten, weil er keine Autorität anerkannte, was mein Vater restlos missbilligte. Doch trotz all seines Draufgängertums hörte Lee nie auf, die Anerkennung meines Vaters zu suchen, und unternahm große Anstrengungen dafür. Seiner orientalischen Denke gemäß war der naheliegendste Weg, dies zu erreichen, finanzieller Erfolg. Nachdem er die Schule verlassen und ein paar Jahre lang für andere Leute gearbeitet hatte, gründete er sein eigenes Finanzierungsunternehmen und wurde zu einem der ersten Porsche fahrenden, zwanzig und ein paar Jahre zählenden 1980er-Yuppys: schnell, protzig, laut und fast ausschließlich den eigenen Regeln folgend. Ironischerweise führte Lees Entschlossenheit, erfolgreich zu sein, nur dazu, dass er und mein Vater sich noch weiter voneinander entfernten.

Dagegen verbummelten Mohammed, der Älteste und Stammhalter, und Jo, der Jüngste und das Nesthäkchen der Familie, ihre Kindheit und Jugend und ernteten mit sehr geringem Aufwand ihrerseits die Wohltaten, die ihnen die Zuneigung und das Geld meines Vaters bescherten. Sie mussten sich zudem, da sie männlichen Geschlechts waren, nie beweisen.

9
Was es heißt, eine Frau zu sein

Bildung macht Menschen leicht zu führen, aber schwer zu lenken, leicht zu regieren, aber unmöglich zu versklaven.
Henry Peter, Lord Brougham

Viele Muslime sind gegen Bildung für Frauen und Mädchen.
Ich verstand, warum meine Mutter dagegen war, dass das weibliche Geschlecht Bildung erhielt. Als Mädchen war es meine einzige Aufgabe, für das Wohlergehen der Männer in meiner Familie zu sorgen – einem höheren Zweck konnte kein weibliches Wesen dienen. Meine Mutter glaubte, dass Bildung das Wesen eines Mädchens ruiniere. Ein Mädchen, das man mit Bildung überhäuft, werde unzufrieden, entwickle eine eigene Meinung und beginne, selbstständig zu denken. Und nichts davon sei für eine potenzielle Ehefrau wünschenswert.
Meiner Mutter zufolge lehrt Bildung ein Mädchen respektloses westliches Verhalten und ermutigt es, mit den Älteren in der Familie zu diskutieren und gegen das zu rebellieren, was für es am besten ist. Und am besten ist natürlich, mit sechzehn sicher und mit intakter Jungfräulichkeit unter die Haube gebracht zu werden, bevor es den Eltern Schande machen könnte. Für mich als Muslima bedeutete Bildung vermutlich eine der größten Herausforderungen, die das Heranwachsen zwischen zwei Kulturen bringen konnte.
Zum Entsetzen meiner Mutter hatte mein Vater nicht

dieselbe Auffassung bezüglich Bildung. Er hatte seine Familie nach England gebracht, um seinen Kindern Zugang zum englischen Bildungssystem zu verschaffen, und war völlig überzeugt davon, dass es für Mädchen und Frauen wichtig war, eine Ausbildung zu erhalten, wichtiger sogar als für Jungen und Männer. Er sagte: »Ein Mann wird immer dazu in der Lage sein, seinen Weg im Leben zu machen, aber eine Frau ist vom Mann abhängig. Du wirst erst wissen, was für eine Sorte Ehemann ein Mann für deine Tochter ist, wenn es zu spät ist und sie schon verheiratet sind. Deshalb muss eine Frau imstande sein, sich selbst zu versorgen!«

Mein Vater spielte damit auf das Beispiel mancher pakistanischer Familien an, mit denen er bekannt war. Die meisten pakistanischen Männer sind hingebungsvolle Ehemänner und Väter. Aber wie in jeder anderen Gesellschaft auch, gab es Männer, die die Grenzen akzeptablen Verhaltens sprengten.

Da gab es jenen verheirateten Pakistani, der mit seiner *Angrezi*-Freundin weiterhin zusammen war, obwohl er eine Frau und vier Kinder hatte. Seine Frau beklagte sich gegenüber Verwandten, doch sie hatte nicht die Macht, etwas anderes zu unternehmen, als zu klagen. Ein anderer verspielte ein florierendes Lebensmittelgeschäft und am Ende auch das Haus der Familie. Die Tränen seiner Frau nützten nichts.

Es war nicht so, dass diese Frauen nicht den Willen gehabt hätten, sich selbst zu helfen, aber sie wussten einfach nicht, wie. Die meisten stammten aus der ersten Einwanderergeneration und sprachen kein Englisch, weshalb sie davon abhängig waren, dass ihre Männer oder Kinder beim Einkaufen, im Krankenhaus oder bei Telefonaten für sie übersetzten. In Pakistan hätten sie ein großes Netzwerk aus Verwandten von beiden Seiten der Familie besessen, auf das sie zurückgreifen konnten. Orientalische Ehen werden nicht nur zwischen Paaren geschlossen, sondern zwischen Familien, und aus diesem Grund ist es für diese Familien zulässig, einzugreifen, wenn eine Ehe in die Krise gerät. Wenn ein Ehemann sich offen mit seiner Geliebten zeigen oder den Lebensunterhalt der Familie verspielen würde, wäre das eine Schande für die gesamte *Khandan*, weshalb die Mitglieder seiner Familie sein Verhalten monieren würden. Wenn die Familie allerdings Tausende von Kilometern entfernt lebt, hat die Frau niemanden, an den sie sich wenden kann.

Ich kannte Frauen, die nicht einmal wussten, wie man ein Telefon benutzt. Diese Frauen lebten isoliert, restlos gefangen in der Abhängigkeit von ihren Männern. War er ein guter Ehemann, schätzte sie sich glücklich. War er es nicht, betrachtete sie es als ihr schlechtes *Kismet* und als etwas, das sie zum Wohl ihrer Kinder und der Familien-*Izzat* ertragen musste. Sich zu beklagen brachte Schande. Männer, die ihre Frauen schlugen, konnten sich ihrer uneingeschränkten Loyalität sicher sein, denn diese Frauen würden die *Izzat* ihres Mannes unter allen Umständen schützen. Das Urteil der Gesellschaft würde sich immer eher gegen ihre Unzulänglichkeiten als gegen sein Versagen als Ehemann richten, und es würde immer an ihr sein, die Ehre der Familie zu retten.

Mein Vater erklärte, dass ein Mädchen, das Bildung genossen hat, sich und die Kinder wenigstens selbst versorgen könne, wenn es schlecht behandelt würde. Ich hörte ihm zu und lernte meine Lektion gut. Seine klugen Worte in Bezug auf Bildung sollten insofern prophetisch sein, als ich Jahre später über diesen Weg aus meiner Familie ausbrechen konnte.

Ich muss meinem Vater zugutehalten, dass er sehr fort-schrittlich eingestellt war und die Belange der Frauen in seiner Familie förderte. In Pakistan hatte sein eigener Va-ter seinen Söhnen ins Geschäft verholfen und seiner ein-zigen Tochter eine teure Ausbildung ermöglicht. Dadda hatte seine Tochter aufs College geschickt, damit sie An-wältin werden konnte, also war es keine Überraschung, dass mein Vater es ebenfalls für wichtig hielt, dem weibli-chen Geschlecht entgegen der allgemeinen muslimischen Auffassung eine Ausbildung zukommen zu lassen – vor-ausgesetzt natürlich, dass der Haushalt weiterhin gut ge-führt wurde und sein Essen pünktlich auf dem Tisch stand. Wenn es um das zentrale Thema der Befriedigung seiner eigenen Bedürfnisse ging, lagen bei meinem Vater Theorie und Praxis weit auseinander.

Es gab aber noch andere Dinge, in denen er sich von anderen pakistanischen Männern unterschied. Man muss anerkennen, dass mein Vater nie die pakistanische Sitte praktizierte, mehrere Schritte vor seiner Frau herzuschlen-dern und sie hinterherhinken zu lassen. Er erzählte im-mer, dass er in Pakistan mehrmals gesehen habe, wie eine Frau in der Hitze das Bewusstsein verlor, während ihr Ehemann in fröhlicher Unwissenheit über das, was seiner Frau hinter ihm widerfuhr, vorausspazierte.

Ich erinnere mich daran, wie ich eines Nachmittags mit meinem Vater im Auto in die Stadt fuhr. Es war einer je-ner seltenen Augenblicke, in denen ich ihn für mich hatte und wir miteinander lachten.

»Siehst du den?«, fragte mein Vater und zeigte auf einen orientalischen Mann, der eben vorüberging, die Hände in den Taschen, ohne auf das zarte junge Wesen zu achten, das sich mehrere Meter hinter ihm mit Einkaufstüten, Kinderwagen, Kleinkind und Säugling abkämpfte.

»Idiot!«, verkündete mein Vater. »Pass auf!«, kicherte er schelmisch, während er den Wagen abbremste, sein Fenster hinunterkurbelte, den Kopf hinausstreckte und schrie: »Hey! *Bewakuf!* Idiot! Sie ist deine *Biwi*, nicht seine *Bakri*, deine Frau, nicht deine Ziege!«

Er schloss mit einem groben Schimpfwort, wir fuhren los und ließen schallend lachend den verdutzten Ehemann stehen, der sich fragte, wer in aller Welt da gerade vorbeigefahren war und ihm Beleidigungen entgegengeschrien hatte.

Doch wie ich bereits wusste, waren Theorie und Praxis zwei völlig verschiedene Dinge. Mein Vater war voller Widersprüche, und während er die Hälfte der Zeit die Mädchen in der Familie förderte, gab es eine strenge Grenze zwischen männlich und weiblich, wenn es galt, wichtige Entscheidungen zu treffen. Obwohl ich älter und klüger war als meine Brüder, hatte ich als weibliches Wesen in unserem Haus nichts zu sagen. Alle wichtigen Entscheidungen trafen die Männer, und jeder Versuch, gehört zu werden, war vergeblich. Meine Brüder redeten einfach über mich hinweg und zeigten keinerlei Anzeichen, dass sie mich überhaupt gehört hatten. Wenn ich einen berechtigten Einwurf machte, wurde er nur dann zur Kenntnis genommen, wenn er von einem Mann eingebracht wurde, der die Anerkennung erhielt, als Erster auf eine so gute Idee gekommen zu sein. Ich war ganz einfach ein Mädchen, und mein Platz war in der Küche. Meine Stimme war stumm. Ich war unsichtbar. Laut einer englischen Übersetzung, die ich einmal las, bekundet der Koran, dass das Zeugnis eines einzigen Mannes so viel wert sei wie das von zwei Frauen. Der Grund dafür, so sagte man mir, sei, dass man in der islamischen Welt Frauen für weniger intelligent hält und glaubt, dass sie ein kleineres Gehirn hätten.

»Was? Nicht in meiner Familie!« Ich war empört und dachte an meine Einsen in Englisch, Französisch, Recht und Journalismus. Ich war in Sachen Naturwissenschaft klüger als jeder meiner Brüder, hatte bessere Abschlüsse erreicht, während sie durch Kickboxen und Krafttraining ihre Muskeln aufgebaut hatten. Aber ich lebte in einer Männerwelt, in der ich einzig wegen des Geschlechts minderwertig war. Als weibliches Wesen musste ich doppelt so schwer arbeiten, um zu beweisen, dass ich halb so gut war. Oder in Bezug auf meine eigenen Brüder: Ich musste doppelt so klug sein, um als halb so dumm durchzugehen.

Das wurde mir klar, als Mohammed, der Stammhalter, die Schule verließ. Mein Vater kaufte ihm ein Geschäft und eine Wohnung. Die Urkunden waren auf Mohammeds Namen ausgestellt, und das Geschäft wurde ordnungsgemäß und startklar an ihn übergeben. Ich war wütend: Mein Vater hatte nie angeboten, für meinen Start ins Leben mehr auszugeben als die Mitgift, zu der er als Muslim verpflichtet war. Ja, er machte das Ganze sogar noch schlimmer, indem er vorschlug, dass ich für Mohammed die Regale auffüllen solle. Ich fühlte mich angesichts des Vorschlags, als Ladengehilfin meines Bruders zu arbeiten, gedemütigt! Es brauchte nicht lange, um den hoffnungsvollen Gesichtsausdruck auf Mohammeds Gesicht zu zerstören.

»Du kannst mich mal, Papas Junge!«, gab ich ihm honigsüß zu verstehen. »Ich habe dir am einen Ende den Hintern abgeputzt und am anderen deine Rotznase abgewischt. Wenn ich auch noch deine Regale auffüllen soll, bin ich erledigt.«

Die Männer meiner Familie gewannen ihre Überlegenheit aus dem, was sie zu Hause gelernt hatten. Frauen waren da, um den Männern zu dienen. Mutter und Schwestern warteten dem Vater und den Brüdern auf, weil es schon immer so gewesen war. Die Frauen machen den Männern das Leben bequem und müssen ständig Unterwürfigkeit und Achtung vor ihnen zeigen, und das einzig, weil sie Männer sind.

Ja, ich gebe zu, dass ich eine eigene Meinung hatte. Und ja, ich kann verstehen, warum meine Mutter gegenüber der Tatsache, dass uns Mädchen erlaubt wurde, eine Ausbildung zu erhalten, misstrauisch war. Sie hatte absolut recht. Ich hatte angefangen, selbstständig zu denken und den Status quo einer Frau in der muslimischen Welt zu hinterfragen. Ich wurde zunehmend unzufriedener und frustrierter über die Ungleichheit, die ich als Muslima erfuhr, und fing an, das Missverhältnis zu den Möglichkeiten der Jungen zu hassen. Selbst als Kleinkinder hatten sie mehr Freiheit, sie konnten draußen herumlaufen, fast den ganzen Tag im Freien bleiben und mussten nur zu den Mahlzeiten heimkommen. Als sie älter wurden, wurde diese Freiheit noch größer, da man ihnen erlaubte, nach Belieben zu kommen und zu gehen, manchmal auch spät in der Nacht, Freundschaften zu schließen, Hobbys zu pflegen, ins Kino zu gehen, Freunde nach Hause einzuladen und Freundinnen zu haben.

Im Gegensatz dazu waren Farah und ich an unsere Haushaltspflichten gebunden, für uns gab es kein Leben außerhalb der Schule und unseres Zuhauses. In einem pakistanischen Haus wird von einem Mädchen, sobald es alt genug ist, Kehrschaufel und Bürste zu halten, verlangt, dass es der Mutter im Haushalt hilft und anfängt, sich seinen Lebensunterhalt zu verdienen. Während die Gleichaltrigen unter den *Angrezi* draußen mit Rollerskates spielten und am Samstagvormittag schwimmen gingen, waren wir Mädchen Sklavinnen im Hamsterrad der häuslichen Pflichten und der Essensvorbereitungen. Bei sieben Kindern und einem fordernden Ehemann war meine Mutter mit ihren häuslichen Pflichten überlastet, weswegen es notwendig war, dass ihre Töchter ihr zur Hand gingen. Natürlich stand es völlig außer Frage, einen Sohn zu bitten, etwas von der Arbeitslast zu übernehmen, und meine Mutter wäre lieber vor Erschöpfung zusammengebrochen, als ein männliches Wesen zu zwingen, einen Staubsauger herumzuwirbeln, solange eine Person weiblichen Geschlechts in der Nähe war. Sie schien es immer als große Sünde und Versagen zu empfinden, wenn es zu einer Situation kam, in der ein männliches Familienmitglied irgendeine Hausarbeit verrichten musste.

Mein Vater dagegen herrschte die Jungen an, ihre Sachen selbst aufzuräumen und die Verantwortung für ihre gebrauchten Kaffeetassen und Teller zu übernehmen, da wir Mädchen bereits gekocht und sauber gemacht hätten. Das Ergebnis war, dass meine Brüder, obwohl sie als Kinder ziemlich nutzlos waren, ihren eigenen Frauen im Haushalt halfen, und das nicht wegen meiner Mutter, sondern trotz ihr – das hatten ihre Frauen meinem Vater zu verdanken. Wie auch immer, während unserer Kindheit und Jugend fiel die Bürde der Hausarbeit zum größten Teil uns Mädchen zu.

Wir kannten eine muslimische Familie mit sechs Töchtern und waren neidisch darauf, dass die Haushaltspflichten auf so viele Mädchen verteilt wurden und diese nur auf einen sehr verzogenen kleinen Stammhalter aufzupassen hatten. Unserer Meinung nach ist die mit Abstand bedauernswerteste Kreatur, die es gibt, ein weibliches Wesen, das leichtsinnig genug ist, in ein Haus voller Männer hineingeboren zu werden, in dem es die einzige Tochter der Familie unter vielen Söhnen ist und in dem die Haushaltsbürde ungeteilt auf ihren einsamen weiblichen Schultern landet.

Unser Tagesablauf war einfach. Zurückkommen aus der Schule, Schulrock ausziehen und sich mit einer Hose bekleiden, das Haus aufräumen und mit dem Herrichten des Abendessens anfangen. Nachdem die Männer gegessen hatten, entfernten sie sich, um das zu tun, was auch immer sie für den Abend geplant hatten. Die Frauen beendeten hastig ihr eigenes Mahl und begannen, das Geschirr abzuräumen und die Küche in Ordnung zu bringen. Mitten am Abend waren wir fertig und hatten noch etwa eine Stunde, um uns um unsere eigenen Hausaufgaben zu kümmern, ein Buch zu lesen oder uns Fernsehsendungen anzuschauen. Sofern natürlich nicht einer der Jungen wegen eines vordringlichen Termins im Fitnessstudio oder mit Kumpeln beim Essen gefehlt hatte, in diesem Fall ging nämlich eine von uns übermüdet in die Küche zurück, wärmte das Essen auf und servierte es ihm.

»Warum kann er das nicht selbst machen?«, protestierten wir lautstark gegenüber unserer Mutter, strotzend vor Empörung und Unmut. »Ist er so faul oder dumm, dass er nichts in eine Mikrowelle stellen und es sich selbst aufwärmen kann?«

»Es ist die Pflicht einer Schwester, sich um ihre Brüder zu kümmern«, erklärte sie. »Später werden sie sich um euch kümmern.«

Irgendwie war das ein sehr hoher Preis: ein Zurückbezahlen, das es geben mochte oder auch nicht. Und hätten wir damals gewusst, was wir heute wissen, hätten meine Schwester und ich unseren Brüdern fröhlich Pedigree-Trockenfutter verfüttert! Wir hatten indessen keine andere Wahl, als das zu tun, was uns aufgetragen wurde.

Wenn Farah und ich freie Zeit haben wollten, um an einem Samstag für eine oder zwei Stunden in die Stadt zu gehen, mussten wir dafür sorgen, dass alle Hausarbeiten erledigt waren und die Mahlzeiten pünktlich auf dem Tisch standen, sonst gab es Ärger. Außerdem durften wir uns außer im College nie ohne Aufsicht in der Öffentlichkeit bewegen. »Ich sehe nie, dass *er* eine Aufsichtsperson mitnimmt!«, merkten wir grollend an.

Wir wussten, dass alle vier ohne Ausnahme *Angrezi*-Freundinnen hatten. An den Samstagabenden stürmte einer nach dem anderen aus der Tür, eingehüllt in einer Wolke aus teurem Aftershave, das eindeutig nicht dazu bestimmt war, die unrasierten, ungewaschenen Neandertaler zu beeindrucken, die mit ihnen zum Krafttraining gingen.

»Na, typisch«, knurrte ich sauer, »die ersten sechzehn Jahre bekommen wir die dreckigen Biester nicht ins Badezimmer. Jetzt bekommen wir sie nicht mehr heraus.«

In unserem Haushalt war es weitaus besser, männlichen als weiblichen Geschlechts zu sein. Meine Brüder blieben selig frei von den Unannehmlichkeiten häuslicher Verantwortung. Das war Frauenarbeit. Meine Schwester und ich verabscheuten die Monotonie und Ungleichheit unseres Daseins verglichen mit dem unserer Brüder, und es gab wenig Wiedergutmachung. Schlimmer noch: Wenn sie ihre Freunde mit nach Hause brachten, mussten wir Mädchen uns verziehen, weil wir sonst als »locker« oder »unanständig« abgestempelt worden wären. Wenn sie also ankamen, während wir im Wohnzimmer etwas im Fernsehen anschauten, mussten wir hinausgehen und uns in die Küche setzen oder in unsere Zimmer, bis sie weg waren. Uns gefiel das nicht, aber wir hatten keine Wahl, da unsere Meinung oder unsere Gefühle nichts zur Sache taten.

Meine Mutter, die das als unsere Pflicht ansah, schien nicht zu interessieren, wie unerfüllt und unglücklich wir waren. Das Entscheidende war, den Haushalt am Laufen zu halten und den Männern zu dienen. Interessanterweise wurde uns das unter der Bezeichnung »Schutz« verkauft. Wenn wir ausgehen oder Sachen machen wollten, die andere Teenies unternahmen, etwa einen Kinofilm anschauen oder sich in einem Café treffen, wurden uns Schuldgefühle eingeredet, als würden wir unsere Mutter im Stich lassen oder, noch schlimmer, als würden wir uns wie *Awara*-Mädchen (leichte Mädchen) benehmen, die ausgehen und mit Jungs verkehren wollten und den Eltern Schande bereiteten. Was meine Familie anging, so wurde uns jegliche Freiheit verwehrt, um uns vor allem Bösen, was uns zustoßen hätte können, zu behüten – oder vor Klatsch, der uns bei anderen Muslimen in Verruf gebracht hätte.

Klatsch! Das ist die ultimative Waffe, die von allen muslimischen Eltern eingesetzt wird, um ihre Töchter unter Kontrolle zu behalten. Die Angst, Gegenstand von Klatsch zu sein und von anderen Angehörigen der muslimischen Gemeinde kritisiert zu werden, bringt selbst liberal gesinnte Eltern wie meinen Vater dazu, es sich gut zu überlegen und an dem Glauben festzuhalten, dass Töchter hinter Schloss und Riegel gehören.

Diese Art von Anpassungsdruck führte nur dazu, dass ich noch stärker gegen mein häusliches Leben rebellierte. Ich lernte, verschlagen und erfinderisch zu sein und zu lügen, um mir nach der Schule oder dem College ein oder zwei Stunden fern von Zuhause zu verschaffen, um mich mit Freunden zu treffen oder ohne Begleitperson durch die Geschäfte zu ziehen. Ich erfand alle möglichen Ausflüchte, um spät nach Hause zu kommen, etwa zusätzlichen Unterricht, Schulausflüge oder Bibliotheksbesuche. Es kam mir nie in den Sinn, darüber nachzudenken, ob es richtig oder falsch war zu betrügen, denn ich kannte kein anderes Leben außer dem, in dem ich, einfach um dazuzugehören, mit den zwei Hälften meiner öst-westlichen Existenz jonglierte.

Ich beneidete meine Brüder, weil sie das nie zu machen brauchten. Sie zogen an, was sie anziehen wollten, gingen da hin, wo sie hingehen wollten, und taten mehr oder weniger das, was sie tun wollten, ohne Angst vor Klatsch oder einem Skandal haben zu müssen. Sie hatten das nicht, weil sie es eher verdienten oder klüger waren, sondern einfach, weil sie mit männlichem Geschlecht auf die Welt gekommen waren.

Meiner Mutter kam nie der Gedanke, dass wir Mädchen das Recht haben könnten, gekränkt oder aufgebracht zu sein. Sie hat nie verstanden, dass die Befreiung der Männer nur durch die Versklavung der Frauen möglich gemacht wurde. Mir fiel es sehr schwer zu verstehen, dass dieses System nur aufgrund der Mittäterschaft der Frauen hatte weiterbestehen können. Meine Mutter sagte uns, dass es unsere islamische Pflicht sei, und schärfte uns ein, dass dies vom Koran festgesetzt sei. Ich war mir da nicht so sicher. Ich fragte mich, warum eine Frau still und unsichtbar sein müsse, um als ehrenhaft und somit akzeptabel angesehen zu werden. Wenn sie wie ich das nicht hinnimmt, wird sie als gesellschaftliche Abweichlerin eingestuft und wegen Sittenlosigkeit verstoßen oder als Unruhestifterin gebrandmarkt.

In der Kultur, in der ich aufwuchs, weiblichen Geschlechts zu sein, brachte einen dazu, sich als Last zu empfinden. Ab dem Moment, wenn ein Mädchen die Grenze zur fortpflanzungsfähigen Frau überschreitet, wird es als gefährliche

Kreatur wahrgenommen, in der Lage, Schande und Elend über sich und die Familie zu bringen, sofern sie nicht streng bewacht und unter Kontrolle gehalten wird. Normalerweise wird es nicht aufgeklärt und empfindet sich wegen etwas, das es nicht wirklich versteht, als unrein und schuldig.

Im Großen und Ganzen standen in unserem Haus die männlichen Nachkommen unter geringerem Erwartungsdruck seitens der Eltern und ganz bestimmt auch unter weniger sozialem Druck, sich einem Lebensstil anzupassen, der ganz anders war als der, der sie jetzt umgab. Das lag daran, dass sie als Männer in Bezug auf Kleidung, Anstand und Freiheitseinschränkungen nicht denselben strengen Gesellschaftsregeln unterworfen waren wie die muslimischen Frauen. Ihre Jungfräulichkeit wird nicht wie die Kronjuwelen bewacht, und deren Verlust ist, wenn er an die Öffentlichkeit dringt, keine Katastrophe, aufgrund der sie nicht mehr heiraten können und die Familie ins gesellschaftliche Aus gerät. Von ihnen wird nicht erwartet, dass sie zu Hause bleiben, festgebunden und versklavt durch Hausarbeit.

Ich habe nicht den Eindruck, dass meine Brüder in dieser Hinsicht ungewöhnlich waren, denn ich sah, dass es Männern sowohl in England als auch in Pakistan vergleichsweise freigestellt war, zu kommen und zu gehen, wie es ihnen gefiel, selbstverständlich ohne begleitet zu werden. Um es kurz zu machen: Sie lebten. Was meine Brüder betraf, so fand ich bei ihnen wenig Hinweise auf ein Aufeinanderprallen der westlichen und östlichen Kultur. Wenn es einen Konflikt gab, dann handelte es sich eher um ein Aufeinanderprallen der Charaktere meiner Brüder, die ihre Vorstellungen durchsetzen wollten, und meines Vaters, der verlangte, dass alles nach seinem Willen lief.

Wir Mädchen konnten nur mit Verärgerung und Neid zusehen, wie sehr sich ihr Leben von unserem unterschied. Sie mussten sich nicht gegen die Restriktionen einer pakistanischen Kultur und Religion auflehnen. Und sie waren anders als wir Mädchen imstande, jene Kluft zwischen Ost und West zu überbrücken, durch die das Leben ihrer Schwestern unterdrückt wurde, die in derselben Gesellschaft aufgewachsen waren und denen man doch ganz anders geartete Normen und Regeln diktierte. Soweit ich es beurteilen konnte, kamen meine Brüder in den Genuss des jeweils Besten aus beiden Kulturen. Sie mussten nicht darum kämpfen oder es sich verdienen. Es wurde nicht an Persönlichkeit, Intelligenz oder Leistung gemessen. Es war einfach nur eine Frage des Geschlechts.

Muslime glauben, dass die Hölle – *Jahanum* – überwiegend von weiblichen Wesen bewohnt wird, die offen ihre Sexualität leben, perverse Absichten hegen und unschuldige, arglose Männer ins Unglück stürzen. Schon von klein auf gewann ich den Eindruck, dass Allah uns Frauen nicht sonderlich gern mochte. Ein Paradebeispiel: Der Koran verspricht Männern, dass sie, wenn sie sterben, in ein Paradies eingehen, in dem wunderschöne jugendliche Jungfrauen auf sie warten und ihnen Essen, Trinken und sinnliche Genüsse anbieten. Es wird nicht erwähnt, was Frauen erwarten dürfen. Man hat zwangsläufig den Eindruck, dass das Paradies wie alles andere in der muslimischen Welt wahrscheinlich eine im Kern männliche Domäne ist.

10
Fragen in geistiger Öde

Zu oft geben wir unseren Kindern Antworten, die sie
behalten, anstatt Aufgaben, die sie lösen sollen.
Roger Lewin

»Sie besitzt einen aktiven und wissbegierigen Verstand«,
ist in meinem Schulzeugnis zu lesen.
Ein gutes Zeugnis stellte keine Überraschung dar, denn
ich lernte sehr gerne und mochte nichts lieber, als wenn
mir eine Lehrkraft die Möglichkeit gab, gängiges akademisches Gedankengut zu hinterfragen und meine eigene
Sichtweise zu einem Thema darlegen zu können. Das englische Erziehungssystem gab mir den Spielraum, das zu
tun, weil es meiner Erfahrung nach sein Hauptziel war,
Ratschläge und Informationen zu vermitteln, während
Probleme logisch durchdacht und gelöst werden sollten.
Darüber hinaus wurden die Schüler ermutigt, zu diskutieren, ein Thema in Gedanken durchzugehen, Grenzen zu
hinterfragen und zu sprengen. Einzig im Klassenzimmer
fühlte ich mich frei, ein eigenständiges Individuum zu
sein, frei, eine eigene Meinung zu vertreten und sie auszudrücken.

Doch sobald ich zu Hause war, traten die Normen der
englischen Gesellschaft, nach denen ich in der Schule erzogen wurde, zurück hinter die Kultur von absolutem Gehorsam gegenüber Autorität. In dieser Umgebung wurde
mir gesagt, was ich zu tun hatte, was ich sagen und denken sollte. Ich war kein Individuum mehr, sondern eine

Marionette meiner Eltern, ein Wesen, das nur dazu gut war, gegenüber dem Rest der Welt deren Werte, Gedanken und Meinungen zu repräsentieren. Ich gehörte nicht mehr mir selbst. Es gab absolut keinen Spielraum für Erörterung, Infragestellung oder Diskussion – nicht den geringsten Mittelweg. In der Schule brachte mir mein »aktiver, wissbegieriger Verstand« Lob und gute Noten ein. Zu Hause brachte er mich schlicht und einfach in Schwierigkeiten.

Das lag daran, dass von mir als orientalischer Tochter lediglich verlangt wurde, dass ich gehorche und mich füge. Etwas zu hinterfragen war völlig inakzeptabel – dabei gab es so viele Fragen, auf die ich gern eine Antwort bekommen hätte. Ich wollte zum Beispiel wissen, warum Muslimen kein *Sharab* (Alkohol) erlaubt war.

»Weil Männer, wenn sie *Sharabi* sind, schlimme Dinge tun«, erklärte meine Mutter. Ich dachte darüber nach. Während ich auf der breiten Fensterbank saß, beobachtete ich, wie die *Sharabi* den örtlichen Pub verließen und an unserem Haus vorbeischwankten. An den meisten Abenden erkannte ich dieselben Figuren mit denselben erhitzten roten Gesichtern, wenn sie stehen blieben, um sich in irgendeinem Garten oder an irgendeiner Wand, was eben gerade da war, zu erleichtern. Sie stießen mich ab. Meine Eltern hatten mich gewarnt, ich sollte dem Pub und den Männern, die es besuchten, fernbleiben. Sie mussten es mir nicht zweimal sagen. Was mir meine Mutter über Alkohol erzählte, ergab einen Sinn, weshalb ich es fraglos akzeptierte. Der gesunde Menschenverstand sagte mir, dass es besser sei, mein Glück nicht herauszufordern, indem ich fragte, wie es sein konnte, dass ich, obwohl Alkohol verboten war, muslimische Bekannte aus dem Pub hatte kommen sehen, oder warum Vater eine Flasche von dem Zeug hinten im Geschirrschrank versteckt hatte. Mir war sehr wohl bewusst, dass mir eine solche Frage eine ordentliche Tracht Prügel eingebracht hätte.

Eine andere drängende Frage, die ich gern gestellt hätte, betraf das Thema Schweinefleisch. Ich wollte wissen, warum es Moslems nicht erlaubt war, Schweinefleisch zu essen. Meine Mutter sagte mir, dass der Koran sie als schmutzige Tiere bezeichne und Atem und Körper vierzig Tage lang stinken würden und man unrein sei, wenn man Schwein esse.

»Warum sind Schweine anders als Schafe oder Kühe?«, fragte ich.

»Wir dürfen keine Tiere mit gespaltenen Hufen essen«, erwiderte meine Mutter.

»Aber wir essen Ziegenfleisch, und Ziegen haben Hufe!«, beharrte ich. »Warum macht es dich unrein, wenn du Schwein isst?«

An diesem Punkt erteilte mir meine Mutter einen scharfen Tadel, weil ich streitsüchtig sei, und befahl mir, das zu akzeptieren, was man mir sagte.

Dieselbe Antwort erhielt ich, als ich nach den islamischen Vorschriften für Halal-Fleisch fragte. Ich wollte wissen, warum es notwendig sei, einem Tier die Kehle durchzuschneiden und es langsam ausbluten zu lassen, bis es tot war, wo es doch schnellere und humanere Arten gab, es zu töten.

»So wird das Halal-Fleisch eben getötet«, kam die Antwort. »Es ist besser.«

»Für das Tier nicht«, gab ich, noch immer nicht überzeugt, zurück.

Es gab noch etwas anderes, das ich herausfinden wollte. Man hatte mir gesagt, dass der Kopf des Tieres in Richtung Mekka ausgerichtet werde, während darüber Gebete gesprochen werden und ihm das Messer an die Kehle gelegt wird. In Bezug auf die Halal-Hühnchen, wenn Hunderte von Vögeln auf einmal geschlachtet werden, wollte ich in Erfahrung bringen, ob über jedem einzelnen Hühnchen ein Gebet gesprochen wird, während sein Schnabel Richtung Mekka zeigt. Oder wurde über einem ganzen Raum voller Vögel ein summarisches Gebet gesprochen? Wie brachten sie sie *alle* dazu, gleichzeitig nach Mekka zu schauen, während über ihnen ein Gebet gesprochen wurde? Galt es noch immer als Halal, wenn sie über den ganzen Raum verteilt waren?

Doch wann immer ich versuchte, Antworten zu erhalten, endete es damit, dass ich in Schwierigkeiten geriet. Günstigstenfalls wurde ich getadelt, weil ich streitsüchtig war, schlimmstenfalls erhielt ich eine Ohrfeige, weil ich frech und aufsässig war. Aus diesem Grund wurde mir schon in sehr jungen Jahren klar, dass die Eigenschaften, die mich als gute Schülerin auszeichneten und mir zu sehr guten Noten verhalfen, besser in der Schule blieben. Ein wissbegieriger Kopf, der hinterfragte, logisch dachte und diskutierte, passte nicht auf die Schultern einer unterwürfigen pakistanischen Tochter, da mich ebendiese Eigenschaften zu Hause als streitsüchtig und ungehorsam brandmarkten und mich immer in Schwierigkeiten brachten. Der Selbsterhaltungstrieb sagte mir, dass es – metaphorisch gesprochen – klug sei, mein Gehirn nach Osten auszurichten, sobald ich die Schultore hinter mir gelassen und mich auf den Heimweg gemacht hatte. Die Erfahrung sagte mir, dass der beste Weg, nicht in Schwierigkeiten zu geraten, der war, alles zu akzeptieren, ohne Fragen zu stellen, und mein Gehirn beim Weg ins Haus an der Türschwelle abzugeben.

Doch auch wenn ich hinnahm, dass ich die Antworten

auf meine Fragen nicht daheim finden würde, verlangten sie weiterhin nach Antworten, also versuchte ich, auf eigene Faust Nachforschungen anzustellen. Die »Schweine«-Frage war eine der ersten, mit denen ich experimentierte.

Ich war sechzehn, als ich dem verführerischen Aroma von Bacon unterlag. Es hatte mich über Jahre hinweg gequält. Wenn er so abscheulich und unrein war, warum fielen dann die *Angrezi*, die ich insgesamt für ziemlich vernünftige Leute hielt, derart über ihn her? Ich war entschlossen, es herauszufinden. Man hatte mir immer gesagt, dass ich sowieso in die Hölle kommen würde, also hatte ich ja wohl nichts zu verlieren. Und auch wenn ich mein geistiges und körperliches Wohlergehen aufs Spiel setzte, beschloss die furchtlose Reporterin in mir, der Sache nachzugehen.

»Einerlei, ob ich wegen eines Schafes oder Lamms gehängt werde«, kicherte ich in mich hinein. »Oder eines Bacon-Brötchens.«

Ich ging in einen jener altmodischen Lebensmittelläden. Er wurde von einem sehr liebenswerten Paar mittleren Alters geführt. Es duftete nach Kaffee, Sandwiches und Pasteten, und in der Mittagszeit standen die Stammkunden geduldig Schlange, während jede Bestellung aufgenommen und hergerichtet wurde. Alle Mädchen aus unserer sechsten Klasse im College gingen dorthin.

Als ich das Geschäft betrat, hatte ich das Gefühl, als würde ich ein schreckliches Verbrechen begehen und eine imaginäre Handfeuerwaffe unter meinem Mantel verstecken. Ich fühlte mich unwahrscheinlich schuldig, als ich meine Bestellung aufgab, wobei ich zögerte, als die ungewohnten Worte Form annahmen und mit einer Stimme ausgesprochen wurden, die nicht daran gewöhnt war, ein Bacon-Sandwich zu bestellen.

Ich schaute ständig über die Schulter, voller Angst, dass jeden Augenblick jemand, der meine Familie kannte, hereinkommen, mich am Kragen packen, nach Hause zerren, vor meine entrüsteten Eltern schleppen und zu Boden stoßen würde, während ich meine Sünde bekannte.

»Beeil dich, beeil dich«, drängte ich in Gedanken den Ladenbesitzer, als er meine Bestellung aufnahm und nach hinten verschwand, um mein Sandwich zu machen. Er war fast zehn Sekunden weg. Es dauerte viel zu lange! Ich fing an, die Nerven zu verlieren, und mir fiel es zunehmend schwer, dem Drang zu widerstehen, meine Tasche von der Theke zu schnappen und aus dem Laden weg an einen sicheren Platz im Park zu laufen, wo ich mich geistig integer hätte zurückziehen können.

»Natürlich!«, dachte ich bestürzt. Plötzlich war mir restlos klar, warum er so lange brauchte. »Er ruft im Hinterzimmer meinen Vater an.« Genau in diesem Augenblick hatte der Ladenbesitzer den Telefonhörer in der Hand und verpfiff mich bei meinem Vater! Mein Vater spionierte mir immer hinterher und hatte ihm wahrscheinlich vor einer Ewigkeit unsere Telefonnummer gegeben und ihm gesagt, dass er ein Auge auf mich haben und in dem Moment anrufen solle, in dem ich Bacon bestellte. Der Ladenbesitzer erzählte meinem Vater, dass er wisse, dass Muslime kein Schweinefleisch essen dürfen, und er sei überzeugt, dass mein Vater gern wissen würde, dass seine Tochter gerade jetzt im Geschäft sei und darauf warte, dass ihr Sandwich gemacht werde. Ja, sie sei frech hereinspaziert und habe schamlos ein abscheuliches, ekelhaftes Bacon-Sandwich bestellt, vor aller Augen und ohne an die *Izzat* ihrer Eltern zu denken. Nein, es wäre kein Problem. Ja, natürlich, er würde mich warten lassen, bis mein Vater komme.

»Hier, meine Liebe!«, strahlte er mich an, als er aus dem Hintergrund auftauchte und eine weiße Papiertüte in der Hand hielt, die das verbotene Sandwich enthielt. Ich wurde aus meinem Tagtraum gerissen, und das Herz schlug mir bis zum Hals, als ich instinktiv wegzulaufen versuchte.

»Kann mich nicht daran erinnern, dass du so eins schon einmal bestellt hast«, bemerkte er.

»Was?«, quietschte ich. »Is nich für mich! Es ist für, äh ... eine Freundin. Genau, eine Freundin. Danke! Tschüs!« Ich schnappte ihm das Sandwich aus der Hand, warf das Geld auf die Theke und ergriff die Flucht.

Fünf Minuten später hatte mein Herz endlich aufgehört, mir aus dem Hals springen zu wollen, und ich saß im Gras neben dem See, der sich innerhalb des geschützten College-Territoriums befand, außer Sichtweite von jedem vorbeikommenden Muslim und im Begriff, meine Zähne in das verbotene Bacon-Sandwich zu schlagen. Ich warf einen schnellen Blick auf das Gras hinunter, so als würde ich erwarten, dass sich der Erdboden öffnen und eine Rutschbahn direkt in die Hölle zutagefördern würde. Es tat sich nichts. Keine wilde Fahrt zu den Feuergruben der Unterwelt. Nur grünes Gras.

Ich biss in das Sandwich. Dieses Mal schaute ich zum Himmel hinauf und wartete, dass der wütende Blitz aus ihm hervorbrechen und mich erschlagen würde. Doch nein, der Himmel war noch immer wolkenlos und blau und zeigte keine Anzeichen göttlichen Zorns. Ich biss ein weiteres Mal hinein, während ich meinen Blick ängstlich nach unten und dann wieder nach oben lenkte.

»Bestimmt hat einer von ihnen etwas dazu zu sagen«, dachte ich ungläubig. »Ein solch dreister Schweinekonsum hat doch ganz bestimmt *einen* von ihnen erzürnt.«

Noch immer nichts. Kein Blitz, kein Donner, keine Straße zur Hölle. Ich verschluckte mich nicht an einem Stück Schweinchen und fiel nicht tot zu Boden. Auch spreizte ich nicht plötzlich Fledermausflügel aus und flog weg, vom Schicksal dazu bestimmt, bis in alle Ewigkeit kopfüber in einem Glockenturm zu hängen. Es geschah rein gar nichts.

»Ha«, schnaubte ich verächtlich, »was für einen gewaltigen Stuss die erzählen!«

Dann aß ich weiter.

Ich wusste sehr wenig über meinen islamischen Glauben, und das war schade, denn ich hatte so viele Fragen und wusste nicht, wo ich Antworten darauf finden sollte. Aus Erfahrung wusste ich, dass es sinnlos war, mich an meine Mutter zu wenden. Alles, was ich über den islamischen Glauben und pakistanische Traditionen wissen wollte, wurde in die Schublade zu den Dingen gepackt, die sie gelernt hatte, fraglos zu akzeptieren, und es bedurfte keines Genies, um festzustellen, dass meine Mutter auf die Hälfte davon selbst keine Antwort kannte. Wie alle muslimischen Kinder hatte sie sich durch alle hundertvierzehn Kapitel des Koran durchpsalmodiert und damit ihre Pflicht erfüllt. Da der Koran allerdings vollständig auf Arabisch geschrieben ist, wusste sie eigentlich gar nicht, was das alles bedeutete. Sie hatte ihre Lektionen wie ein Papagei gelernt, und so hatten es vor ihr ihre Mutter und deren Mutter gemacht. Niemand hat jemals daran gedacht oder es gewagt, etwas zu hinterfragen.

Wie dem auch sei, ich war im Westen aufgewachsen und hatte eine westliche Schulbildung erhalten, mir reichte es nicht, gesagt zu bekommen, dass man etwas schlicht und einfach deshalb zu glauben hat, weil es schon immer so gewesen sei. Ich musste es wissen und verstehen. Unglücklicherweise wurden mir die grundlegendsten Dinge über den Islam nicht erklärt.

Zum Beispiel werden alle Muslime schon von jungen Jahren an gelehrt, *Namaz* (Gebete) zu sprechen. Sogar noch bevor ein Kind Lesen und Schreiben gelernt hat, wird ihm die Verrichtung der *Wazu* (der rituellen Waschung) und *Namaz* beigebracht. Die Kinder fangen an, die Erwachsenen zu imitieren, und beherrschen normalerweise die Bewegungen und das Singen der Verse und Gebete, bevor mit dem Unterrichten des eigentlichen Koran begonnen wird. Ich fragte, warum es mir nicht erlaubt war, in die Moschee zu gehen, und wurde belehrt, dass Mädchen, die älter als zwölf Jahre alt sind, zu Hause bleiben und von ihren Müttern unterrichtet werden. Das warf die Frage auf (die ich nicht stellte), warum ich nicht zusammen mit all den anderen Kindern zum Koranstudium in die Moschee geschickt worden war, als ich noch jünger gewesen war. In die Moschee zu gehen, war Teil des Lebens von fast jedem muslimischen Kind. Zur Teezeit, direkt nach Schulende, hörte ich meist den vertrauten Ruf »Der Moscheewagen ist da!« und sah zu, wie die jüngeren Kinder aus der Straße sich pflichtschuldig auf die Rücksitze zwängten, die Jungen mit weißen Käppchen, die kleinen Mädchen im *Shalwar Kamiz* und mit einem *Dupatta*, der sittsam um ihre Gesichter geschlungen war. Meine Brüder und jüngere Schwester beklagten sich lautstark und regelmäßig darüber, dass sie gezwungen wurden mitzugehen. Jeden Tag, wenn sich gegen 16 Uhr die Zeit des Moscheewagens näherte, stellten sich auf mysteriöse und praktische Weise Bauch- und Kopfschmerzen im Verein mit einem Sortiment nicht näher diagnostizierter Beschwerden und Krankheiten ein. Meine Mutter, die normalerweise leicht auszumanövrieren war, wenn sie sich mit anhaltendem Gejammer seitens ihrer Nachkommen konfrontiert sah, zeigte sich ungewöhnlich stur und unnachgiebig, wenn es um die religiöse Erziehung ging, und war gegenüber den Protesten restlos taub.

»Das ist nicht fair! Wir hassen es, dorthin zu gehen«, beklagten sie sich, wobei sie Lee, den lautesten, als Wortführer nach vorne schoben. »Die Mullahs schreien dich an und schlagen dich mit einem Stock, wenn du etwas falsch verstehst«, heulten sie.

Meine Mutter blieb dennoch ungerührt und hielt stand. Sie beharrte darauf, dass es eine islamische Pflicht sei, den Koran zu lernen, und sagte, die Mullahs hätten das Recht, Kinder zu bestrafen, wenn sie sich nicht anpassten.

Mein Vater, der eine ausgesprochene Aversion gegen Auseinandersetzungen und Zwietracht hegte (sofern er sie nicht selbst verursachte), schaffte es normalerweise, nicht in diese Diskussionen einbezogen zu werden. Er machte nie ein Hehl aus seiner gründlichen Abneigung gegen die Mullahs und tendierte dazu, in Sachen Religion ziemlich indifferent, ja sogar abschätzig zu reagieren. Einzig um meine Mutter davon abzuhalten, ihn mit der islamischen Elternpflicht zu quälen, mischte er sich ein und sprach ein halbherziges Machtwort. Immerhin tendierte er dazu, seine väterliche Pflicht nachdrücklicher zur Geltung zu bringen, wenn seine milden westlichen Vorstellungen die Kritik anderer auf sich zogen, dass er seine muslimischen Verpflichtungen vernachlässige. Bei solchen Gelegenheiten schnauzte er die Kinder an, in den Wagen zu steigen und ihn nicht zu beschämen. Also hatten sie zu gehen.

Manchmal beobachtete ich ihre Abfahrt mit dem Gefühl, etwas zu verpassen. Abgesehen von ein paar Lektionen, die ich zu Hause erhalten hatte, als wir jünger waren, erhielten meine ältere Schwester und ich keinen Religionsunterricht.

Im Allgemeinen fällt die Aufgabe, die Kinder im Koran zu unterrichten, ebenso wie die tägliche Versorgung und die Erziehung ihres Nachwuchses der Mutter zu. In einer pakistanischen Großfamilie wird diese Arbeit selbstverständlich zwischen verschiedenen Tanten, Cousinen und anderen Frauen aufgeteilt. Mit sieben Kindern und keiner weitläufigen Familie in diesem Land, darüber hinaus mit einem Ehemann, der schlicht und einfach kein Interesse für seine kulturellen oder religiösen Pflichten bezüglich seiner Kinder aufbrachte, hatte meine Mutter nicht die Zeit, mir viel beizubringen. Ich war aus diesem Grund des Lesens und Schreibens in Urdu völlig unkundig und kam nie über die ersten Kapitel des Koran hinaus.

Da meine Mutter zu beschäftigt war, um mich selbst zu unterrichten, und mein Vater zu gleichgültig, wurde ich zur Frau eines Mullahs geschickt, die mir den Koran beibringen sollte, aber das war eine kurzlebige Angelegenheit. Ich ging nicht gern dorthin, weil ihr Haus schmuddelig und unordentlich war und nach schmutzigen Windeln stank. Sie war viel zu abgelenkt, um sich darauf zu konzentrieren, mich sachgemäß zu unterrichten, und wirkte genauso überlastet mit häuslichen Aufgaben wie meine eigene Mutter. Obwohl sie vier eigene Kinder hatte, kümmerte sie sich noch um den Neffen ihres Mannes, der aus Pakistan gekommen war und bei ihnen lebte. Bald darauf wurde sie angeklagt, ihren Neffen mit einem Schürhaken bestraft zu haben, und ins Gefängnis gesteckt. Das war das Ende meines Islamunterrichts, danach gab es keine weiteren Stunden mehr.

Trotzdem blieb die Tatsache bestehen, dass ich mehr über den islamischen Glauben wissen wollte, aber niemand da war, den ich fragen konnte. Ich stellte mir vor, was für eine Bestürzung ich ausgelöst hätte, wäre ich in die Moschee marschiert und hätte darum gebeten, den Mullah zu sprechen. Aller Voraussicht nach wäre ich gebeten worden zu gehen – mit der Aussicht auf eine kräftige Tracht Prügel von meinem Vater, weil ich mir erlaubte, in eine männliche Domäne einzudringen und ihm einen schlechten Ruf zu verpassen, da er eine promiske und missratene Tochter großgezogen habe.

Ich hatte ein Problem damit, dass irgendwann Bräuche und Traditionen mit Lehren aus dem Koran bis zu dem Punkt miteinander vermischt worden waren, dass die Leute eigentlich nicht mehr wussten, wo das eine anfing und das andere endete. Unzählige Male hörte ich muslimische Mädchen sagen: »Mir ist nicht erlaubt, ein Kleid zu tragen«, oder: »Mir ist nicht erlaubt, allein auszugehen«, oder sogar: »Mir ist nicht erlaubt, meine Haare zu schneiden, weil es gegen die Religion ist.« Egal, ob es ihre Kleidung betraf oder ihre Ernährung, diese Erklärungen gingen ihnen leicht über die Lippen, dabei hatten die Mädchen nicht die geringste Ahnung, welche Vorschrift oder welche Sitte sie übertraten. Ihnen schien es nie in den Sinn zu kommen, dass es vielleicht einen Unterschied zwischen Religion, Kultur und Tradition geben könnte. Aufgrund radikaler Auslegungen des Kerns der Religion wurden Kultur und Religion derart ineinander verwoben, dass sie praktisch nicht mehr zu trennen sind. Die Frage der Kleidung – oder genauer die Frage des Bedeckens – war ein gutes Beispiel dafür. Der Koran stellt fest, dass Frauen züchtig gekleidet sein sollen, doch weil sich so viel Religion in die pakistanische Kultur eingeschlichen hat, glauben viele Muslime, dass Frauen »unislamisch« sind, wenn sie sich nicht von Kopf bis Fuß bedecken und hinter einem schwarzen Schleier mit Augenschlitz verstecken. So etwas frustrierte mich sehr, denn ich hatte festgestellt, dass die meisten Leute, die sich selbst als Muslime bezeichneten, keinen blassen Schimmer davon hatten, wo Religion endete und Kultur und Tradition anfingen.

Allmählich erkannte ich, dass es in meinem Leben nur sehr wenige Menschen gab, die wussten, was wirklich im Koran stand. Es gab eindeutig niemanden, der mir unvoreingenommen den Rat und die Anleitung hätte geben können, nach denen ich mich so sehnte. Die meisten Muslime sind weit weg von den orthodoxen Lehren des Koran, die sie wie meine Mutter als Kind in der Art und Weise von Papageien auswendig gelernt und widergegeben hatten. Da der Koran auf Arabisch geschrieben wurde, verstehen die meisten Durchschnittsmenschen nicht, was sie da eigentlich rezitieren, und verlassen sich auf die Imame und Gelehrten, die seine Lehren übersetzen und auslegen. Jede Interpretation der Lehren ist deshalb subjektiv und eine Spiegelung der persönlichen Auffassungen und Glaubensinhalte des Übersetzers. Aber wie auch immer, ich war gar nicht erst in der Lage, mich mit irgendeiner Übersetzung zu befassen, da die Moschee aufgrund meines weiblichen Geschlechts nicht infrage kam.

Ohne jemanden, den ich um Hilfe und Orientierung hätte bitten können, kam ich ins Schwimmen und verlor mich in einer geistigen Wildnis.

11
Gefangen im kulturellen Niemandsland

Um ein Kind auf den Weg zu bringen, den es einschlagen
sollte, reise hin und wieder selbst dort entlang.
Josh Billings

Laut meiner Mutter verfügt der Koran, dass es die Pflicht aller muslimischen Eltern ist, dafür zu sorgen, dass ihre Töchter anständig verheiratet werden. Sie erzählte uns, dass die Eltern am Tag des Jüngsten Gerichts vor Allah treten müssten, um Rechenschaft darüber abzulegen, wie sie ihre elterliche Pflicht erfüllt hätten, oder zu erklären, warum sie bei ihrer Aufgabe versagt hätten und zur Hölle fahren müssten. Letzteres würde eintreten, wenn wir Mädchen nicht verheiratet würden.

Sobald eine muslimische Tochter verheiratet ist, geht die Verantwortung an ihren Mann über. Was sie dann anstellt, ist seine Sache und obliegt ihm; seine *Izzat* und nicht die der Eltern steht ab jetzt auf dem Spiel, denn sie haben ihre elterliche Pflicht erfüllt. Doch bis sie verheiratet ist, liegt das physische und moralische Wohlergehen der Tochter in der Verantwortung der Eltern. Ich habe den Eindruck, dass muslimische Eltern es nicht erwarten können, ihre Töchter loszuwerden, denn meine Mutter machte eindeutig nie ein Geheimnis aus der Tatsache, dass eine unverheiratete Tochter eine Last ist.

Jahrelang hegten wir Mädchen Schuldgefühle, weil wir nicht verheiratet waren. Man hat uns das Gefühl gegeben, dass es unser Fehler sei, wenn unseren Eltern die Freude versagt blieb, ihre drei Töchter auf ehrbare Weise in gute pakistanische Familien zu verheiraten, wenn ihnen die Freude versagt blieb, einen angesehenen Schwiegersohn ins Haus zu bekommen und mit dem frisch verheirateten Paar die gesellschaftliche Runde machen zu können. Stattdessen hatten sie mit der Bürde und der Schande zu leben, Töchter zu haben, die mit einem *Angrezi* oder, noch schlimmer, gar nicht mit ihm verheiratet waren.

Doch nachdem ich jahrelang diese Schuld mit mir herumgetragen hatte, gab ich die Verantwortung dezidiert an meine Eltern zurück. Es war nicht unser Fehler. Wir waren das Produkt einer Erziehung, die die Kinder nicht durch die Prüfungen und Traumata lenkte, welche das Leben zwischen zwei unterschiedlichen Kulturen mit sich brachte. Ein muslimisches Kind zu sein, das in einer westlichen Gesellschaft aufwächst, bedeutete so viel wie zwei Menschen zu sein, die in einer Haut gefangen waren. Außerhalb des Hauses kleidete ich mich und sprach ich wie alle anderen auch. Ich hatte dieselben Hoffnungen, Träume und Erwartungen wie jedes andere Mädchen, das im Westen erzogen wurde. Ich wollte mein Haar stylen, modische Kleidung tragen, Musik hören und mit Leuten beiderlei Geschlechts umgehen. Doch anders als die meisten westlichen Mädchen lebte ich auch noch ein anderes »Leben«. Da gab es diesen östlichen Teil in mir, von dem verlangt wurde, eine pflichtschuldige Tochter zu sein und meinen Eltern absoluten Gehorsam zu zollen, bei der Haushaltsführung mitzuhelfen und, wenn die Zeit gekommen war, den Mann zu akzeptieren, den man mir zur Ehe bestimmt hatte, ohne dass ich dabei viel Mitspracherecht gehabt hätte.

Mir war bewusst, dass ich das Glück hatte, mehr Freiheit gewährt zu bekommen als andere muslimische Mädchen. Ich konnte auch Freundschaften mit englischen,

Hindu- und Sikh-Mädchen schließen. Diese schienen weniger verklemmt zu sein, wenn es um Fragen des Dresscodes ging oder sie mit Angehörigen des anderen Geschlechts sprachen.

Die muslimische Gesellschaft trennt die beiden Geschlechter schon in einem sehr frühen Alter. Jungen und Mädchen dürfen miteinander herumlaufen und zusammen spielen, dann aber, mit etwa acht Jahren, werden kleine Mädchen denselben lähmenden Anstandsregeln wie Erwachsene unterworfen und gezwungen, sich zu bedecken. Man bringt ihnen bei, dass es die Pflicht der Frau ist, sich zu bedecken und keine unwillkommene männliche Aufmerksamkeit auf sich zu ziehen. Sollte das geschehen, dann sündigt eher sie, weil sie ihn aufreizt, als er, weil er mangelnde Selbstbeherrschung an den Tag legt.

Wenn das Mädchen älter wird, wird seine Freiheit durch zunehmende Restriktionen beschnitten. Diese reichen von der Erlaubnis, mit wem sie sprechen darf, bis zu der Erwartung, wie sie sich kleidet. Solange ich zurückdenken kann, hat meine Mutter verzweifelt versucht (und zwar vergeblich), uns dazu zu überreden, den *Shalwar Kamiz* zu tragen. Im Gegensatz zu westlicher Kleidung, die das Zurschaustellen von Körperteilen wie etwa Brüsten und Po, die als geschlechtlich angesehen werden, erlaubt – ja tatsächlich sogar befördert –, werden pakistanische Kleidungsstücke auf Sittsamkeit hin designt. Der *Shalwar* bildet die untere Hälfte des Outfits und besteht aus mehreren Metern Stoff, der in üppige Falten fällt. Die obere Hälfte, der *Kamiz*, ist normalerweise lang und mit einem eingearbeiteten Korsett versehen. Das ganze Ensemble sitzt lose und ist so gestaltet, dass es der Trägerin erlaubt, mit gekreuzten Beinen anständig und korrekt auf dem Boden zu sitzen.

Ein wesentlicher Bestandteil dieser Kleidung ist der *Dupatta*. Dieser Schal wird getragen, um die Schicklichkeit einer Frau zu gewährleisten, indem sie in Anwesenheit von älteren oder nicht zur Familie gehörenden Menschen den Kopf bedeckt. Normalerweise wird er von Schulter zu Schulter über der Brust getragen, um die weiblichen Kurven zu verbergen. Wird man ohne dieses unerlässliche Kleidungsstück gesehen, wird das als unanständig eingestuft.

Meine Schwestern und ich widersetzten uns vehement den Versuchen unserer Mutter, uns dieses traditionelle pakistanische Kleidungsstück tragen zu lassen. Hätten wir ihr das zugestanden, hätte man uns niemals wieder erlaubt, überhaupt noch englische Kleidung zu tragen, da sie diese als unweiblich und schamlos empfand.

Zu ihrem großen Leidwesen stellte sich unser Vater auf unsere Seite. Da er die Wahl getroffen hatte, hier zu leben, hielt er es für richtig, dass wir mit unserem Betragen der Gesellschaft, in der wir lebten, unseren Respekt zollten. Er fügte hinzu, dass der Islam nicht vorschreibe, traditionelle Kleidung anzuziehen, und das Tragen von westlicher Kleidung unseren muslimischen Glauben nicht gefährden werde, solange wir uns anständig anzogen. Er sagte meiner Mutter, dass es für seine Kinder wichtig sei, sich anzupassen, um von all den Vorteilen, die ihnen geboten wurden, Gebrauch machen zu können. Er sagte, dass diese Gesellschaft viele Vorteile besitze und es wichtig sei, sich zu integrieren und keine übermäßige Kritik auf sich zu ziehen. Anders als andere muslimische Männer, die der Meinung waren, dass Frauen ungesehen und ungehört versteckt werden sollten, sagte er, dass er nicht finde, dass Frauen hinter einem *Parda* verborgen werden sollten.

Wie auch immer, es war eines der wenigen Themen, bei

dem meine Eltern nicht einer Meinung waren und meine Mutter ihm heftig widersprach. Einmal im Jahr, an Eid, dem Fest des Fastenbrechens, sprach meine Mutter unter großem Protest unsererseits energisch ein Machtwort und zwang uns, unsere englischen Kleider abzulegen und dieses »verhasste komische Kleid«, wie wir es nannten, zu tragen. Ansonsten aber legten meine Schwestern und ich niemals den *Shalwar Kamiz* an, und mein Vater unterstützte meine Mutter nicht in ihrem Wunsch, uns dazu zu zwingen.

Sofern es nicht seine alltägliche Bequemlichkeit, die Mahlzeiten oder die gesellschaftliche Stellung betraf, zeigte mein Vater wenig Interesse an häuslichen Angelegenheiten wie etwa der Frage, ob seine Töchter die traditionelle Kleidung tragen müssten, oder der Notwendigkeit, seine Töchter zu verheiraten. Zur Enttäuschung meiner Mutter überstimmte er sie immer bei dem Streitpunkt »traditionelles Kleid« und erlaubte uns, westliche Kleider zu tragen, solange sie schicklich waren und gewisse Körperteile nicht betonten.

Wir wussten auch über Jahre hinweg, wie sehr meine Mutter sich von meinem Vater wünschte, dass er ihr half, Ehen für uns zu arrangieren. Wäre es nach ihr gegangen, wären wir drei Mädchen verheiratet worden, sobald wir mit sechzehn die Schule verließen. Genau das passierte mehreren Mädchen aus unserem Bekanntenkreis, darunter einer von Farahs besten Freundinnen.

In der Frage nach einem möglichen Heiratspartner ziehen Pakistani nur selten in Erwägung, außerhalb der Familie zu suchen, wenn es in der Familie jemanden gibt, der auch nur annähernd geeignet scheint. Ein Cousin ersten Grades ist immer die erste Wahl. Dafür gibt es mehrere Gründe. Die Mitgift bleibt innerhalb der Familie, und bei einem blutsverwandten Paar werden die Familien von Braut und Bräutigam durch das gegenseitige Interesse verbunden, Stabilität und Ehre der Familie zu erhalten. Doch mit unserer westlichen Aversion gegen Ehen zwischen nahen Cousins und Cousinen weigerten meine Schwestern und ich uns kategorisch, über eine Ehe mit einem Cousin, sei er nah oder weit entfernt verwandt, auch nur nachzudenken. Wir wussten, dass ein ganz bestimmter Cousin ersten Grades vor Jahren für meine ältere Schwester zur Diskussion gestanden hatte. Er war der älteste Sohn von Burra Mamoo (Mutters ältestem Bruder). Diese Ehe hätte die Familienbande zwischen meiner Mutter und ihrem ältesten Bruder gestärkt und außerdem Mamoo den Wunsch erfüllt, in England Fuß zu fassen. Mein Vater war nicht davon angetan, dass eine seiner Töchter in Mamoos Haus einheiraten sollte, da er und Mamoo sich nicht verstanden. Mamoo regierte seine Familie mit eisernem Willen, und sein Sohn würde genau das tun, was ihm gesagt wurde. Wenn es ihm in den Kram passte, konnte Mamoo seinem Sohn befehlen, seiner Cousine und Ehefrau das Leben schwer zu machen, um ihren Vater (der Mamoo hasste) zu manipulieren.

Soweit wir Mädchen wussten, war das Problem bei unserer Verheiratung der Mangel an *Rishta* (Heiratsanträgen) aus geeigneten Familien gewesen. Unseres Wissens hatte es schlicht und einfach keine gegeben. Dieser Mangel an Heiratsanträgen hatte nichts zu tun mit dem Aussehen oder der Eignung. Ganz im Gegenteil, ich würde mit einem gewissen Grad an Selbstvertrauen behaupten, dass wir, von einem westlichen Standpunkt aus gesehen, sogar sehr gute Partien gewesen wären. Hätten wir die Freiheit erhalten, uns selbst auf den Heiratsmarkt zu be-

geben und in Bezug auf das, was wir einem Ehemann zu
bieten hatten, beurteilt zu werden, dann wäre jede englische Mama glücklich gewesen, uns mit ihrem Sohn zu
verheiraten. Keiner ihrer Söhne wäre nach Hause gekommen und hätte einen Korb voll schmutziger Wäsche vorgefunden, eine leere Speisekammer oder ein verdächtig
fremdes Aftershave auf den Kleidern seiner Ehefrau. Wir
waren intelligent und darin geschult, einen Haushalt zu
führen und uns um eine Familie zu kümmern. Wir kannten unsere Pflichten. Soweit es uns betraf, waren wir so geeignet wie jedes andere unverheiratete pakistanische Mädchen – sogar noch mehr, weil wir eine Schulbildung besaßen und darüber hinaus imstande waren, unseren Lebensunterhalt zu verdienen.

Doch leider brachte uns unser Ausmaß an Schönheit,
Häuslichkeit und Erwerbskraft keine *Rishta* auf unsere Hand
ein, wenn unsere Eignung nicht auf dem pakistanischen
Heiratskarussell in Umlauf war. Und das war angesichts der
Tatsache, dass sich unsere Familie nicht wirklich in pakista-
nischen Kreisen bewegte, nicht sehr wahrscheinlich.

Die meisten Pakistani sind Teil einer stetig sich auswei-
tenden Familie von Brüdern, Schwestern, Tanten, On-
keln, Cousins, Cousins zweiten Grades und so weiter. Jeder kennt jeden, und jeder kennt jemanden mit einem
Sohn oder einer Tochter im heiratsfähigen Alter. Diese
Verbindungen bauen sich ein Leben lang auf; in vielen
Fällen haben Familien die Heiratskandidaten schon auf-
gelistet, während die Kinder noch in Windeln steckten,
und sie nähren diese Verbindungen, bis sie Früchte tragen
oder später weitere passende Kandidaten auftauchen.

Mein Vater war immer dagegen gewesen, entsprechenden Forderungen nachzugeben und Verwandte herzuho-
len, sobald er in England angekommen war. Er wollte die

Freiheit haben, seine Familie fern von den Ansprüchen und Zwängen einer Großfamilie und von Verwandten großzuziehen, die ihm sagten, was er zu tun hatte, Hilfe bei der Eröffnung eines Geschäfts einforderten, ihn in kleinliche Händel hineinzogen, das Ausmaß an Freiheit, das er seinen Kindern zugestand, missbilligten oder mit Neid und Missgunst reagierten, wenn er ein größeres Haus oder besseres Auto als andere besaß. Er sagte immer, dass pakistanische Leute es als eine Vernachlässigung ihrer Pflicht ansehen würden, die Gunst ihrer Meinung nicht weiterzugeben und sich nicht in die Angelegenheiten ihrer Verwandten einzumischen.

Da sie nicht Teil einer Großfamilie war, war meine Familie ziemlich ungewöhnlich. So kannten wir wie die meisten *Angrezi*-Familien nur unsere unmittelbare Kleinfamilie aus Eltern und Kindern. Darüber hinaus erlaubten unsere Eltern, obwohl sie pakistanische Verwandte besaßen, niemandem, uns nahe zu kommen. Meine Familie bewegte sich nie wirklich in orientalischen Kreisen, sodass meine Bekannten alle Engländer waren.

Mein Vater war immer davon überzeugt, dass es wichtig war, sich nicht anders zu kleiden oder zu betragen, wenn man sich in eine Gesellschaft integrieren wollte. Er glaubte an Integration und nicht an Segregation und sagte, dass dich die Leute nicht verstehen, wenn du dich anders verhältst. Und was sie nicht verstehen, fangen sie an zu fürchten, und an diesem Punkt beginne das Vorurteil. Er lehrte uns auch, niemals Urdu vor *Angrezi* zu sprechen: »Sie wissen, dass du ihre Sprache sprichst, und werden es missverstehen, wenn du in ihrer Gegenwart eine Sprache sprichst, die sie nicht verstehen. Sie werden denken, dass du es tust, weil du über sie redest, und sie werden es dir übel nehmen.«

Wir wurden also erzogen, unsere pakistanische und unsere westliche Seite voneinander getrennt zu halten. Wir sprachen untereinander Englisch und zu Hause mit unseren Eltern Urdu. So wie unser Gehirn in der Lage war, von einer Sprache in die andere zu wechseln, ohne groß darüber nachzudenken, waren wir auch in der Lage, gedanklich zwischen unserer Ost- und unserer West-Seite hin und her zu wechseln. Die Übergänge waren kaum zu bemerken. Wir kannten andere muslimische Familien, waren aber nie wirklich Teil ihres Kreises. Isoliert, wie wir auf diese Weise waren, wurden meine Schwestern und ich dort, wo es ums Heiraten ging, nicht in Umlauf gebracht.

Wir wussten, dass viele pakistanische Eltern in die »Heimat« zurückkehrten, um Ehegatten für ihre Nachkommen zu finden. Im Fall einer importierten Braut war der Übergang aus Pakistan einfach. Eine Braut kommt in das Haus ihres Ehemannes, wird Teil seiner Familie und passt sich seinen Gewohnheiten und Bedürfnissen an.

Dagegen bringt es Probleme mit sich, einen Bräutigam für eine Tochter zu finden, die im Westen großgeworden war. Wir Mädchen weigerten uns, auch nur darüber nachzudenken, nach der Eheschließung in Pakistan zu leben und alles aufzugeben, was uns seit jeher vertraut war. Außerdem trat diese Situation selten ein, da die meisten potenziellen Ehemänner von der Aussicht auf eine Frau mit britischem Pass angelockt werden und die Familie des Bräutigams darauf bestehen wird, dass er in England lebt. Eine der ersten Lektionen, die wir lernten, war, dass Familien Religion, Sitten und Traditionen anführten, wenn sie die Mädchen zwingen wollten, sich zu fügen, dass aber ein und dieselben Traditionen ohne auch nur einen Moment des Zögerns aufgegeben wurden, wenn es irgendeinem anderen Zweck dienlich war, etwa dem, einen Verwandten ins Land zu bekommen. Während es also Brauch ist, dass ein Mädchen sich der Familie ihres Ehemanns anschließen muss, wandert ein importierter Ehemann, wenn er mit einem in Großbritannien geborenen pakistanischen Mädchen verheiratet wird, ausnahmslos nach England ein. Ich weiß von Mädchen, die trainiert wurden, die Fragen des britischen Innenministeriums zu beantworten, wenn sie den Antrag stellten, Ehemänner oder Verlobte nach Großbritannien zu holen. Ich kenne auch welche, die ärztliche Atteste erhielten, um zu beweisen, dass ihre Hautbeschaffenheit es ihnen unmöglich machte, in einem heißen Klima zu leben. Es handelte sich um dasselbe heiße Klima, das sie regelmäßig und ohne medizinische Reaktionen auf die Hitze besuchen würden, sobald ihr Ehemann die Erlaubnis erhalten hatte, dauerhaft in England zu bleiben.

Was meine Schwestern und mich betraf, so wäre ein importierter Ehemann ein äußerst unbefriedigendes Arrangement gewesen. Wir kannten Mädchen, die kaum dieselbe Sprache sprachen wie ihre Frischangetrauten. Noch schlimmer war es, wenn sie bei einem Ehemann landeten, der davon abhängig war, dass seine Frau übersetzte, Rechnungen bezahlte, Formulare ausfüllte und ihm zeigte, wo es langging, weil er nicht genug über die Engländer und die englische Gesellschaft wusste.

Arbeit zu finden, war ein Hauptproblem. Ich kannte Mädchen, deren Familien damit geprahlt hatten, dass sie ihre Tochter mit einem Lehrer oder Steuerberater verheiratet hätten, doch sobald sie hier waren, stellten sich diese Männer nicht mehr als der gute Fang heraus, der sie in Pakistan gewesen wären. Ihre Qualifikationen wurden nicht anerkannt, und sie fanden sich als Tellerwäscher in einem Restaurant oder als Lagerarbeiter wieder. Letztendlich wurden die Mädchen zu Brotverdienerinnen, Übersetzerinnen und Kindermädchen, während sie sich eigentlich einen ebenbürtigen Partner wünschten.

Dass ein importierter Ehemann plötzlich der westlichen Gesellschaft ausgesetzt war, machte das Ganze auch nicht besser. Für einen jungen Menschen, der in einem streng islamischen Land aufgewachsen war, bedeutet es eine Art Kulturschock, wenn er – öffentlich zur Schau gestellt – Dinge sieht, die es in Pakistan nur hinter verschlossenen Türen gibt. Es überrascht nicht, dass er sich zu fragen anfängt, wie sehr er eigentlich seiner Frau vertrauen kann, deren Werte korrumpiert worden sind, indem sie mitten in dieser westlichen Toleranz aufgewachsen ist. Er will wissen, was sie eigentlich anstellt, während sie arbeitet, einkauft oder ganz einfach diese ganzen alltäglichen Dinge tut, die eigentlich er tun sollte. In einer Kultur, in der der Mann erwartet, Herr im Haus zu sein, recken Verstimmung, Enttäuschung und Misstrauen bald ihr hässliches Haupt empor, und ich kenne mehrere Fälle, in denen eine in Großbritannien geborene Pakistani von ihrem verunsicherten Import-Ehemann geschlagen wurde.

Nachdem meine Schwestern und ich diese Art von Problemen miterlebt hatten, beharrten wir auf unserer Weigerung, einen importierten Ehemann zu heiraten. Mit arrangierten Ehen waren wir einverstanden, aber unter der Bedingung, dass der jeweilige Bräutigam Englisch sprach und allermindestens nach denselben Maßstäben erzogen worden war wie wir. Wir fanden nicht, dass wir damit etwas Unvernünftiges verlangten. Trotzdem schien meine Mutter das als unverhohlene Weigerung anzusehen, überhaupt zu heiraten, was aber nicht stimmte. Wenn sie uns allerdings unverheiratet und sündig bleiben ließ, würde sie ihrer Überzeugung nach für diese Sünde verantwortlich gemacht, und das machte ihr Angst, weshalb es ihr wohl einfacher schien, uns die Schuld in die Schuhe zu schieben.

Mein Vater andererseits schien weniger mit spirituellen Pflichten beschäftigt zu sein als mit der Berechnung der finanziellen Kosten. Bei drei zu verheiratenden Töchtern kam ihm die beängstigende Aufgabe zu, drei Bräutigame zu finden, die drei geistreiche und freimütige Töchter zur Frau nehmen würden. Er würde außerdem dreimal Mitgift zu bezahlen haben, ebenso die Kosten für drei potenziell sehr teure Hochzeiten, die seiner gesellschaftlichen Stellung und seiner *Izzat* unter Familie und Freunden entsprechen mussten. Angesichts solcher riesiger Verpflichtungen schien es uns, dass er wenig unternahm, um dieser Verantwortung seinem Glauben, seiner Frau oder seinen Töchtern gegenüber nachzukommen.

Wir waren in einer unmöglichen Situation. Denn wir befanden uns mitten im Niemandsland, in dem wir einerseits keine traditionelle Ehe eingehen konnten und andererseits nicht die Möglichkeit erhielten, uns selbst einen Ehemann zu suchen. Wir waren in einem kulturellen Niemandsland gefangen. Es handelte sich um eine Situation, in der man nur verlieren konnte, sie war unser schlechtes *Kismet*. Egal, welchen Weg wir wählten, wir würden unweigerlich jemandem sehr wehtun müssen.

12
Die Unruhestifterin

Wenn man auf das Argument eines Menschen nichts zu
erwidern weiß, ist noch nicht alles verloren; man kann ihn
immer noch übel beschimpfen.
Elbert Hubbard

Mir war klar, dass ich entweder meinen Vater umbringen
würde oder er mich, wenn ich nicht wegging. Obwohl ich
inzwischen neunzehn Jahre alt war, schlug mich mein Vater noch immer. Es konnte jederzeit geschehen und aus
jedem Grund. Das Einzige, was ich ganz sicher wusste,
war, dass es früher oder später wieder geschehen würde.

Ich erinnere mich an einen Morgen, an dem ich mich
auf den Weg ins College machte. Ich bat meinen Vater,
wenn überhaupt, sehr selten um etwas. Das lag teilweise
daran, dass ich mich innerhalb der Hackordnung meiner
Familie für so unbedeutend hielt, dass es keiner für wert
erachten würde, sich für mich einzusetzen. Also war ich
daran gewöhnt, mich auf mich selbst zu verlassen. Es lag
auch sehr stark daran, dass ich mit meinem Vater so wenig
wie möglich zu tun haben wollte. Ich zog mich immer
hastig aus seiner Gegenwart zurück und redete kaum mit
ihm, es sei denn, er sprach mich zuerst an. Ich verspürte
oft schmerzliches Bedauern, wenn er mir zuweilen einen
Witz erzählen oder mit mir lachen wollte, denn obwohl
ich mich danach sehnte, ihn zu lieben und von ihm geliebt zu werden sowie Zeit zu haben, eine Beziehung zu
ihm aufzubauen, erinnerte ich mich immer wieder an die

unvorhersehbaren Launen meines Vaters und die Unge-
duld mir gegenüber, geriet in Panik und erfand eilig eine
Entschuldigung, um die Flucht zu ergreifen. Danach, in
der Sicherheit eines ruhigen Zimmers, bedauerte ich es
immer bitterlich, die Gelegenheit verpasst zu haben.

An jenem Morgen aber war es kalt und regnete heftig
und da er gerade da war, bat ich meinen Vater, mich zum
College zu fahren. Er raunzte mich an, dass er zu beschäftigt sei und ich warten müsse. Ich gab zurück, dass ich zu
Fuß gehen würde, packte meine Tasche und begab mich
auf den fast fünf Kilometer langen Weg zum College. Ich
war verletzt und verärgert, weil er nie etwas für mich tat.

Zu meiner Bestürzung hielt nach etwa einem Kilometer
das Auto meines Vaters neben mir am Straßenrand, und
das Herz rutsche mir in die Hose, als sein verärgertes Gesicht im Fenster erschien.

»Steig ein!«, blaffte er.

Das Letzte, was ich tun wollte, war, zu ihm ins Auto
steigen, wenn er in dieser aggressiven Stimmung war, aber
ich wagte es nicht, mich zu weigern. Um ganz ehrlich zu
sein, erinnere ich mich in Bezug auf das, was im Auto geschah, nur noch daran, dass unerwartet eine harte Faust
mit solcher Gewalt in meinem Gesicht landete, dass ich
aus dem Augenwinkel heraus beobachten konnte, wie
mein Mund innerhalb von Sekunden anschwoll. Ein weiterer Schlag folgte und noch einer, ich war wie benebelt
und sah nur noch verschwommen. Als ich wieder Luft bekam und mich wieder konzentrieren konnte, wurde mir
klar, was damit gemeint war, wenn Leute Sterne sahen:
Genau das sah ich, in schnell drehenden Formen, sie tanzten vor mir, machten mich schwindlig und orientierungs-
los. Heiße Tränen traten mir in die Augen, als ich mich
mit schwerem Herzen traurig wegdrehte, um aus dem

Fenster all die Leute anzustarren, die nicht ahnen konnten, wie unglücklich mein Leben war. Ich fragte mich, wie es sein müsse, ein ganz anderer Mensch zu sein.

Ich schäme mich für dich, dachte ich über meinen Vater und berührte mein zerschundenes Gesicht. Ich wagte es nicht, diese Worte ihm gegenüber laut zu äußern, aber die Empfindungen waren deswegen nicht weniger tief. *Ich bin kein Kind mehr. Ich bin fast erwachsen, aber du schlägst mich noch immer.*

Und mein Vater fuhr fort, mich zu schlagen, weil niemand da war, der ihn daran gehindert hätte. Meine Mutter hatte schon seit Langem aufgehört einzugreifen, und seit Jahren flehte sie mich an, friedlich zu bleiben, zu akzeptieren, was er sagte, und ihn nicht zu verärgern. Doch so wenig sie meinen Vater davon abhalten konnte, wütend auf mich zu werden, so wenig konnte sie mich davor bewahren, ihm Widerworte zu geben und ihm das zu sagen, wozu ich meiner Meinung nach das Recht hatte. Sein Wille stand gegen meinen, und keiner von uns würde nachgeben. Und auch wenn es kein gerechter Kampf war, da er größer und stärker war als ich und ausnahmslos jeden Wortwechsel gewann, indem er mir eine Tracht Prügel verpasste, konnte mich einfach nichts aufhalten. Ich konnte nicht gestoppt werden, weil meine Wut auf seine ungerechte Behandlung meine Angst vor ihm überwand. Ich war restlos bereit, gerechte Buße und angemessene Bestrafung hinzunehmen, aber ich würde niemals gegenüber verbalen Misshandlungen und ungerechten Schlägen klein beigeben. Lieber wollte ich sterben. Das war es unglücklicherweise, wovor die Familie Angst hatte.

Nur ein anderer Mann hätte ihn stoppen können, aber es gab keinen. Zum ersten Mal ertappte ich mich dabei, wie ich über den kleinen Bruder nachdachte, der als Säugling in Pakistan gestorben war, bevor ich geboren wurde. Sein Name war Inaam, und er wäre jetzt in den Zwanzigern gewesen. Ich fragte mich, ob mein Leben anders verlaufen wäre, wenn er noch leben würde. Hätte mich mein Vater anders behandelt, wäre ein erwachsener Sohn da gewesen und eingeschritten? Hätte sich Inaam meinem Vater entgegengestellt, von Mann zu Mann, und ihn überredet, freundlicher zu mir zu sein?

Leider werde ich es nie erfahren. Ich hatte eine ältere Schwester und vier Brüder, die alle jünger waren als ich. Der älteste, Mohammed, war gerade fünfzehn geworden. Von Natur aus sanft und bequem, hasste Mohammed jede Form von Schwierigkeiten. Keine große Hoffnung, dachte ich. Allerdings sollte ich überrascht werden.

Eines Tages, nicht lange nach dem Vorfall im Auto, fiel mein Vater wie üblich über mich her. Mohammed runzelte missbilligend die Stirn, als mein Vater seiner Wut freien Lauf ließ, lauter und verärgerter wurde und ich mich auf Prügel gefasst machte. Zu meinem völligen Erstaunen stellte sich Mohammed als Hindernis zwischen meinen Vater und mich.

»Lass sie doch endlich in Ruhe!«, schrie er. »Du hackst immer auf ihr herum.«

Dieser untypische Ausbruch seines normalerweise friedfertigen älteren Sohnes erschütterte meinen Vater. Unsicher, wie er mit dieser unerwarteten Wendung der Dinge umgehen sollte, war er plötzlich sprachlos und verließ das Zimmer, um meine Mutter zu suchen, wobei er etwas von undankbaren und respektlosen Kindern murmelte. Auch ich war erschüttert, allerdings aus einem ganz anderen Grund.

Endlich!, dachte ich. *Endlich, nach all diesen Jahren verbaler und körperlicher Misshandlungen, ist mein Bruder er-*

wachsen geworden und verteidigt mich. Doch es ist zu spät, überlegte ich unglücklich. *Zu wenig und zu spät.* Ich hatte eine gewalttätige, gefährliche Kindheit überlebt und war erwachsen geworden. Ich hatte keine Ahnung, welche langfristige emotionale Verletzung das verursacht hatte, und wusste nur, dass ich unglücklicher war als jede lebende Person, die ich kannte.

Mich interessierte nicht mehr, was mir zustoßen könnte. Weil ich keinen anderen Ausweg mehr sah, hatte ich eine Zeit lang an Selbstmord gedacht. Ich schämte mich und fühlte mich gedemütigt, weil mein Vater mich schlug. Mir war auch bewusst, dass er vor Jahren damit aufgehört hätte, wenn ich ein Junge gewesen wäre. Ich hatte beobachtet, was passiert war, als er das letzte Mal auf Shoukat wütend gewesen war.

Shoukat war vierzehn und verbrachte eine Menge Zeit unten im Fitnesscenter mit Bodybuilding und Gewichtheben. Als mein Vater die Hand erhob, um ihn zu schlagen, baute sich Shoukat instinktiv vor ihm auf.

»Schlag. Mich. Nie. Wieder!«, zischte er zwischen den Zähnen hervor, mit breiter Brust, geballten Fäusten und nur wenige Zentimeter vom Gesicht meines Vaters entfernt.

Mein Vater wirkte sichtlich erschüttert, ließ die Hand sinken und ging aus dem Zimmer. Er schlug den Jungen nie wieder. Shoukat seinerseits sah beschämt aus.

In den Augen eines Orientalen ist es unverzeihlich, ein Elternteil zu schlagen. Hätte Shoukat das getan, hätte ihm meine Mutter das nie verziehen. Vermutlich hätte er es sich selbst nie verziehen. Das rührt daher, weil in dieser Kultur der Respekt vor den Älteren tief verwurzelt ist. Verbale und physische Misshandlung müssen als berechtigte Korrektur toleriert und mit Reue und Ergebenheit hingenommen werden. Egal, welche Provokation zugrunde liegt, eine Vergeltung steht außer Frage. Das zu tun, ist Sünde und würde einem zur *Jahannam* schicken.

Ich hatte die Pubertät hinter mir und das Alter, in dem Brüder und Väter eine respektvolle körperliche Distanz gewinnen sollten, doch die Gewalt meines Vaters richtete sich nach wie vor gegen mich. In Anbetracht der Tatsache, dass er jetzt frustriert war, weil er die Jungen nur anschreien konnte, wurde sie noch schlimmer. Mir gegenüber musste er seinem Temperament keine solche Zurückhaltung auferlegen und konnte unkontrolliert wüten, denn ich war ein Mädchen und deshalb kleiner und schwächer.

Als ich älter wurde, trat ich zunehmend für mich selber ein, da ich einfach meinen Mund nicht halten und nichts passiv hinnehmen konnte. Ganz bestimmt hatte ich nicht das Gefühl, dass ich mich gegenüber meinem Vater entschuldigen sollte, weil ich ihn dazu provoziert hatte, mich zu schlagen. Meine Mutter sagte mir ständig, dass der Koran es als Sünde ansehe, wenn man sich seinen Eltern widersetzt, und dass ich seine Behandlung gelassen ertragen und ich ihn nicht noch wütender machen dürfe, indem ich ihm Widerworte gab. Ihre Bitten trafen auf taube Ohren, ich war empört.

»Quatsch!«, rief ich ungehalten. Die Qual der Ungerechtigkeit erschütterte mich in jeder Faser meines Seins. »Wie kann es *meine* Sünde sein? Woher hat er das Recht, mich zu tyrannisieren und zu schlagen? Wieso soll ich dafür die Verantwortung übernehmen? Ich bin das Opfer! Warum ist es meine Sünde und nicht seine? *Das ist nicht fair!*«, schrie ich.

Ich kannte vom Koran nur das, was meine Mutter mir

erzählt hatte, doch ich war außer mir vor Wut, dass der Koran einem Vater erlaubte, seine Tochter grundlos zu schlagen. Ich sehnte mich verzweifelt danach, meine Eltern zu respektieren, aber ich war das Opfer, nicht der Täter! Ich brannte vor glühender Wut und verletztem Gerechtigkeitsgefühl und weigerte mich, seine Schläge gelassen und gehorsam hinzunehmen, wie mir Allah zu tun befahl. Ich war willens, zur Hölle zu fahren (worauf ich sowieso zusteuerte, wie mir fast täglich versichert wurde), weshalb es zwangsläufig dazu kommen würde, dass ich eines Tages zurückschlagen würde – im wahrsten Sinne des Wortes.

Meine Eltern waren im Begriff, abends auszugehen, als etwas, das ich getan oder gesagt hatte, meinen Vater verärgerte. Er drehte sich um, stürmte ins Zimmer zurück und warf seinen Mantel zur Seite.

»*Sali!*«, schrie er, packte mich an der Kehle und drückte mich aufs Sofa hinunter. Etwas in mir drehte durch. Das hier war so falsch! Ich war ein Mädchen. Er war ein erwachsener Mann, größer und stärker als ich. Das war nicht fair. Es war falsch von ihm, mich so zu überfallen. Ich verdiente eine solche Behandlung nicht, und ich würde es nicht mehr hinnehmen. Nie mehr! Mit einem Angstschrei sammelte ich meine ganze Kraft, um ihn von mir wegzustoßen. Ich zerkratzte ihm mit meinen Fingernägeln das Gesicht. Er taumelte ungläubig nach hinten. Ich war in Panik und wusste, dass ich es teuer bezahlen würde.

»Sie hat mich angegriffen«, schrie er meiner Mutter zu. »Die *Haramzadi* hat es gewagt, mich anzugreifen!«

Meine Mutter zog schweigend und resigniert ihren Mantel aus. Sie würden an diesem Abend nirgendwo hingehen. Die übrige Familie stand wie versteinert da. Jeder wusste, was kommen würde, aber ich hatte keine Angst mehr vor dem, was er mir antun konnte. Ein ganzes Leben voller Schläge hatte mich abgehärtet. Jetzt kümmerte es mich nicht mehr, als ich mich dem körperlichen Angriff passiv ergab, ich spürte nichts mehr dabei. Es wurde zu einer surrealen Erfahrung, als mir durch mein verschwommenes Sichtfeld hindurch seltsam bewusst wurde, dass der Rest der Familie in hilfloser Qual zusah, wie ich im Zimmer herumgeprügelt wurde. Ich wurde zu einem leblosen Objekt, unfähig, irgendetwas zu empfinden. Zum ersten Mal verspürte ich eine gnädige Erlösung, denn mein Kopf war in der Lage, sich von meinem physischen Sein abzulösen und keinen Schmerz mehr zu empfinden. So konnte ich meinem Vater die Befriedigung verweigern, mich schreien zu hören. Es war nicht *mein* Gesicht, das mit der Faust geschlagen wurde, nicht *meine* Kehle, die gewürgt wurde, nicht *mein* Körper, der mit Gewalt gegen eine Wand geschleudert wurde. Ein Teil von mir wollte, dass er mich umbringt. Der Tod würde eine Erlösung sein. Wenigstens würde ich mich außerhalb seiner Reichweite befinden, wenn ich tot war. Es würde mir das Problem ersparen, mich selbst umzubringen. Wenigstens hätte ich dann meinen Frieden.

An den Rest des Abends kann ich mich nicht erinnern, aber die Atmosphäre im Haus war danach für viele Tage schrecklich. Keiner sprach oder aß viel. Ich kann mich deutlich entsinnen, dass sich an diesem Abend etwas änderte. Die Familie ignorierte die Gewalt, die gegen mich ausgeübt wurde, und konzentrierte sich auf den Schock und den Frevel, dass ich es gewagt hatte, meinen Vater anzugreifen und mich zu wehren. Denn indem ich das getan hatte, hatte ich das verwerflichste Verbrechen begangen, das ein Kind gegen ein Elternteil begehen konnte, und mein islamischer Glaube sowie die pakistanische Kultur erlaubten zu meiner Verteidigung keine mildernden Umstände. Ich hatte ein Verbrechen begangen, ich hatte gesündigt. Mein Vater war gramgebeugt.

Die Stimmung begann sich gegen mich zu wenden. Meine Mutter wurde zwischen ihrer Loyalität zu ihrem Ehemann und der Sorge um mich hin und her gerissen. Doch mir war ihre zunehmende Frustration bewusst. Wenn ich nur meinen Mund halten und nicht widersprechen würde, würde er nicht so verrückt reagieren. Die Familie konnte nicht verstehen, warum ich meine Situation nicht hinnehmen, mich nicht bei ihm entschuldigen und ihm nicht ermöglichen wollte, sich zu beruhigen. Wenn ich einfach ruhig bleiben würde, wäre das Haus kein Schlachtfeld.

Mittlerweile richtete sich die Enttäuschung meiner Mutter gegen mich, und sie sagte oft: »Ab dem Tag, an dem du dieses Haus verlässt, werden wir in Frieden leben.«

Es verletzte mich zutiefst und erfüllte mich mit Verzweiflung und Hass auf mich selbst, wenn ich meine Mutter solche Ansichten äußern hörte. Ich konnte nicht leugnen, dass sie recht hatte. Meine Anwesenheit stiftete Chaos und Aufruhr in unserem Haus. Es brach mir das Herz, als ich mit Bestimmtheit erkannte, dass ich in dem Heim meiner Familie nur dann Harmonie und Frieden stiften konnte, wenn ich es verließ. Das Problem war nur: Wie konnte ich es verlassen?

Unbescholtene orientalische Mädchen gehörten zu ihren Eltern, bis sie verheiratet und ihren Ehemännern übergeben wurden. Ganz gewiss verließen sie nicht ihr Zuhause und richteten sich eine Wohnung ein, um als Single zu leben. Nur verrufene Mädchen lebten außerhalb des Ansehens und des Schutzes ihrer Familien. Sie waren nicht besser als Prostituierte und wurden auch als solche behandelt. Noch schlimmer war, dass sich ihr Ruf auf andere Familienmitglieder übertrug, die dann ebenfalls von der Gesellschaft gemieden wurden, weil sie verrufen und ohne *Izzat* waren. Und wenn es darum ging, ihre *Izzat* zu bewahren, war den meisten Pakistani kein Preis zu hoch. Jeder Preis würde bezahlt, egal ob er ihr Glück kostete oder sogar das Leben derer, die darin verwickelt waren. Ich wäre also eher umgebracht worden, als dass man mir erlaubt hätte, von zu Hause wegzuziehen. Abgesehen von Selbstmord gab es in der Tat nur einen einzigen Ausweg, und der bedeutete, dass ich meine Ausbildung weiterführen musste.

Meine Mutter war total dagegen und wollte die Aufgabe meines Vaters übernehmen, mich zu verheiraten. Ich wäre sogar damit zufrieden gewesen, verheiratet zu werden, wenn das ein Entkommen bedeutet hätte. Unglücklicherweise waren Heiratsanträge aber dünn gesät, und sollten meine Eltern nach einem potenziellen Ehemann Ausschau halten, so wusste ich nichts davon. Meine Mutter warnte meinen Vater davor, dass er im Begriff sei, sich erneut die Finger zu verbrennen, und dass ich es genau wie meine Schwester machen und einen *Gora* heiraten würde. Obwohl sie sein Liebling war, hatte diese Heirat meinem Vater das Herz gebrochen, dabei war sie laut meiner Mutter nicht halb die *Haramin*, die ich war. Doch mein Vater hörte nicht zu.

Er genoss es, den Verwandten in Pakistan zu erzählen, wie klug ich sei und dass ich wie meine Tante Zainab Anwältin werden würde. Er erklärte, dass er mich zum Studium weggehen ließe, weil es nicht gerecht sei, durch das, was meine Schwester der Familie angetan habe, meine Zukunft zu ruinieren. Außerdem, urteilte er, würde ich verstehen, dass mir Vertrauen geschenkt worden sei, und da ich klug und vernünftig sei, würde ich dieses Vertrauen belohnen, indem ich meinen Abschluss machen, mich als Anwältin qualifizieren und in Ehren nach Hause zurückkehren würde.

Doch in meinem Judasherzen gab es keine Ehre, und selbst während ich treu und brav versprach, eine gute Tochter zu sein, war mir, ohne Gewissensbisse oder Mitleid zu empfinden, bewusst, dass ich ihr Vertrauen missbrauchte. Denn ich hatte nicht die Absicht, jemals wieder nach Hause zurückzukehren, sofern es in meiner Macht lag. In Wirklichkeit hing mein Herz an einer Karriere als Journalistin und Medienfrau, aber ich wusste, dass das seinen Ehrgeiz niemals befriedigt hätte. Ich sollte Anwältin und nichts anderes werden, und wenn der Beruf der Anwältin mein Ticket in die Freiheit war, dann war ich bereit, zu lügen und alles Mögliche zu versprechen. Er war in König-Salomon-Laune, und da ich hierin meine einzige Chance sah, ergriff ich sie.

Meine akademische Eignung stand außer Frage. Mit einer beachtlichen Zahl an Qualifikationen als Rückendeckung würde ich an jeder Universität meiner Wahl einen Platz erhalten und mich an Londoner Colleges bewerben. Um meiner Eltern willen bewarb ich mich auf Universitäten in und um Lancashire, obwohl ich nicht die geringste Absicht hatte, an einer von ihnen einen Platz in Anspruch zu nehmen. Ein örtliches College würde für mich keine Änderung bringen, weil das zur Folge gehabt hätte, dass ich weiterhin zu Hause wohnen musste. Selbst wenn ich fern von zu Hause im Wohnheim einer Universität wie Lancaster, Liverpool oder Manchester gewohnt hätte, wäre das für mich nicht gut gewesen, da es im Umkreis von nur wenigen Stunden Fahrt gewesen wäre.

Mein Vater hätte es als Sport angesehen, meiner Mutter vorzuschlagen, Abend für Abend ins Auto zu steigen und loszufahren, um nach mir zu sehen. Ich hätte immer Angst gehabt, um die nächste Ecke zu biegen, und mein Herzschlag hätte beim Anblick seines Autos ausgesetzt. Ich wäre nie in der Lage gewesen zu entspannen und hätte mich immer in Habachtstellung befunden. Ich hätte nie Frieden gefunden, weil er ständig auf der Schwelle gestanden und vorm Studentenwohnheim geparkt hätte, um auszuspionieren, wer bei mir ein- und ausging oder mit wem ich in den Vorlesungen sitzen würde. Oder er hätte, was ihm noch ähnlicher gesehen hätte, das Auto außer Sichtweite abgestellt und mir hinter Hausecken hervor und durch Schaufenster hindurch nachspioniert. Dann, wenn er sich gedacht hätte, dass ich es am wenigsten erwartete, wäre er plötzlich mitten am Tag oder ganz früh am Morgen aufgetaucht, um mich »auf frischer Tat zu ertappen«. Ich wusste zu gut, wie er tickte. Er würde mit mir Katz und Maus spielen und mich quälen, und ich hatte nicht die geringste Absicht, mich in diese Situation zu bringen.

Ich wollte die Stadt verlassen, die Grafschaft und den Nordwesten Englands und so weit von ihm weggehen, wie es nur möglich war. London war erfreuliche fünf Stunden Fahrt entfernt, hin und zurück zehn Stunden, was bedeutete, dass es keine Spontanbesuche geben würde. Er würde mindestens einen Tag im Voraus planen müssen, was bedeutete, dass mich Farah vor seinem Anrücken warnen konnte.

Allerdings würde er mich niemals nach London ziehen lassen, wenn ich auch nur ein einziges Angebot von einem College im Nordwesten hätte, weshalb mir klar war, dass ich erfinderisch und hinterlistig sein musste. Da mein Vater grundsätzlich alle meine Briefe öffnete und las, fing ich die Post ab und zerstörte sorgfältig alles, was von nahen Universitäten an mich adressiert war. Ich erzählte ihm, dass mich alle zurückgewiesen hätten und das einzige College, das mir einen Platz angeboten habe, in Ealing, West-London, sei. Ich wusste, wie ich mir seinen Ehrgeiz zunutze machen konnte, und erinnerte ihn daran, wie stolz er gewesen sei, als er die Ergebnisse meiner Mittleren Reife und meines Abiturs gesehen hatte, als die Lehrer ihm immer wieder sagten, wie mühelos ich die Prüfungen bestanden und dass er ein akademisches Genie in der Familie habe. Schließlich gab er mir die Erlaubnis für London.

Man musste es mir nicht zweimal sagen. Ich warf meine Taschen hinten in sein Auto, versuchte nicht zu glücklich oder zu aufgeregt auszusehen, und er fuhr mich nach Süden, damit ich mein Leben als Jurastudentin in London beginnen konnte. Ich war einundzwanzig Jahre alt und hatte den ersten Schritt zur Realisierung meines Fluchtplans gemacht.

TEIL 3

Du kannst laufen

13
Freiheit

Freiheit ist das, was der Mensch aus dem macht, was aus ihm gemacht worden ist.

Jean-Paul Sartre

Mein Vater brachte mich hinunter, und wir übernachteten bei einem seiner alten pakistanischen Freunde, der vor Jahren ein Zimmer in Vaters Haus gemietet hatte. Jetzt war er verheiratet, hatte eine entzückende eigene Familie und lebte in West-London. Ich konnte mich aus Kindheitstagen an ihn erinnern, und es war, als würde ich einen alten Onkel wiedersehen.

Innerhalb eines Tages oder so fand ich ein Zimmer in einem wunderschönen großen alten Haus zur Miete. Es lag in der Lammas Park Road, gleich um die Ecke der berühmten Ealing Film Studios, wo sie in den Nachkriegsjahren wunderbare Schwarz-Weiß-Komödien gedreht hatten.

Für jemanden, der eine klösterliche Erziehung gehabt hatte, fühlte sich Ealing mit seinen Restaurants, Weinlokalen, Nachtklubs und fantastischen malerischen Boutiquen, in denen zum Sterben schöne Kleider und Schuhe verkauft wurden, wie der aufregendste Ort auf dem Planeten an. Auch die Leute waren interessant. Ich liebte das kosmopolitische London mit seinem Verschmelzen verschiedener Nationalitäten, Sprachen, Kulturen und Küchen, die an fast jeder Ecke vertreten waren. Man wusste nie, wen man als Nächstes treffen würde, und allein schon das begeisterte mich. Ich kam zu dem Schluss, dass London sehr gut zu mir passen würde, und warf mich ohne Weiteres in das hektische Leben mit Partys, Konzerten, Abendgesellschaften mit Tanz und allem, was nach Spaß aussah. Ich fühlte mich unter den Studierenden und jungen Professoren, die ich kennenlernte, sofort heimisch und wusste von Anfang an, dass ich hierher gehörte und lieber sterben würde, als wieder nach Hause zurückzukehren.

Niemand wusste, aus welcher Art von häuslichem Leben ich weggerannt war, und so schrecklich es auch gewesen war und so verzweifelt ich mich danach gesehnt hatte, dem zu entkommen, kam es mir doch nie auch nur eine Sekunde in den Sinn, mit irgendjemandem darüber zu sprechen. Zuzugeben, dass ich zu Hause geschlagen oder gequält worden war, wäre demütigend gewesen und gehörte sich einfach nicht. Darüber hinaus hätte es meine Familie kompromittiert, was mir widerstrebte: Zwar war ich weggerannt, aber jetzt, wo es zwischen uns Abstand gab, konnte ich endlich liebevoll an sie denken und ihnen gegenüber Verantwortung und Loyalität empfinden.

Auf zwischenmenschlicher Ebene spürte ich selbst in jenen aufregenden frühen Jahren Grenzen. Ich ließ mich nie auf Rauchen, Drogen oder Alkohol ein. Das hatte mich zuvor nie interessiert, und ich sah keinen Grund, jetzt damit anzufangen. Die Freiheit war berauschend genug, und ich war glücklich bei Perrier und Orangensaft und brauchte keine anderen Stimulanzien für mein Selbstvertrauen. Wenn ich außerdem Mut brauchte, um mich einer Situation, die neu für mich war (und solche Erfahrungen gab es die ganze Zeit), zu stellen, war ich bestens in der Lage, auf Befehl Selbstbewusstsein zu generieren, denn keiner wusste besser als ich, wie man eine

Lüge lebt. Mein ganzes Leben lang hatte ich Theater spielen müssen, außerhalb des Hauses meine orientalische Kultur und vor meinen Eltern meine westliche Seite verstecken müssen. Das hier war nichts anderes. Ich war schüchtern und hatte kein Selbstwertgefühl, zudem war ich nicht wirklich daran gewöhnt, Teil einer sozialen Gruppe zu sein. Aber ich war eine gute Schauspielerin und es fiel mir leicht, alles, was sich auf das Thema Selbstwertgefühl bezog, mit einer Pose gesellschaftlicher Angeberei zu überspielen. Manchmal wusste ich nicht, wo meine Schauspielerei endete und meine Individualität anfing, und es sollte viele Jahre dauern, bis die verschiedenen Schichten entfernt waren und darunter mein wirkliches Ich zum Vorschein kam.

Doch im Moment musste ich mich verstellen, um mich und den Rest der Welt davon zu überzeugen, dass ich die lauteste, lustigste und ungeheuerlichste Person war, die sie kannten. Ungeachtet dessen, was ich im Innersten fühlte, besaß ich die Fähigkeit, einen inneren Schalter umzulegen, und plötzlich wurde ein unscheinbares, schüchternes und unbedeutendes Mädchen zum strahlenden Mittelpunkt der Party. Meine neuen Freunde und ich machten Sachen, die meine Familie für abscheulich gehalten hätte. Einmal verkleideten wir uns für eine Themenparty als ungezogene Schulmädchen mit kurzen Röcken, Söckchen, Zöpfchen und aufgemalten Sommersprossen, und bei einer anderen Gelegenheit kamen wir bei einer Party zum Motto »Priester und Nonnen« als angemalte Flittchen an. Wir besuchten jedes Fest, zu dem wir eine Einladung erhielten, oder bahnten uns unseren Weg in die, zu denen wir nicht eingeladen waren, indem wir schmollten, kicherten und Sperren umgingen. Wir hatten für jeden lustige oder respektlose Spitznamen und sorgten dafür, dass wir uns immer mitten im Geschehen befanden. Wir mussten gar nicht erst die angesagte Clique finden, wir *waren* die angesagte Clique.

Mein ganzes Leben lang hatte die Tatsache, dass ich Pakistani war, negative Konsequenzen gehabt. Die Erfahrung, Muslima zu sein, hatte immer bedeutet, dass es mir verboten war, viele Dinge zu tun, die ich gerne getan hätte, während mich die Pflicht dazu zwang, Dinge zu tun, die ich nicht tun wollte. Es hatte mich von allen getrennt, mit denen ich befreundet sein wollte. Ich hatte nie etwas Positives an meinem orientalischen Erbe gesehen. Jung zu sein und Spaß haben zu wollen, schien von den Muslimen, die ich kannte, immer mit einem Stirnrunzeln bedacht zu werden. Ich hatte immer den Eindruck, »Spaß« war etwas, was nur die anderen Menschen hatten. Ich war zu dem Schluss gekommen, dass ein gutes Mädchen, zumindest soweit es unsere Familie betraf, keinen Spaß haben konnte. Und wenn es Spaß haben wollte, war es moralisch verdorben.

Ich hatte Freunde aller Nationalitäten, aber die Orientalen, die ich in London traf und die Teil meiner Clique wurden, waren anders als die zu Hause. Sie waren intellektueller, integrierter in die Mehrheitsgesellschaft und eindeutig fröhlicher.

Es stellte eine neue Erfahrung für mich dar, offen mit dem anderen Geschlecht Umgang zu pflegen, ohne Angst haben zu müssen, dass irgendeine alte Klatschbase zu meinen Eltern laufen und mich eines unmoralischen Verhaltens bezichtigen würde. Wir gingen zusammen aus, aber meine Freundschaften mit den Jungen in der Gruppe waren streng platonisch, was an sich schon sehr befreiend war. Ich erkannte dadurch, dass das Schuldgefühl, das ich ehemals mit solchen Situationen verband, das Resultat meiner Erziehung und der schmutzigen Weltauffassung anderer Leute war, die automatisch davon ausgingen, dass du niemals mit einem Angehörigen des anderen Geschlechts befreundet sein kannst und dass ein Mädchen und ein Junge, die dabei gesehen werden, wie sie miteinander reden, mit Sicherheit eine sexuelle Beziehung haben. Ich hatte nie einen Anlass gehabt zu glauben, dass es Spaß machen könnte, Orientalin zu sein, bis ich meine orientalischen Freunde in London kennenlernte.

Wir gingen auf Partys und organisierten auch welche. Ich erinnere mich an eine eintrittspflichtige Veranstaltung, die wir organisierten. Wir buchten Alaap, eine Bhangra-Band aus den Midlands, und stellten für mehrere Hundert Leute einen beeindruckenden Tanzabend auf die Beine. Die Gäste kamen aus ganz London, und es war ein gewaltiger Erfolg.

Ein anderes Mal nahm mich eine Gruppe von Freunden mit zu Veeraswamy's in der Regent Street, das, wie man mir sagte, das berühmteste indische Restaurant und das erste seiner Art in London war. Ich wäre fast vor Schreck in Ohnmacht gefallen, als ich die Preise sah. In unserem Haus waren teure Kleidungsstücke, teure Hobbys und Restaurants das Privileg der Männer und nichts für uns Mädchen gewesen. Es war nicht in Worte zu fassen, wie aufregend es war, plötzlich in eine Welt befördert zu werden, in der ich in einem Rolls-Royce zu Veeraswamy's chauffiert wurde. Zum ersten Mal in meinem Leben besaß ich Cocktailkleider und wurde mit zu Festen genommen, bei denen Abendgarderobe angesagt war. Ich fühlte mich wie neugeboren und so, als gehörte mein bisheriges Leben zu einer anderen Person.

Manchmal vermischte sich mein Traum mit alten Märchen, und ich wachte erschrocken auf in der Erwartung, mich daheim in meinem alten Zimmer zu befinden und von meiner Mutter gerufen zu werden, um in die Küche zu gehen und ihr beim Kochen des Abendessens zu helfen. Es gab noch weitere solche Träume, in denen ich zum Beispiel auf einer Party war und plötzlich in Panik verfiel, da der Zauber mich eventuell in eine häusliche Arbeitssklavin zurückverwandeln und mich allein in einem Raum mit eleganten, gebildeten Leuten zurücklassen könnte, die neugierig diese fette, hässliche Vogelscheuche anstarrten, die nach Zwiebeln und Knoblauch stank.

Ich war ein unscheinbares und unattraktives Kind gewesen, und mein Aussehen hatte keine Besserung versprochen, als ich zum Teenager wurde. Die Schönheit war an mir vorübergegangen und hatte mich mit einem verdrießlichen, finsteren Gesicht stehen lassen, das immer sehr schnell Zorn und Aggression ausdrückte. Wenn das zu Hause passierte, zerrte mich meine Mutter sehr schnell vor einen Spiegel und sagte mir, wie hässlich und Furcht einflößend ich aussah. Sie fragte mich immer, ob ich jemanden mit einem solchen Gesicht heiraten wolle. Was immer auch der Grund dafür sein mochte, es war ein Gesicht, das auf andere unattraktiv wirkte. Ja, den größten Teil meines Lebens hatte ich zu hören bekommen, dass Leute auf dieses Gesicht einschlagen wollten. Und das hatten sie ja auch regelmäßig getan.

Ich rechnete absolut nicht damit, dass es auf das andere Geschlecht anziehend wirken könnte, und es war deshalb ein großer Schock, als ich mich plötzlich von der Aufmerksamkeit gut aussehender, weltgewandter Männer überflutet sah. Es heißt: »Namen sind Schall und Rauch.« Soweit es mich betraf, waren die Namen, die man mir jetzt gab, meilenweit von jenen entfernt, die man mir früher gegeben hatte. Ich wurde von der »Paki« zur »Exotin«, von »hässlich« zu »wunderschön«, und ich war nicht mehr »fett«, sondern »kurvenreich und sinnlich«. Zudem hielt meine Figur mit Kleidergröße 40 offenbar Männer nicht davon ab, mich zum Ausgehen einzuladen. Vielmehr war ich überrascht, als ich feststellte, dass der Medienhype, nach dem Frauen dünn zu sein hatten, um schön zu sein, in Wirklichkeit nichts mit dem zu tun hatte, was Männer sich von einer Frau wünschten.

Ich hatte keine Geduld für all das Geschwätz, das Frauen zum Hungern brachte, um sich angenommen zu fühlen. Ich machte mir nie vor, dass ein Mann mit einem Geschmack für gertenschlanke, gazellengleiche Wesen sich zu mir hingezogen fühlen würde. Ein Mann, der mich einlud, würde der Typ sein, der in erster Linie weibliche Rundungen bevorzugte. Mir war klar, dass ich meine sinnliche, feminine Figur nicht durch das anmutige Knabbern an Alfalfasprossen bekommen hatte. Wenn mich ein Mann zum Abendessen einlud, bekam er ein Mädchen, das tatsächlich ein Abendessen bestellte und verzehrte. Und wenn ich etwas lustig fand, lächelte ich nicht behutsam, sondern warf den Kopf in den Nacken und brüllte vor Lachen. Meine eigenen Freunde merkten an, dass es Mädchen gab, die viel schlanker als ich waren, aber nicht die Hälfte der Aufmerksamkeit bekamen, die mir zuteilwurde. Ich hätte mir die Komplimente und die Aufmerksamkeit zu Kopf steigen lassen können, aber wenn gut aussehende Männer nette Sachen zu mir sagten, konnte ich kaum glauben, dass sie tatsächlich von mir sprachen. Trotzdem, es war eine sehr willkommene Änderung, in positiver Weise zum Objekt einer solch angenehmen Aufmerksamkeit zu werden.

Ich hatte von orientalischen Mädchen gehört, die streng erzogen worden waren und dann durchdrehten, sobald sie ein bisschen Freiheit kosteten. Ich hatte nicht vor, »Bäumchen wechsel dich« zu spielen, ich wollte einfach nur Spaß haben. Zu Hause war mir nie irgendeine Freiheit erlaubt worden, und plötzlich hatte ich die Freiheit, zu kommen und zu gehen, wie es mir gefiel, bis spät in die Nacht wegzubleiben, zu essen, was ich mochte, zu tragen, was ich wollte, und die Straße hinunterzugehen, ohne Angst vor Kritik haben zu müssen. Das war Freiheit, und ich atmete sie tief ein, saugte sie auf und genoss sie. Zum ersten Mal in meinem Leben, im Alter von einundzwanzig Jahren, fühlte ich mich frei und glücklich. In dieser Zeit fing ich auch an, Neues über mich zu lernen.

Mir war mein Leben lang gesagt worden, was ich zu tun und zu denken hätte, und mein Leben lang hatte ich geglaubt, dass es mir an etwas mangelte, wenn ich es nicht konnte oder wollte. Jetzt, wo ich allein lebte und selbstständig Entscheidungen treffen musste, entdeckte ich überrascht, dass ich weit davon entfernt war, ein Dummchen zu sein, sondern dass ich sehr intelligent und einfallsreich war. Jetzt, wo ich nicht mehr verspottet, ausgelacht und mit Schimpfnamen belegt wurde, entdeckte ich, dass ich nicht dumm und ungeschickt war, sondern sehr sensibel. Meine Natur und mein Charakter besaßen plötzlich die Freiheit, ihrem eigenen Weg zu folgen und sich in ihrer wirklichen natürlichen Form einzurichten. Es war ein ziemlicher Schock, als ich entdeckte, dass ich nicht im Entferntesten die rebellische und ungehorsame Tochter war, als die ich von den anderen (und auch von mir selbst) immer bezeichnet worden war. Jetzt, da ich von meiner Familie weit weg war, entdeckte ich eine Loyalität, von der ich nicht gewusst hatte, dass ich sie besaß, und dass ich meine Eltern wirklich lieben und auf mich stolz machen wollte.

Ich machte eine noch schockierendere Entdeckung. Immer hatte ich mich für die schlimmste Lügnerin gehalten, da ich jeden Tag meines Lebens Lügen erzählte. Ich hielt es einfach für selbstverständlich, dass das an meiner angeborenen schlechten Natur liege und daher so eingewurzelt sei wie die Tatsache, dass ich, bescheuert, ungeschickt und dumm sei. Fern von den Einschränkungen, die mir zu Hause auferlegt worden waren, erkannte ich immerhin, dass die meisten meiner Lügen daraus entstanden waren, dass ich zwei verschiedene Leben lebte, die nicht miteinander kompatibel waren: Osten zu Hause, Westen draußen. Ich hatte ständig gelogen, aber jetzt, da ich einen Schritt zurücktrat und mir das genau anschaute, stellte ich fest, dass meine Lügen einfach nur meine Art gewesen waren zu überleben. Ich hatte meinen Eltern die Lüge erzählt, dass ich späten Unterricht hätte, um mir eine Stunde oder so zu verschaffen, die ich mit meinen Freunden verbrachte. Ich hatte die Lüge erzählt, dass ich mit jemandem unterwegs sei, den sie akzeptierten, um mit jemandem unterwegs zu sein, den sie nicht akzeptieren würden. Ich erzählte über fast alles Lügen, denn als orientalische Eltern mussten sie jedem einzelnen Aspekt meines Lebens zustimmen. Um einen Anflug von normaler Pubertät zu erleben, war ich nie imstande gewesen, in Bezug auf die Sachen, die ich tun wollte, die Menschen, mit denen ich befreundet sein wollte, die Kleider, die ich tragen wollte, und sogar das Essen, das ich zu mir nehmen wollte, aufrichtig zu sein. In meinen Versuchen, ein »normaler« junger Mensch zu sein, hatten Offenheit und Aufrichtigkeit keine Chance gegen das, was die Pflichten gegenüber Kultur und Eltern diktierten. Jetzt plötzlich war ich frei, meine eigenen Entscheidungen zu treffen, und es gab keinen Grund zu lügen, als wär es meine zweite

Natur. Diese neuen Dinge über mich zu lernen, das war wie das Abtragen von Schichten, um darunter mein wahres Selbst zu erkennen.

Bei so vielen Veränderungen in meinem Leben interessierte mich mein Studium überhaupt nicht mehr. Es war keine Überraschung, dass ich im ersten Studienjahr durch die Prüfung fiel, denn ich hatte meine Bücher kaum geöffnet und mich in keiner Weise meinen Studien gewidmet. Aber ein Abschluss in Jura und der Anwaltsberuf waren immer die Ziele meines Vaters gewesen, nicht meine. Ich erfuhr am eigenen Leib, dass meine eigenen Ambitionen nie wirklich gezählt hatten.

Ich hatte immer Journalistin werden wollen, doch man hatte mir gesagt, das sei kein respektabler Beruf und käme nicht infrage. Jeder Versuch, Hobbys oder Interessen außerhalb des Hauses nachzugehen, traf auf einen ähnlichen Widerstand. Ich liebte es, zu singen und zu schauspielern, und wäre gerne einer Theater-AG beigetreten, wurde aber belehrt, dass Schauspielerinnen Prostituierte seien. Auch der Versuch, mich im Alter von sechzehn Jahren dem Zivilschutz anzuschließen, endete mit Tränen, als meine wütenden Eltern von mir zu wissen verlangten, ob mir die Vorstellung gefalle, von einer Gruppe von Männern in Uniform vergewaltigt zu werden. Eine sarkastische Erwiderung brachte mir einen heftigen Schlag ins Gesicht ein, der mich zur Seite taumeln und ausgestreckt auf dem Boden landen ließ, wo ich mir Tränen des Zorns und der Kränkung abwischte und glaubte, dass jedes andere Leben besser war als das, das ich führte.

Es wurde bald deutlich, dass alles, was ich tun wollte, hinter den Ambitionen zurückstehen musste, die mein Vater für mich hegte, und dass der einzige Weg, dem je zu entkommen, sein würde, ihm zuzustimmen, bis ich in der

Lage sein würde auszubrechen. Die Aufnahme eines Jurastudiums war schlicht und einfach ein Mittel zum Zweck gewesen. Um meine Freiheit zu erhalten, hatte ich gelogen und vorgegeben, den Wünschen meines Vaters zu entsprechen. Jetzt war ich von zu Hause weg, und die nächste Stufe war, finanzielle Unabhängigkeit zu erreichen.

Während des ersten Studienjahres war es aus mehreren Gründen nicht möglich gewesen auszusteigen. Erstens gab mir die Zugehörigkeit zum College eine gewisse Sicherheit, während ich mich daran gewöhnte, eigenständig zu sein. Die Entwicklung von der weggesperrten Haussklavin zum unabhängigen Single war ein riesiger und manchmal sehr beängstigender Sprung. Ich musste (überraschend) mit Heimweh fertigwerden und mich an die große weite Welt gewöhnen, in der ich mich nur auf mich selbst verlassen konnte.

Zweitens war ich bis zu dem Zeitpunkt, ab dem ich auf eigenen Füßen stehen und eine Stelle finden konnte, mit der ich meinen Lebensunterhalt verdiente, noch immer davon abhängig, dass mein Vater die Antragsformulare unterzeichnete. Also musste ich im ersten Jahr weiterhin vorgeben, dass ich studierte, und ein Jahr lang die juristische Fakultät ertragen. Die fachlichen Anforderungen waren relativ leicht, aber sie langweilten mich zu Tode. Am Ende des ersten Jahres hatte ich aber eine Stelle gefunden und war in eine Wohngemeinschaft umgezogen, sodass das College seinen Zweck endgültig erfüllt hatte. Ich informierte meine Eltern darüber, dass ich das College nicht bestanden hatte, dass ich jedoch in London bleiben musste, da ich vielleicht wieder aufgenommen würde, wenn ich hart arbeiten und die Wiederholungsprüfung machen würde. Mein Vater war außer sich, aber ich war jetzt finanziell unabhängig und mit einer Entfernung von weit über 300 Kilometern zwischen uns konnte er wenig tun. Es gab wegen meines Verrats zahlreiche Drohungen und verärgerte Wortwechsel am Telefon, und ich legte den Hörer jedes Mal zitternd vor Angst auf, aber ich blieb standhaft. Ich weigerte mich, nach Hause zurückzukehren.

14
Farah

Die Frauen werden sich vergessen sehen, wenn sie selbst
vergessen, an sich zu denken.
Louise Otto

Farah war fünf Jahre nach mir zur Welt gekommen, und obwohl ich selbst fast noch ein Kleinkind war, half ich dabei, ihr die Windeln zu wechseln, sie mit der Flasche zu füttern, in den Schlaf zu wiegen und für sie zu sorgen.

Ich erinnere mich an sie als Baby vor allem daran, weil sie immer unglaublich schlecht gelaunt war. Die Jungen wachten als Babys mit einem unwiderstehlichen Strahlen auf, sodass du gar nicht anders konntest, als sie hochzunehmen. Aber wehe dem, der Farah aus ihrem Nickerchen aufweckte, bevor sie bereit war, aufgeweckt zu werden. Sie war so übel gelaunt, dass wir immer versuchten, sie davon abzuhalten, tagsüber zu schlafen. Wenn sie in ihrem Kinderwagen einschlief, nahmen wir all unsere Kraft zusammen, denn wir wussten mit einem gewissen Grauen, dass sie in einer fuchsteufelswilden Stimmung aufwachen würde und uns mit ihrem stundenlangen Gebrüll allen Kopfschmerzen verursachen würde. Und das ganz besonders, wenn ihre Flasche nicht in dem Augenblick bereitstand, in dem sie die Augen öffnete.

Abgesehen davon, dass sie ein kleines Mädchen war, gab es nicht viel, was sie von den anderen vier jüngeren Kindern unterschied, bei deren Versorgung ich ebenfalls mitgeholfen hatte, deshalb habe ich kaum eine Erinnerung an sie, bis sie acht oder neun Jahre alt war. Ihre Bedeutung für mein Leben änderte sich, als sie alt genug war, um im Haushalt zu helfen, und auf dem Schlachtfeld, das unser Zuhause war, zur Verbündeten und Kameradin wurde.

Sobald sie aufhörte, ein Schützling zu sein, und ihre Rolle als Dienstmädchenkollegin annahm, sah ich sie anders. Sie wurde meine Freundin und Vertraute, und dennoch vergaß ich, da ich sie als Baby versorgt hatte, nie, dass sie meine kleine Schwester war, und entschloss mich, immer auf sie aufzupassen. Noch wichtiger war, dass ich sie, obwohl ich älter war, als ebenbürtig behandelte und sie nie ihren Rang spüren ließ.

Als wir heranwuchsen, wurde meine Mutter immer unnahbarer. Sie war mit Arbeit überlastet und machte sich zunehmend Sorgen, weil es uns an religiöser Unterweisung mangelte und wir es ablehnten, einen traditionellen muslimischen Lebensstil zu pflegen. Ich kann mich nicht erinnern, noch umarmt oder gehätschelt worden zu sein, nachdem ich älter als fünf oder sechs Jahre war. Das lag zum Teil daran, dass da so viele jüngere Kinder waren, die um dasselbe konkurrierten, zum Teil daran, dass mein Vater Lieblinge hatte, die er mir vorzog. Und meine Mutter hatte einfach nicht die Zeit. Auch lag es wohl nicht in ihrer Natur, ihre Kinder zu umarmen und zu hätscheln, nachdem sie keine Babys mehr waren, das war einfach keine muslimische Art! Also wuchs ich in dem Wissen auf, dass ich emotional unabhängig sein musste, ohne jemanden zu haben, an den ich mich zum Trost wenden konnte.

In ähnlicher Weise gab es keine Betreuung, keine Fürsorge auf dem Weg zum Erwachsenwerden, und ich kann mich erinnern, wie allein und verängstigt ich war, als ich in die Pubertät kam und niemand da war, an den ich mich hätte wenden können. Natürlich wusste ich aus der Schule etwas über die Monatsblutungen, aber das war aus medizinischer Sichtweise heraus, in Büchern und durch das Belauschen von Unterhaltungen zwischen Schülerinnen im Umkleideraum. Ich wusste davon also in der Theorie und wartete darauf, dass mir das Schreckliche passieren würde. Als es dann im Alter von dreizehn Jahren passierte, war ich verstört, beschämt und peinlich berührt. Voller Angst, Probleme zu bekommen oder aufgezogen zu werden, kickte ich meine Unterhosen unter das Bett, um sie zu verstecken. Meine ältere Schwester fand sie und sagte es meiner Mutter, die nur bemerkte:»Aha, es ist so weit, oder?« Und das war das einzige Gespräch, das ich damals mit jemandem über Pubertät und Erwachsenwerden geführt hatte.

Ich war entschlossen, es Farah leichter zu machen. Sie sollte sich nicht so allein und verängstigt fühlen wie ich. Ich unterrichtete sie über die Monatsblutungen, und als es so weit war, kam sie zu mir – mit weit aufgerissenen Augen und begierig nach Rat und Beruhigung. Ich war auch diejenige, die ihr die anderen Dinge beibrachte, die Mädchen wissen müssen, wenn sie erwachsen werden. Ich unterrichtete sie in Sachen Haare, Make-up und Hautpflege, gab ihr den Rat, auf ihre Haut aufzupassen, diese jeden Abend zu reinigen und zu befeuchten, solange sie jung war, und versicherte ihr, dass sie mir, wenn sie richtig alt war, mit dreißig etwa, dafür dankbar sein würde. Ich meine mich zu erinnern, dass sie mir tatsächlich viele Jahre später dafür dankte, wobei sie mir erzählte, wie sehr sie sich damals vor Verlegenheit gekrümmt habe.

Ich passte auf sie auf, als sie mit der Grundschule begann. Da ich so schlimm gemobbt worden war, sorgte ich dafür, dass keiner Hand an sie anlegte. Sie hatte das Glück, dass sie, als sie auf der weiterführenden Schule war, einen älteren und drei jüngere Brüder hatte, die auf sie aufpassten, darunter Lee, die lautstarke, furchtlose Ein-Mann-Armee.

Farah und ich teilten uns ein Zimmer, schliefen aber immer zusammen in meinem Bett. Nichts gehörte mir, es gehörte *uns,* und sie musste auf das Wenige, das ich besaß, nicht neidisch sein oder Zuflucht zu Diebstahl oder »Borgen« nehmen, wie ich es bei meiner älteren Schwester gemacht hatte. Ich entschied mich, alles mit ihr zu teilen, alle meine Geheimnisse, Hoffnungen und Träume, und ihr zuzuhören und ihre beste Freundin zu sein. Farah ihrerseits war die beste Freundin und Vertraute, die ich je hatte. Wir entwickelten unsere eigene Geheimsprache, die je nachdem, wo wir gerade waren und wer uns gerade zuhörte, aus einer Mischung von Englisch, Urdu und Französisch bestand. Selbst heute noch tauchen diese Worte mühelos in unserer Konversation auf und bringen uns zum Lachen. Damals war Farah der einzige Mensch in meinem Leben, von dem ich sicher wusste, dass er mich liebte. Ich wuchs in dem Gefühl auf, wertlos zu sein, doch sie bewunderte mich und sah zu mir auf. Und ich liebte sie und betete sie an.

Sie durchlief eine Phase, in der sie mich als Heldin verehrte. In ihrem vierten Schuljahr wurde ihre Klasse aufgefordert, eine Projektarbeit über jemanden zu machen, den man verehrte, und zu meiner Überraschung fragte mich Farah, ob sie ihr Projekt über mich machen könne. Sie nahm ein Foto von mir mit in die Schule, zeigte es allen und erzählte ihnen, dass ich ihre wunderschöne ältere Schwester sei. Ich war noch nie als wunderschön bezeichnet worden, war ich doch ein sehr hässliches Kind und ein unattraktiver Teenager gewesen. Es war ein sehr großes Kompliment, mit achtzehn Jahren plötzlich von meiner kleinen Schwester als Heldin verehrt und als wunderschön angesehen zu werden, und ich liebte sie dafür noch mehr.

Sie kopierte mich in allem und ging davon aus, dass meine Meinung immer die richtige war. Wenn sie zum Beispiel ein Lied zum ersten Mal hörte, fragte sie nicht, ob ich es mochte, sondern: »Ist das Lied gut?« Sie nahm an, dass das Lied gut sein musste, wenn ich es für gut befand. Eine solche Heldenverehrung war Balsam für mein brüchiges Selbstbewusstsein.

Ihre Beziehung zu meinen Eltern entsprach mehr oder weniger der, die ich zu ihnen hatte, abgesehen von der Tatsache, dass sie von meinem Vater nie geschlagen wurde. Jahrelang beneidete ich sie um diese zweifelhafte Ehre und dachte naiverweise, dass es daran lag, dass sie das jüngste Mädchen war. Trotzdem erinnert auch sie sich an eine Kindheit voller Gewalt und Misshandlung, wenn auch nicht als Opfer wie ich, sondern als Zuschauerin. Nachdem sie schon von sehr früher Kindheit an Zeugin war, wie ich verprügelt wurde, lernte sie, wie man in unserer Familie überlebte. Später verriet sie mir bitter, wie sie die Gabe entwickelt hatte, im Hintergrund zu verschwinden und niemals Aufmerksamkeit auf sich zu ziehen. Als ich älter wurde und mich widersetzte, blieb sie still und passiv, sie gab nie Widerworte, war nie streitlustig.

Es war ihr Glück, dass sie Qualitäten besaß, die mir eindeutig nicht gegeben waren. Während ich mich angesichts des zweifachen Maßes und der männlich-weiblichen Kluft in unserem Haus nicht zurückhalten konnte und wollte, meine Verärgerung lautstark und nachdrücklich zu äußern, hielt sie, geduldig, still ertragend und mit besserem

Urteilsvermögen als ich, sehr vernünftig den Mund. Auf diese Weise zog sie sehr selten unerwünschte Aufmerksamkeit auf sich und erntete die Zuneigung und Dankbarkeit meiner Brüder, die wenigstens eine Schwester hatten, die ihren Platz und ihre Pflicht kannte.

Um eines ruhigen Lebens willen erfüllte Farah tatsächlich ihre Pflicht. Sie tat ihr Möglichstes, um eine perfekte pakistanische Tochter zu sein, kochte, putzte und – das Wichtigste – behielt ihre Intelligenz und ihre Anschauungen für sich.

Als ich die Flucht ergriff und von zu Hause nach London ging, geschah das nicht ohne einen Blick zurück und einen Anflug von Bedauern in Bezug auf Farah, denn ich wusste, dass ich ihr die häusliche Last, unserer Mutter im Haushalt zu helfen, allein überließ. Aber ich hatte keine andere Wahl. Als wir nachts noch miteinander flüsterten, sagte sie mir, dass sie mit Grauen an das dachte, was mir passieren könnte.

»Es ist besser, dass du gehst, denn dann wird wenigstens der Kampf aufhören und ich muss nicht mehr im ganzen Haus herumgehen und alle Messer verstecken«, sagte sie nüchtern und erzählte mir, wie sie seit Jahren die Küchenmesser außer Sichtweite versteckte, weil sie Albträume hatte, dass mein Vater mich eines Tages erstechen oder mir die Kehle durchschneiden würde. Wir kicherten beide im Dunkeln, als uns die Tragödie unserer jeweiligen Situation bewusst wurde.

»Du musst weg von hier«, drängte sie. »Ansonsten endest du wegen Mordes an ihm im Gefängnis oder unter der Erde, weil er dich doch noch umbringt.«

Ich wusste, dass sie recht hatte, und so verwirklichte ich meinen Plan und entfloh, allerdings nicht, ohne ihr vorher aufrichtig zu versprechen, dass ich ihr jede Woche schreiben würde und dass sie, sobald ich eine eigene Wohnung hätte, ebenfalls fliehen und zu mir nach London kommen könnte.

Wir schrieben uns einmal, manchmal zweimal pro Woche und erzählten uns gegenseitig, was los war. Sie wollte jedes Detail aus meinem neuen Leben erfahren, von den Leuten, die ich kennenlernte, den Örtlichkeiten und den Partys, die ich besuchte. Ihre eigenen Briefe waren manchmal herzzerreißend. Ich war mir sehr wohl der gähnenden Leere bewusst, die mein Weggang in ihrem Leben hinterlassen hatte, aber es war trotzdem schwer, von ihrer Einsamkeit zu lesen. Sie erzählte mir, wie schwer es war, ganz allein die Last zu tragen, meiner Mutter bei der Haushaltsführung zu helfen, zu kochen und den Männern hinterherzuräumen, und wie sehr ihre Schularbeiten litten, weil sie die ganze Zeit so erschöpft war. Überlastet mit häuslichen Aufgaben und ohne Unterstützung zu Hause fiel sie durch fast alle Prüfungen und wurde immer verzweifelter. Ich hatte Schuldgefühle, aber sie machte mir nie Vorwürfe wegen meines Weggehens, sondern versicherte mir, dass ich keine andere Wahl gehabt habe. Ihre Briefe klangen zunehmend hoffnungslos, sie sehnte sich danach, zu entkommen. Ich tat, was ich konnte, indem ich regelmäßig anrief, Briefe schrieb und Geld für Vergnügungen schickte.

Sie war erst sechzehn, also kam es nicht infrage, dass sie einfach ihre Koffer packte und mir nach London folgte. Darüber hinaus kam die Aufgabe hinzu, unserer Mutter zu helfen, der es nicht gut ging. Schuld- und Verantwortungsgefühle waren in ihr sehr viel stärker als in mir. Nachdem mich die jahrelangen emotionalen und körperlichen Misshandlungen abgehärtet hatten, hatte ich nie bezweifelt, dass ich, sobald die Zeit reif war, den eisernen

Griff der Familienbande lösen und in die Freiheit entkommen würde, ohne jemals einen Blick zurückzuwerfen. Farah dagegen konnte überredet und dazu gebracht werden, ihre moralische Verpflichtung und häuslichen Aufgaben zu übernehmen, und ich wusste, dass sie davon vernichtet würde. Ich konnte sehen, dass es bereits angefangen hatte. Sie schrieb und berichtete mir, wie einsam und unglücklich sie sei, da sie nichts anderes als ein Leben als Haussklavin vor sich sehe.

Sie brauchte jemanden, der sie unterstützte und ermutigte, denn die Familie schien ihre Wünsche oder Gefühle nicht zu interessieren. Jedes bisschen Zeit, das sie für sich haben wollte – um zu lernen, einzukaufen oder einfach ein eigenes Leben zu führen –, würde grundsätzlich all den Haushaltspflichten unterworfen werden, die erledigt werden mussten, all den Mahlzeiten, die zubereitet werden mussten. Die Träume, die sie für sich selber hegte, dürften niemals einem gut geführten Haus und drei Mahlzeiten am Tag im Wege stehen. Ob sie etwas erreichen konnte, würde von ihrer Fähigkeit abhängen, für sich selbst einzustehen und etwas Freiheit einzufordern. Ich wusste, dass sie nicht so stark war wie ich. Ich war verhärtet und hatte nur noch wenige Emotionen übrig, also war ich skrupellos und sorgte dafür, dass ich mich nicht um die Belange der Familie kümmerte. Sie mit ihrem größeren Verantwortungsgefühl dagegen konnte leichter aufgerieben werden.

Ich war froh, dass sie mit dem College weitermachte und einige der Fächer wählte, die ich belegt hatte, etwa den zweijährigen Journalismuskurs, weil das ihr Interesse für Zeitungen und Medien im Allgemeinen beförderte. Sie schrieb über einen attraktiven Reporter namens Richard Madeley, einen der Moderatoren der *Granada Reports*, des regionalen Nachrichtenprogramms für den Nordwesten. Sie hatte innerhalb ihres Journalismuskurses Richard angeschrieben und um ein Interview gebeten. Ich grinste, als ich das las, und dachte skeptisch: »Ja, richtig! Interview meinen Arsch! Das ist mehr als eine Gelegenheit, nah genug zu kommen, um einen Hauch seines Aftershaves abzubekommen!« Abgesehen davon war ich ihm sehr dankbar, dass er sich die Zeit nahm, ihre Anfrage zu beantworten. Wenn ich heute ihre alten Briefe lese, muss ich lachen, weil sie sich noch immer in dem Stadium befand, in dem sie glaubte, dass jeder Mann verrückt danach sei, mit ihrer älteren Schwester auszugehen. Damals war ich peinlich berührt, als ich las, wie sie versuchte, Richard Madeley, als sie ihn traf, zu einem Blind Date mit mir zu veranlassen. Zum Glück war er nicht bescheuert genug, sie beim Wort zu nehmen.

Zum Thema Richard Madeley: Im Lauf der Jahre habe ich Zeitungsartikel gelesen, in denen er dafür kritisiert wurde, überheblich und krankhaft ehrgeizig zu sein. Ich habe keine Ahnung, ob das der Wahrheit entspricht und kann einzig aus der Tatsache heraus urteilen, dass meine Schwester kein Promi war, über den es wert gewesen wäre zu berichten, und niemand, der seine Karriere hätte befördern können. Sie war einfach nur ein schüchternes sechzehnjähriges pakistanisches Mädchen, das ihm mit der Bitte um ein Interview für ihren Collegekurs schrieb. Richard hielt sich die Zeit in seinem ganz bestimmt vollen Terminkalender frei, um ihr persönlich zu antworten und sie in die Granada Studios einzuladen, um ihr ein Interview zu geben und sie sogar herumzuführen. Sie schrieb, dass er sie, obwohl er wirklich sehr eingespannt gewesen sei, freundlich und respektvoll behandelt habe, und sie verließ ihn nicht nur mit ihren Interviewaufzeich-

nungen und Fotos, sondern auch mit einer Menge Entschlossenheit und Glauben an sich selbst, von der Zuver-
sicht angefeuert, dass auch sie etwas aus ihrem Leben machen konnte. Meiner Meinung nach zeichnet ihn das als
tollen Kerl aus. Und offensichtlich duftete er *tatsächlich*
angenehm.

Wenn ich über die Situation meiner Schwester zu Hause
nachdachte, war ich erst recht beunruhigt, denn bei zwei
älteren Schwestern, denen man gestattet hatte, das College zu besuchen und die sich später aus dem Staub gemacht hatten, würde man ihr niemals erlauben, einen
ähnlichen Weg einzuschlagen. Sie hatte noch nicht einmal die Aussicht, mittels einer Ehe zu entfliehen. Mir war
klar, dass sie keine größeren Aussichten auf eine arrangierte Heirat hatte als meine ältere Schwester und ich.
Mein Vater würde bei Farah scheitern, wie er bei uns gescheitert war. Ohne dass ich da war und ihr half, den Mut
aufzubringen und einfach zu gehen, würde sie in der Luft
hängen und eine unverheiratete Tochter ohne jeden Status innerhalb der Familie bleiben, eine Unperson, festgelegt auf ihre Rolle als unbezahlte Köchin und Haushälterin, so wie ich es einmal gewesen war und noch immer
sein würde, wäre ich nicht davongelaufen. Aber sie hatte
etwas Besseres verdient.

Da ich mich um sie gekümmert hatte, als sie noch ein
Baby war, empfand ich für sie, obwohl nur fünf Jahre Altersunterschied zwischen uns lagen, wie eine Mutter und
war mir sicher, dass niemand sie jemals so kennen oder
verstehen würde, wie ich es tat. Und weil ich sie gernhatte,
war ich bereit, Kopf und Kragen zu riskieren. Ich wusste,
dass sie mir die Schuld geben und sagen würden, dass ich
sie verleitet hätte, aber ich war gerne bereit, das auf mich
zu nehmen, wenn es bedeutete, dass ich meiner Schwester

helfen konnte, ihrem unglücklichen Leben zu entfliehen. Anders als ich brauchte sie einen Ort, an den sie gehen konnte, und jemanden, der auf sie aufpasste, wenn sie den Mut gefunden hatte, meinen Eltern zu sagen, dass sie ging. Tatsächlich hat Farah, die es zu Hause einfach nicht mehr aushielt, zwei Jahre nach meinem Weggang ihre Koffer gepackt, die Familie verlassen und ist zu mir nach London gekommen.

Ich war gerade in eine kleine Wohnung in Southall, West-London, gezogen. Bis dahin hatte ich immer in Wohnge-meinschaften oder möblierten Zimmern gewohnt, was bedeutete, dass sie jeweils nur ein paar Tage auf Besuch hatte bleiben können. Es war das erste Mal, dass ich ihr einen ständigen Wohnsitz anbieten konnte. Sie war acht-zehn und hatte niemals eine Arbeit gehabt, aber es kam mir nie in den Sinn, sie nicht zu unterstützen oder mich nicht um sie zu kümmern. Damals hatte ich gerade genug Geld, um meine Miete zu bezahlen und meinen Lebens-unterhalt zu bestreiten, es war also, gelinde gesagt, eine Herausforderung, mein Einkommen auf zwei Personen auszudehnen. Wir waren in einem Haushalt aufgewach-sen, in dem Essen sowohl in Bezug auf Qualität als auch Quantität immer vorhanden war. Mein Vater hatte in al-lem immer auf das Beste bestanden, und diesbezüglich hatten wir nie wirklichen Mangel erlebt – bis jetzt. Plötz-lich mussten wir uns auf unsere eigenen Ressourcen ver-lassen, um zu überleben, und das war nicht einfach. Ein-mal waren Farah und ich so arm, dass wir für den Rest der Woche nur noch 6 Pence für das Essen übrig hatten, wes-halb wir ein paar Kartoffeln kauften. Diese Kartoffeln kochten wir in der Schale und aßen sie, gewürzt mit viel Salz und Pfeffer, unter einer Menge Gekicher und Heiterkeit. Wir sagten uns gegenseitig, dass wir uns an diese Tage zurückerinnern und lachen würden. Und wir schworen uns, dass wir uns in Zukunft, sollten wir uns je selbst bemitleiden oder denken, dass wir schlecht dran seien, immer an diese Zeit erinnern würden, als Freiheit bedeutete, mit Kartoffeln im Wert von 6 Pence den Hunger zu vertreiben.

15
Die Vöglein gehen ins Netz

Ewige Wachsamkeit ist der Preis der Freiheit.

Wendell Philips

Verständlicherweise waren meine Eltern außer sich, weil Farah ihr Zuhause verlassen hatte, und sie beschuldigten mich der Beihilfe und Aufhetzung zur Flucht, so als ob ich einer Flüchtigen Unterschlupf gewähren würde. Wie vorherzusehen war, gaben sie mir auch die Schuld an ihrem in ihren Augen moralischen Sturz von einer stillen, devoten und gehorsamen Tochter zu einem so üblen Pack, wie sie es in mir sahen. Wenn man sie reden hörte, hätte man denken können, dass ich Farah eben angeworben hatte, mir auf dem Weg zur Prostitution zu folgen. Die Anrufe unserer Eltern waren zunehmend unangenehm und schwer zu ertragen; es kam so weit, dass wir es hassten, ans Telefon zu gehen. Abgesehen von dem gelegentlichen Nörgeln, das er uns durch unsere Mutter zukommen ließ, trat mein Vater im Umgang mit uns in den Hintergrund. Wenn wir ihre gefürchtete Stimme am anderen Ende der Leitung vernahmen, erstarrten wir auf der Stelle zu Eis und antworteten einsilbig, bis der Anruf zu Ende war und wir erleichtert aufatmen konnten.

Freunde rieten uns, umzuziehen und der Familie nicht zu sagen, wohin wir gezogen wären, aber das war einfach keine Option, da wir vor den Konsequenzen eines ständigen Davonlaufens große Angst hatten. Das hätte die Familie darin bestätigt, dass wir frei sein wollten, um ein Leben der Sünde zu führen, und meine Eltern hätten uns gesucht, bis sie uns gefunden und nach Hause zurückgezerrt hätten. In unseren Augen war es ohnehin ein Wunder, dass sie das noch nicht getan hatten, aber wir wagten es nicht, unser Glück überzustrapazieren. Also mussten wir die Androhung plötzlicher Besuche und die schwierigen Telefonate aushalten.

Meine Mutter flehte mich an, das sündige Leben, das ich gewählt hätte, aufzugeben, und sagte, dass ich die Familie in Schande brächte, da ich das Leben einer Prostituierten führte. Sie bat mich, nach Hause in den Schoß der Familie zurückzukehren. Als ich mich weigerte, warf sie mir vor, dass ich zur dunklen Seite übergewechselt sei, dass ich zu einer Kreatur des Teufels werden würde und für das sündige Leben, das ich führte, in der Hölle schmoren würde. Einmal bettelte sie mich an, wenigstens Farah zurückzuschicken: »Du fährst sowieso zur Hölle, aber wenn du dich um deine jüngere Schwester kümmerst, kannst du sie noch vor deinem Schicksal bewahren. Für sie ist es nicht zu spät!«

Diese Telefonate rüttelten mich tatsächlich auf. Schon früh hatte ich akzeptiert, dass ich nicht so war wie andere muslimische Mädchen, die letztlich das taten, was ihre Eltern von ihnen verlangten. Ich hatte geglaubt, was meine Mutter mir gesagt hatte: dass es mir schwerfallen würde, eine gute Muslima und eine gehorsame Tochter zu sein, weil ich schon mit schlechtem Charakter geboren worden sei. Ich sei das schlechte Element in unserer Familie und dazu bestimmt, bis in alle Ewigkeit in den Feuern der Hölle zu schmoren. Ich war daran gewöhnt, all das zu hören, und hatte mein Schicksal akzeptiert, doch diese Anrufe schockierten mich trotzdem noch immer und brachten mir entsetzliche Albträume ein. In diesen Albträumen wurde ich von Dämonen gejagt und wachte schreiend vor Angst daraus auf.

In dem Versuch, unsere Eltern zu besänftigen, fuhren Farah und ich jeden Monat ein Mal nach Hause und besuchten unsere Familie. Unweigerlich landeten wir in der Küche, um unserer Mutter bei der Zubereitung der Mahlzeiten und beim Abwasch zu helfen. Wir waren immer froh über ihre gute Küche und freuten uns auf die Gerichte unserer Mutter, da sie oft unser Lieblingsessen machte, wenn sie wusste, dass wir kamen. Mein Vater sagte ihr, dass sie Kofta und Reis kochen solle, was ich am liebsten aß.

Erst nachdem ich von zu Hause weggegangen war und einen gewissen Vergleichsmaßstab durch andere Haushalte hatte, fiel mir auf, wie viel Fleisch in unserer Familie eingekauft wurde. Seit ich weg war, perfektionierte ich meine Geschicklichkeit in der Zubereitung von *Dhal* und kochte regelmäßig einen für mich und jeden, der ihn haben wollte. Meine Abneigung gegen Fleisch veranlasste meine Mutter, mich skeptisch anzusehen.

»Schwangere Frauen hören auf, Fleisch zu essen«, erklärte sie misstrauisch, ohne es zu wagen, die Frage, die ihr im Zusammenhang mit meinem unabhängigen und von ihr nie akzeptierten Leben in London im Kopf umherging, laut zu äußern. Wie alle Muslime war sie der Meinung, dass ein Mädchen, sobald es sich außerhalb der Sichtweite seiner Familie bewegte, Sex hatte.

»Es überrascht mich nicht, dass ich lieber *Dhal* und *Sabzi* (Gemüse) esse«, stellte ich fest, vor Verlegenheit tief errötend. »Jedes Mal, wenn ich nach Hause komme und den Kühlschrank aufmache, starrt mich ein halbes Schaf an. Das reicht, um jeden vom Fleisch abzubringen!«

Ich kann mich an die ersten nervösen Besuche zu Hause erinnern, gleich nach meinem Ausscheiden aus der Universität und der Weigerung, meine Wohnung in London aufzugeben und nach Hause zurückzukehren, um das Leben eines braven, gehorsamen muslimischen Mädchens zu führen. Meine Mutter schnitt mir in der Küche den Weg ab und erklärte mir, dass ich kein gutes Leben führen würde. Nur unmoralische Frauen würden so leben, wie ich lebte, und wenn ich eine pflichtbewusste Tochter wäre, würde ich heimkommen.

Anfangs hörte ich ihr ungläubig zu. Sie bat mich doch tatsächlich um ihrer *Izzat* willen, nach Hause zurückzukehren, wo ich erneut physisch und psychisch misshandelt worden wäre. Frustriert von dieser seelischen Erpressung, weigerte ich mich nach etwa sechs Monaten, noch länger zuzuhören. Früher hatte ich keine andere Wahl gehabt, aber jetzt musste ich mir keine wie auch immer geartete Beleidigung und Aufregung mehr gefallen lassen. Ich wies mit unmissverständlichen Worten darauf hin, dass ich draußen ein Auto stehen hatte und mein eigenes Zuhause besaß, in das ich mich zurückziehen konnte. Und sollte sie nicht aufhören, mir Vorhaltungen zu machen, würde ich einfach meine Koffer packen, ins Auto steigen und verschwinden. Dann schwieg sie, aber ich fühlte mich immer ein Stück weit schuldig, weil ich mit meiner Mutter in einer so respektlosen Weise sprach.

Ich wünschte mir sehr, dass sie mich liebte und sich für mich interessierte, mich zu meiner Wohnung befragte, zu meinen Freunden oder meinen Hoffnungen und Träumen. Stattdessen gab es, was meine Mutter betraf, das unausgesprochene Gesetz, dass mein »anderes Leben« niemals erwähnt wurde. Egal, wie brennend gern ich diese Dinge mit ihr besprochen hätte, meine Versuche, das Verständnis meiner Mutter zu wecken, waren vergeblich. Ich versuchte ihr zu erklären, wie sehr ich mir wünschte, in den Journalismus zu gehen, wie ich mich danach sehnte, erfolgreich zu sein und die Familie stolz auf mich zu machen. Doch sie war immer nur an meiner unsterblichen Seele interessiert – oder eher an ihrer eigenen. Bestenfalls begegnete man mir mit mangelndem Interesse; schlimmstenfalls wurde mir kalt gesagt, dass ich darauf versessen sei, ihnen Schande zu bereiten, sie ihrer *Izzat* zu berauben, sodass sie nie mehr in der Lage sein würden, erhobenen Hauptes zu gehen – ich würde ihr Leben zerstören. Jeder Versuch, über persönliche Dinge zu sprechen, wurde mit eisiger Miene zurückgewiesen, und mir wurde das Wort abgeschnitten. Ich war dann immer niedergeschlagen und voller Schuldbewusstsein, weil ich eine so ungehorsame Tochter und ein restlos schlechter Mensch war. Letztlich war es stets eine Erleichterung, ins Auto zu steigen und die fünfstündige Rückfahrt nach London anzutreten.

Nachdem ich aus dem College ausgeschieden war, gab ich mir selbst ein Jahr, um auf eigenen Beinen zu stehen und mich in mein neues Leben zu finden. Ich wusste zwar alles, was Haushalt und Kochen betraf, aber ich war unglaublich naiv, wenn es um weltliche Dinge ging. Ich musste von vorne anfangen, wenn es um den Umgang mit Geld und das Bezahlen von Rechnungen ging, aber das machte mir nichts aus, denn es war eine wahre Freude, selbst für die Entscheidungen verantwortlich zu sein, die mein eigenes Leben betrafen.

Ich wünschte mir in jedem Bereich meines Lebens Vielfalt und Herausforderungen, angefangen bei den Leuten, die ich kennenlernte, bis hin zu den Jobs, die ich übernahm. Ich wollte Abwechslung haben, und entschlossen, wie ich war, alles auszuprobieren, arbeitete ich für ein Rekrutierungsbüro, eine Anwaltskanzlei und im Verkauf.

Einer meiner Lieblingsjobs war die Werbung für ein kleines Unternehmen, das für große Warenhäuser wie

Harrods und Selfridges arbeitete. Die Firma wurde von einer wunderbaren Frau namens Charlotte geführt, die mich wirklich förderte und ein Vertrauen in mir weckte, von dem ich bisher nicht gewagt hatte zu hoffen, dass ich es besitzen könnte. Ich war wirklich gut, wurde zu ihrer besten Verkäuferin und verdiente mehr Geld als jeder andere in der Firma. Noch wichtiger war, dass sie mir Bewunderung und Respekt zollte. Sie war schön, klug und gesellig, und ich konnte nicht glauben, dass sie sich für mich als Person einsetzte. Wenn ich ein Problem hatte, schien sie sich wirklich dafür zu interessieren. Ich litt an PMS. Sie zeigte mir ihren Kalender und sagte mir, dass sie meinen Zyklus berechnet habe – offensichtlich würde ich dann übernervös und launisch, was ein Problem bei der Arbeit sein könnte. Da Charlotte die Ursache dafür kannte, lockte sie mich im Zweifelsfall schnell weg an einen ruhigen Ort, um etwas zu trinken, zu reden und zuzuhören, wodurch sie mir die Möglichkeit gab, meine monatliche Angst wegzureden. Noch nie hatte sich jemand so viel Mühe mit mir gegeben, am wenigsten meine eigene Mutter, und ich stellte fest, dass ich mich in einem Ausmaß um Rat und Orientierung an Charlotte wandte, das über eine Arbeitgeber-Arbeitnehmer-Beziehung weit hinausging. Im Lauf unserer vielen Kaffees und Mittagessen zusammen stellte ich fest, dass ich mir wünschte, eine Mutter wie sie zu haben. Charlotte gab für viele Jahre die Richtung vor, denn es sollte nicht das letzte Mal sein, dass ich mich zu einer älteren Frau hingezogen fühlte, die vorübergehend eine tiefe Sehnsucht nach einer Mutterfigur in meinem Leben stillte.

Inzwischen hatte ich mich entschlossen, meinen Traum zu verwirklichen und Journalistin zu werden. Nachdem ich zwei Jahre lang Journalismus studiert hatte und begeistert davon gewesen war, sammelte ich Berufserfahrung bei der *Ealing Gazette* und dem *Harrow Observer*, während ich mich bei der BBC bewarb, wo man eine Ausbildungsstelle für Rundfunkjournalismus ausgeschrieben hatte. Mir war klar, dass sie Tausende Bewerbungen erhalten würden. Doch ich besaß Vertrauen in meine Fähigkeiten. Ich hatte in meinem Journalisten-Seminaren gut abgeschnitten und wusste, dass diese Art von Karriere zu meiner Persönlichkeit und meinem Charakter passen würde. Ich war zuversichtlich, dass ich eine ebenso gute Chance besaß wie alle anderen. Nach der Bewerbungsphase sandte ich die geforderten Bänder mit der Mustersendung ein und wartete auf die Ergebnisse des letzten Bewerbungsgesprächs. Doch dann griff das Schicksal in einer Weise ein, die mein Leben für immer verändern sollte.

Meine Mutter war seit etwa einem Jahr in schlechter gesundheitlicher Verfassung und wollte eine Reise nach Pakistan machen, da man allgemein der Auffassung war, dass ihr Zustand sich in einem wärmeren Klima bessern würde. Allerdings gab es ein Problem, denn es war niemand da, der sie begleitete. Man sagte uns, dass mein Vater zu Hause alles managen müsse, und die Jungen waren tatsächlich zu beschäftigt. Unsere ältere Schwester war verheiratet und hatte ein Baby, weshalb sie nicht infrage kam, sodass nur Farah und ich übrig blieben. Obwohl wir viel telefonierten, hatte meine Mutter aufgehört, Druck auf uns auszuüben, um uns wieder nach Hause zu holen. Das war eine willkommene Veränderung und führte dazu, dass wir eher geneigt waren, zuzuhören und auf ihre Forderungen einzugehen.

Meine Schwester und ich verbrachten Wochen damit, das Thema zu diskutieren. Es kam ungelegen. Wir arbeiteten beide Vollzeit, und ich wartete auf die Nachricht, ob ich die Stelle bei der BBC erhalten könnte. Aber wir wurden mit Telefonanrufen bombardiert, in denen an unser Pflichtbewusstsein und unser Mitgefühl gegenüber unserer kranken Mutter appelliert wurde, und ich lenkte dahingehend ein, es in Betracht zu ziehen. Indem wir ihr zuhörten und ihr Verständnis entgegenbrachten, fühlten wir uns ihr näher; es war eine Chance, ihr zu zeigen, dass wir, obwohl wir fern von der Familie lebten, sie liebten und uns um sie sorgten. Wir wussten beide, wie schwer sie es im Leben gehabt hatte, indem sie uns sieben großgezogen hatte und meinem Vater gerecht werden musste. Außerdem fühlten wir uns schuldig, weil wir von daheim weggegangen und sie mit der Last der Haushaltsführung, dem Kochen und Putzen für meinen Vater und die vier Brüder allein gelassen hatten. Unsere Freiheit hatte unsere Mutter die Gesundheit gekostet, und sie deutete an, dass wir es ihr schuldig waren – alles, worum sie bat, waren zwei Wochen von unserer Zeit.

Ich wusste, dass meine Brüder und mein Vater alles hätten stehen und liegen lassen, um mit ihr zu reisen, wenn sie es wirklich gewollt hätte. Ich wusste, dass es nur wenig gab, was mein Vater nicht für sie getan hätte. Tief in mir drinnen hoffte ich gegen alle Wahrscheinlichkeit, dass der wahre Grund, aus dem sie uns bat, sie zu begleiten, vielleicht der war, dass sie uns zu verstehen anfing und uns die Hand reichen wollte, um eine Beziehung zu Farah und mir aufzubauen.

Sie sagte, dass es ihr egal sei, wer von uns beiden mitkam, solange sie nur bald reisen konnte, denn sie fühle sich in letzter Zeit sehr krank. Das war ein raffinierter Schachzug. Wir vermuteten, dass sie uns beide dabeihaben wollte, es aber nicht sagte. Doch meine Mutter kannte uns gut genug, um zu wissen, dass die eine der anderen unweigerlich folgte, wo auch immer diese hinging. Sie musste lediglich eine von uns dazu überreden, sie nach Pakistan zu begleiten, und schon bald würde die andere ihre Koffer packen, um mitzugehen. Es war ganz einfach. Sie versprach mehrmals, dass sie nur zwei Wochen brauche. Das reiche, versicherte sie uns. Im Vergleich zu dem lebenslangen Ungehorsam und seelischen Schmerz, den wir ihr, wie wir spürten, bereitet hatten, und dem Schuldgefühl, das damit einherging, schienen zwei Wochen keine lange Zeit zu sein. Ich argumentierte, dass wir sie nach Pakistan begleiten und zusehen könnten, wie sich ihre Gesundheit besserte. In Kürze würden wir wieder zu Hause sein.

Also nahmen wir Urlaub von unserer Arbeit, zahlten unsere Tickets selbst und packten unsere Koffer. Alle scherzten, dass wir aus dem Flugzeug gerissen und verheiratet würden, und wir lachten bei dem bloßen Gedanken daran. Wir hatten gehört, dass so etwas vorkam, aber das passierte einfältigen, unterwürfigen, ungebildeten Mädchen, die es nicht besser wussten. Wir waren weder dumm noch leichtgläubig, sondern resolut und unabhängig und verteidigten uns selbst, sodass unsere Eltern es besser wussten und nicht versuchten, uns zu etwas zu zwingen, was wir nicht tun wollten. Sie würden es nicht wagen, so etwas mit uns zu machen.

Jedenfalls dachten wir das.

Teil 4

Entführt

16
Westliche Außenseiter

Wenn man den Zweig biegt, neigt sich der Baum.
Vergil

Es brauchte fast eine Woche, um sich an den Kultur-
schock zu gewöhnen. Pakistan griff alle fünf Sinne auf einmal an. Da waren
der Geruch von Dieselabgasen, die Hitze und der Staub,
die sich mit dem unverwechselbaren Gestank aus der offenen Kanalisation vermischten, die an den Straßen ent-
langlief. Da war der überwältigende Anblick von so viel
Menschheit, zusammengepfercht an einem Ort. Da waren die grell bemalten Busse, die gelben und schwarzen
Taxis und Leute – so viele Leute. Da waren drängelnde
Menschenmassen und Männer, die scheinbar zufällig an
deine Schulter stießen, um so für einen kurzen Augenblick die Befriedigung zu verspüren, dich zu berühren, etwas, was äußerst ärgerlich war und manchmal richtig
wehtat. Da war der betäubende Lärm der Busse, Autos,
Rikschas und Motorräder (manchmal befanden sich ganze
Familien auf dem Motorrad) und mittendrin das Quiet-
schen der Bremsen, Schmettern der Hupen, Aufheulen
der Motoren und Schreien der Busfahrer, die ihren Kun-
den – Frauen und Kinder im vorderen Teil, Männer im
hinteren – die Zielorte zuriefen. Wir konnten nicht herausfinden, ob diese Leute mutig oder verrückt waren,
wenn sie sich nicht mehr in diese metallenen Mausefallen
zwängen konnten und deshalb ihr Leben riskierten, in-

dem sie sich gewagt an die Außenseite hängten oder todesmutig auf dem Dach kauerten. Dann waren da die Straßenküchen, von denen wir nicht gedacht hätten, dass das Essen so göttlich schmecken würde. Der fangfrische Fisch, gewürzt und frittiert am Strand von Karatschi; die Pakoras, Kebabs und Samosas; die gerösteten, mit Salz und Zitronensaft beträufelten Maiskolben. Wenn wir durstig waren, bot man uns Glasflaschen mit Fanta, Sprite und Cola oder den frisch gepressten Saft aus Zuckerrohr, Granatapfel und Melone.

Etwas anderes, das uns überwältigte, war die Familie selbst. Nur jemand, der in einer Kleinfamilie gelebt hat, kann beurteilen, wie unwirklich es sich anfühlt, plötzlich von einer weitläufigen Großfamilie umgeben zu sein. Wir waren nur mit Geschwistern und Eltern aufgewachsen. Jetzt plötzlich gab es Tanten, Onkel, Cousins und Cousinen zweiten, dritten, vierten Grades aus beiden Familienzweigen, so viele, dass wir sie gar nicht zählen konnten. Alle waren glücklich, uns zu sehen, und begierig darauf, uns als ihresgleichen willkommen zu heißen. Meine Eltern waren beide die jeweils zweiten unter den Geschwistern gewesen, die heirateten und eine Familie gründeten, weshalb es nur zwei »Reihen« Cousins und Cousinen gab, die älter waren als wir. Die übrigen Geschwister meiner Eltern hatten alle sehr viel später geheiratet, und daher waren die meisten meiner Cousins und Cousinen auf beiden Seiten der Familie weitaus jünger. Ich musste immer wieder daran denken, dass meine eigenen Kinder in genau demselben Alter wären wie viele der Babys und Kleinkinder, die meine Cousinen und Cousins waren, wenn ich dem Wunsch meiner Mutter entsprechend im Alter von sechzehn oder achtzehn Jahren verheiratet worden wäre. Was uns amüsierte, war die Tatsache, dass selbst einige

meiner *Chachi* und *Mumani* jünger waren als wir. Trotzdem wurden sie innerhalb der Familienhierarchie als rang-
höher angesehen, sodass wir ihnen Respekt erbieten und
sie »Tante« nennen mussten.

Es war irgendwie schockierend, wenn wir plötzlich ein
Paar Augen, eine Nase oder ein Lächeln ausmachten, das
uns an unsere eigenen Geschwister erinnerte oder – noch
bizarrer – an uns selbst. Ich fühlte mich unerklärlich zu
einer ganz bestimmten kleinen Cousine hingezogen, deren Gesicht mir seltsam vertraut vorkam und deren Augen
etwas in meinem Herzen zum Klingen brachten. Als ich
sie auf meinen Schoß klettern ließ, kam mir ein Schwarz-
Weiß-Foto von daheim in Erinnerung, das mich als Kleinkind zeigte, und ich erkannte, dass diese kleine Tochter
einer meiner *Chachas* mein Ebenbild war, als ich so alt gewesen war wie sie jetzt. Shahnaz Chachi, ihre Mutter, erzählte mir, dass ihr Spitzname Kakko sei und dass sie immer weinte und Dreck aus dem Garten esse. Mir fiel ein,
dass meine Mutter mir vor Jahren erzählt hatte, dass ich
als Kind genauso gewesen war, und einmal mehr stellte
sich mir die Frage nach Natur oder Erziehung.

Da so viel los war und so viele Eindrücke aufzunehmen
waren, ging die erste Woche in Pakistan zu Ende, bevor es
uns richtig bewusst war, und wir befanden uns schon mitten in der zweiten. Ich fing an, meine Mutter daran zu erinnern, dass sie unsere Rückflüge bestätigen lassen musste.
Farah und ich wurden in wenigen Tagen an unseren
Arbeitsplätzen zurückerwartet, und wir waren besorgt,
weil wir noch immer nicht zum Büro der Fluglinie gebracht worden waren, um das zu tun. Anfangs winkte sie
einfach ab und sagte, dass das erledigt würde. Aber sie
schien überhaupt keine Eile zu haben, und erst nach großer Hartnäckigkeit und Drängen von unserer Seite zeigte

sie sich verärgert und informierte uns kurz angebunden, dass sie nicht die Absicht habe, schon zurückzukehren. Ihre Worte schockierten mich.

»Aber du hast uns versprochen, dass wir nach zwei Wochen zurück sein würden«, sagte ich. Eine schreckliche Vorahnung überfiel mich. »Wir müssen zurück zu unserer Arbeit.«

»Du bist immer eine *Haramin* gewesen«, erwiderte meine Mutter böse. »Du bist dein ganzes Leben lang eine *Haramin* gewesen, und jetzt bringst du es ihr bei, damit sie genauso eine *Haramin* wird wie du! Schluss damit!«, spie sie aus. »Ab jetzt wird gemacht, was ich sage!«

Wir waren bestürzt und konnten kaum glauben, was sie sagte – und in welchem Ton. Hier sprach meine Mutter, und ich konnte nicht fassen, dass sie so gehässig sein konnte. Ich hatte erlebt, dass sie wegen meines Betragens verärgert und enttäuscht gewesen war, doch ich konnte nicht glauben, dass diese Sichtweise ihren eigenen Gedanken entsprang. Ich forschte in ihrem Gesicht nach den vertrauten Zügen der aufopfernden und nachgiebigen Mutter, die ich immer gekannt hatte, aber ich fand nur eine Fremde, die mich wütend anblitzte.

Sie hatte alles geplant. Es war nicht schwer gewesen, Farah und mich in ein Flugzeug nach Pakistan zu locken, denn meine Mutter hatte die bewährte Waffe benutzt, die bei orientalischen Müttern nie versagt: emotionale Erpressung. Ich wusste nicht, was mich mehr entsetzte, der Verrat meiner Mutter oder meine eigene Dummheit. Monatelang hatte sie uns bearbeitet, an unsere bessere Natur appelliert, an unsere töchterliche Anteilnahme, unser töchterliches Mitgefühl, indem sie uns daran erinnerte, wie krank sie war. Wir wussten, dass sie sich seit ein paar Jahren unpässlich fühlte. Ich hatte mich so sehr von der

Hoffnung, unserer Mutter nahezukommen, verführen lassen, dass ich es zugelassen hatte, übertölpelt zu werden und hierherzukommen. Ich war voll und ganz darauf hereingefallen und geradewegs in die Falle getappt.

Als uns die Realität unserer schrecklichen Situation allmählich bewusst wurde, bereute ich bitterlich, so dumm gewesen zu sein und es ihnen so leicht gemacht zu haben. Sie hatten uns nicht gewaltsam entführen müssen, indem sie uns narkotisierten und gefesselt in ein Flugzeug zerrten, was anderen muslimischen Töchtern angeblich schon widerfahren war. Nein, wir waren so naiv gewesen, dass wir nicht nur selbst ins Flugzeug gestiegen waren, sondern wir hatten sogar unsere Tickets selbst bezahlt! Wir waren uns so sicher gewesen, dass wir, die wir in England so stark und mutig gewesen waren, auch in Pakistan von diesen Eigenschaften beschützt würden. Aber das hier war ein islamisches Land, wo unverheiratete Töchter keinerlei Rechte besaßen, und als solche waren wir völlig in der Hand unserer Mutter. Dafür konnte ich nur mir selbst die Schuld geben. Es war mein Fehler gewesen. Ich war unachtsam geworden und hatte geglaubt, dass meine Mutter wirklich krank sei. Was war ich für eine Närrin gewesen! In dem Augenblick, in dem wir in das Flugzeug gestiegen waren, hatten wir jedes Recht aufgegeben, Forderungen zu stellen.

Verschärft wurde die Situation noch dadurch, dass wir nicht mehr die Mittel hatten zu fliehen, denn wir hatten unsere Rückflugtickets und Pässe nicht mehr. Sobald wir vom Flughafen aus im Haus angekommen waren und bevor wir noch die Möglichkeit gehabt hatten auszupacken, hatte mich Tante Zainab überredet, ihr alle Reisedokumente zu übergeben, um sie sicher zu verwahren, wobei sie mir versicherte, dass es besser sei, sie in ihrem Safe zu sperren, weg von neugierigen Augen und möglichem Diebstahl durch Bedienstete.

Ich war nicht allzu glücklich damit, die Papiere abzugeben, weil es gegen meinen Selbsterhaltungstrieb verstieß. Zu Hause verließ ich die Wohnung nie, ohne meine Kreditkarten und etwas Bargeld mitzunehmen. Mit wem auch immer ich ausging, egal ob männlich oder weiblich, Busenfreundin oder Date, ich stellte immer sicher, dass ich schlimmstenfalls die Mittel hatte, allein nach Hause zurückzukehren. Ich hatte mir überlegt, das Angebot meiner Tante abzulehnen, aber die Vernunft sagte mir, dass ich keine andere Wahl hatte: Wenn ich Nein gesagt hätte, hätten sie sie mir einfach weggenommen. Also hatte ich ihr unsere Pässe und Rückflugtickets widerstrebend überreicht.

Nun saßen wir in der Falle, und ich hatte keine Ahnung, mit welchen Albträumen und Traumata, welchen Bedrohungen für unsere geistige Gesundheit und unser bloßes Leben meine Schwester und ich konfrontiert werden würden, bevor wir diese Dokumente wiedersahen.

Meine Mutter verschwendete keine Zeit und ließ uns wissen, dass wir nichts dagegen unternehmen konnten. Es war das erste Mal, seit ich von daheim weggegangen war, dass sie mich an einem Ort festhalten konnte. Hier gab es kein Auto, das vor der Tür geparkt war, um mich nach London zurückzubringen, wenn mir nicht gefiel, was sie sagte. Durch eigene Dummheit war ich nur noch ein unfreiwilliges Publikum, das nirgendwohin davonstürmen konnte. Nachdem wir derart entmachtet waren, begann meine Mutter mit einem Mal eine Seite zu zeigen, die Farah und ich noch nicht kennengelernt hatten. Es schien, als wäre meine Tante von Anfang an in die Pläne meiner Mutter eingeweiht gewesen. Ihr war erzählt worden, was für eine Unruhestifterin ich immer gewesen sei und dass meine Gegenwart ein Fluch für die Familie wäre, der jedem von ihnen den Frieden versagt und ihr Leben seit dem Tag, an dem ich weggegangen war, auf den Kopf gestellt habe. Jetzt würde ich ein *Awara* (sittenloses) Leben führen, ihnen Schande bringen, weil ich mich weigerte zu heiraten. Und deshalb hätte mich meine Mutter nach Pakistan gebracht, als letzten Ausweg, um ihre *Izzat* zu retten. Meine Mutter warnte uns davor, dass es uns bereits gelungen sei, ihr die *Izzat* in den Augen der Familie zu nehmen, und dass sie entschlossen dafür sorgen werde, ihre Verantwortung für uns abzugeben, bevor wir noch mehr Schaden anrichten könnten. *Izzat*, schon wieder dieses Wort! Es schien mir, als würde immer alles darauf hinauslaufen.

Als ich erwachsen wurde, kam ich dahinter, dass das Wort *Izzat* untrennbar mit dem Wort *Sharam*, »Schande«, verbunden war. In orientalischen Gesellschaften unterscheiden sich die Normen, nach denen Respekt und Ehre festgelegt werden, sehr stark von jenen im Westen. In der östlichen Kultur kontrolliert *Izzat* alles, was wir in der Öffentlichkeit unternehmen. Für mich bedeutete *Izzat* nicht so sehr, ein besserer Mensch zu sein, sondern die Art und Weise, wie du in der Außenwelt wahrgenommen wirst. Das heißt, es geht weniger um Aufrichtigkeit, Integrität und Pietät, sondern um die externen Normen und Erwartungen, die uns von der Gesellschaft auferlegt werden. Die große Angst davor, die *Izzat* zu verlieren, legt meiner Meinung nach nahe, dass Glück, innerer Frieden und sogar Leben geopfert werden können, aber »Ehre« oder »das Gesicht« um keinen Preis verloren werden dürfen.

Und dennoch, obwohl ich die brutalen Normen verstehe

und in der westlichen Gesellschaft aufgewachsen bin, wo die Begriffe »Schande« und »Ehre« fast bedeutungslos geworden sind, lehnte ich dieses Ideal nicht völlig ab, denn es ist die *Izzat*, die uns Bewusstsein für Recht und Unrecht sowie die Zugehörigkeit zu einer Gemeinschaft verschafft. Sie sorgt dafür, dass dich Leute in der Öffentlichkeit grüßen (*Salaam*) und mit dir in Verbindung stehen wollen. Familien sind glücklich, wenn ihre Söhne und Töchter in eine Familie einheiraten, die *Izzat* besitzt. Für einen Pakistani bedeutet *Izzat*, geachtet zu werden. Sie bedeutet Respekt. Sie bedeutet alles. *Bey-izzati* (keine *Izzat* zu haben) muss unter allen Umständen vermieden werden.

Das führt in orientalischen Gesellschaften zu einem enormen Anpassungsdruck. Sich nicht anzupassen heißt, gemieden, ausgestoßen und wie ein Toter behandelt zu werden. Für eine orientalische Frau hängt das Selbstwertgefühl nicht davon ab, wer sie ist, sondern zu wem sie gehört. Du bist eine Tochter, eine Schwester oder eine Ehefrau. Wenn du das Heiligtum deines Familienverbandes verlässt, bedeutet das, dass du jedes Recht auf Achtbarkeit verwirkst. Es gibt nur wenige mildernde Umstände für das Fortgehen einer Frau: Physische Gewalt, Todesdrohung oder Scheidung gehören jedenfalls nicht dazu. Ungeachtet der Umstände ihres persönlichen Lebens wird von einer Frau erwartet, dass sie schweigt und um der Familienehre willen bleibt. Ja, selbst von solchen Sachen zu sprechen wird als entehrend angesehen.

Aus diesem Grund stimmt ein Mädchen zu, eine arrangierte Ehe einzugehen, die ihr zuwider ist. Und deshalb bleibt eine misshandelte Frau bei ihrem Ehemann. Zu gehen bedeutet, zur Ausgestoßenen zu werden, jedes Recht auf Achtung und Ehre zu verwirken, öffentlich gemieden zu werden und sich den unerwünschten Aufmerksamkeiten von Männern auszusetzen, die sie jetzt als Frau mit lockeren Sitten ansehen. Eine Frau, die eine Ausgestoßene ist, sexuell zu belästigen, anzupöbeln oder sogar zu vergewaltigen wird nicht als schändlich angesehen, denn in den Augen von Orientalen hat eine solche Frau jede Ehre und Achtung verwirkt. Sie ist eine Unperson und als solche bar jeden Gefühls und keinerlei Rücksicht wert.

Izzat und *Bey-izzati* waren Begriffe, die wir unser ganzes Leben lang gehört hatten und die wir in Pakistan fast täglich hörten, wo sie wie Waffen gegen uns geschleudert wurden, dazu bestimmt, Schuldgefühle in uns zu wecken, weil wir vom Tag unserer Geburt an vorsätzlich geplant hatten, unsere Eltern ins Elend zu stürzen. Meine Mutter verfluchte uns dafür, ihr *Bey-izzati* zu verursachen und Schimpf und Schande über unsere Eltern zu bringen, indem wir unseren eigenen islamischen Glauben und die pakistanische Kultur wegwerfen und freizügige westliche Sitten annehmen würden.

Uns schien es einleuchtend, dass es immer Unterschiede geben würde, wenn man von einem Land, einer Kultur in ein anderes Land, eine andere Kultur umzog, insbesondere wenn sich diese Länder und Kulturen derart stark voneinander unterschieden. In Pakistan setzten uns diese Unterschiede einer Menge Kritik seitens der Familie aus. Wir wurden wegen der banalsten Dinge angeklagt, meiner Mutter *Bey-izzati* einzubringen, etwa weil wir nicht gingen, wie es einer gehorsamen pakistanischen Tochter anstand, mit gesenktem Blick und bescheiden gebeugtem Kopf, oder weil wir durstig ein Glass Wasser in einem Zug hinunterstürzten statt in drei kleinen Schlucken, wie es die pakistanische Etikette vorschrieb, oder weil wir uns unanständig betrugen, da wir vergessen hatten, den *Dupatta* umzulegen, den wir nicht gewohnt waren.

Mit solchen Dingen setzten wir meine Mutter der Kritik aus, dass sie es während ihrer Jahre in England nicht geschafft habe, ihre Töchter im Sinne der pakistanischen Kultur zu erziehen. Genau genommen begannen die Kritik und Verurteilung in dem Augenblick, in dem wir gelandet waren. Es fing mit unserer Kleidung an.

Als wir in London für die Reise packten, waren wir darauf bedacht gewesen, Kleidungsstücke zu wählen, die in Pakistan als »anständig« durchgehen würden. Wir packten Hosen und fließende Oberteile ein, die weit und lang genug waren, um Kurven und Formen des Gesäßes zu bedecken und keine Aufmerksamkeit auf unsere weiblichen Rundungen zu lenken. Aber das reichte nicht. Meine Schwester und ich wurden zu einem Schneider gezerrt, um für unsere eigenen *Shalwar Kamiz* ausgemessen zu werden. Die Anfertigung sollte mehrere Tage in Anspruch nehmen, weshalb meine Mutter uns in der Zwischenzeit gereizt ein paar geborgte Outfits zuwarf und uns befahl, sie anzuziehen, um ihr vor ihrer Familie nicht *Bey-izzati* zu verursachen, indem wir uns wie Huren kleideten.

Um alles noch schlimmer zu machen, mussten wir Lügen hinnehmen, die in unserem Interesse erzählt wurden. Das auffällige Fehlen von jeglicher eigener pakistanischer Kleidung in unserem Gepäck überführte meine Mutter, die ja angeblich darauf bestand, dass wir zu Hause immer traditionelle Kleidung trugen, der Lüge. Noch offensichtlicher war, dass wir uns in den geborgten Kleidern, die wir anhatten, fremd und unwohl fühlten. Wir kämpften mit der *Shalwar* und dem mehrere Meter langen Stoff, der von einer um die Taille geschlungenen Kordel zusammengehalten wurde, die ständig aufging und uns zum Stolpern brachte. Zur Empörung meiner Mutter und zur Belustigung der anderen löste sich die Kordel ein paar Mal ganz und ich war gerade noch imstande, die Hose festzuhalten, bevor sie zu Boden fiel. In der Folge wurden die Kordeln von all unseren *Shalwar* entfernt und durch Gummibänder ersetzt.

Das Kleidungsstück, das wir am meisten verabscheuten, war aber der *Dupatta*. Wir hatten keine Ahnung, wie er zu tragen war, und mussten unsere belustigten Cousinen bitten, uns dabei zu helfen, ihn sittsam um unseren Oberkörper zu drapieren. Das alles konnte niemanden täuschen und verriet jedem, dass wir unser Leben eindeutig in der unanständigen westlichen Kleidung der *Angrezi* verbrachten.

Noch bevor wir den Mund aufmachten, um etwas zu sagen, verriet zum Entsetzen meiner Mutter sogar unser Gang, aufrecht und in Augenkontakt mit unserer Umgebung, dass wir aus dem Abendland waren. Wenn wir Urdu sprachen, dann mit einem starken englischen Akzent, den unsere jüngeren Verwandten lustig fanden und die älteren missbilligten. Sowohl meiner Mutter als auch meiner Tante leuchtete ein, dass wir beim besten Willen nicht als demütige und fügsame pakistanische Töchter durchgehen würden. Ich konnte nicht umhin, auch nur den Versuch für idiotisch zu halten.

Noch ärgerlicher war die Lüge in Bezug auf meinen Wohnort. Außer meiner Tante durfte niemand wissen, dass ich weit weg von meiner Familie in London in einer eigenen Wohnung lebte, denn eine unverheiratete Single-Tochter zu haben, die allein lebte, war eine Schande. Nur eine unanständige Frau würde allein und ohne Familie oder Eltern leben, die ihr Achtung verschafften. Einem Mädchen, das allein und ohne Aufsicht lebte, wurde automatisch häufig wechselnder Geschlechtsverkehr nachgesagt. Als Burra Mamoo zwei Jahre zuvor in England zu Besuch gewesen war, hatte man ihm erklärt, dass ich Jura studieren und zur Anwältin ausgebildet würde. Es beeindruckte ihn nicht, und er merkte an, dass es nicht richtig sei, wenn ich fern der Familie lebte, doch diese Erklärung hatte damals trotzdem geholfen.

Jetzt allerdings konnte die Lüge, dass ich studieren würde, nicht mehr aufrechterhalten werden. Jedem wurde erzählt, dass meine Schwester und ich zu Hause bei der Familie lebten. Uns wurde verboten, die Wohnung, die wir uns in London teilten, auch nur zu erwähnen, womit ein großer Teil unseres Lebens verleugnet wurde. Das führte zu Ungereimtheiten in Gesprächen oder Situationen, in denen wir mitten im Satz stolperten, weil wir uns plötzlich daran erinnerten, dass wir vorgeben mussten, noch immer zu Hause zu leben, und deshalb den Satz abänderten. Ich bin überzeugt, dass viele unserer Verwandten diese Lügen bemerkten, doch wir hatten keine andere Wahl, als damit fortzufahren. Hätten wir es nicht getan, dann hätten wir unsere Mutter als Lügnerin gebrandmarkt, was wir nicht wollten, denn wir verspürten ihr gegenüber damals noch immer Pflichtbewusstsein und Loyalität.

Dennoch war ich entsetzt, wie leicht meiner Mutter all die Lügen über die Lippen kamen. Als ich ein Kind war, hatte meine Mutter für mich alles repräsentiert, was gut, freundlich und aufrichtig war. Jetzt konnte ich es nicht fassen, dass innerhalb weniger Wochen meine lebenslangen Illusionen über meine Mutter grausam zerschmettert wurden. Sie hatte so viele verschiedene Seiten in ihrem Charakter, die wir nun zum ersten Mal an ihr entdeckten. Ich fragte mich, ob diese neu oder Teil ihrer wahren Natur waren und ob sie all die Jahre unter Kontrolle gehalten oder unterdrückt worden waren und nun plötzlich aufgrund der Umstände zum Leben erweckt wurden.

»Sie sind *Kafir!* Heiden!«, erzählte sie meiner Tante verbittert. »Sie ziehen sich wie *Angrezi* an, leben und betragen sich wie sie, ohne Rücksicht auf ihre eigene Kultur und ihren Glauben. Jetzt schauen alle mit höhnischen Blicken auf mich herunter, weil meine Töchter nicht einmal wissen, wie sie ihr *Namaz* verrichten sollen. Sie haben mir keine *Izzat* mehr belassen!«

Sie spielte damit auf den jüngsten Vorfall in Mamoos Haus an. Das frühe morgendliche Aufstehen, um dem islamischen Gebetsruf zu folgen, war etwas Neues für uns, da in Daddas Hause eine entspanntere Haltung gegenüber den muslimischen Geboten herrschte. Farah und ich hatten herumgenörgelt, weil unser Schlaf bei Tagesbeginn unterbrochen worden war. Der frühe Ruf »*Allah hu akbar*« des Imams wurde unmittelbar vor Sonnenaufgang durch die Lautsprecheranlage der Moschee in jedes Haus getragen, um die erste der täglichen fünf Gebetszeiten anzukündigen. Meine Mumani und meine Cousinen standen ordnungsgemäß auf und zogen sich an, nachdem sie *Wazu* verrichtet hatten und bevor sie ihr *Namaz* verrichteten. Als sie ihre *Duppatas* um die Köpfe schlangen, warfen sie sich gegenseitig fragende Blicke zu, bevor sie uns im Flüsterton fragten, warum wir uns nicht fertig machten, um unsere *Namaz* zu verrichten.

»Wir wissen nicht wie«, erklärten wir unseren erstaunten Verwandten und wären am liebsten unsichtbar geworden. Sobald alles vorbei war, wurden ihre *Duppatas* von den Köpfen geschoben und erneut um Brust und Schultern drapiert. Dann begannen die Vorbereitungen für das Frühstück. Farah und ich krümmten und wanden uns unbehaglich, als wir bemerkten, wie sie zuerst uns und dann sich gegenseitig ansahen. Die Frage hing in der Luft, wie wir in einem muslimischen Haushalt erzogen sein konnten, ohne zu wissen, wie man sein *Namaz* verrichtete. Glaubensbekenntnis und rituelles Gebet sind zwei der fünf Pfeiler des Islam, und dass jemand nicht wusste, wie er diese Aufgabe zu verrichten hatte, war unerhört. Selbst in England wurde, wie wir wussten, jeder darin unterrichtet. Jeder außer uns. Kein Wunder, dass unsere Cousinen uns fassungslos anstarrten.

Meine Mutter, die ihr eigenes *Namaz* beendet hatte, warf uns einen verärgerten Blick zu und ließ uns mit klaren Worten wissen, wie sehr wir sie eben vor der Familie ihres Bruders gedemütigt hatten.

»Was soll ich machen?«, beschwerte sie sich unglücklich. »Sie haben sich geweigert, es zu lernen.«

Mumani sah sie teilnahmsvoll an, aber mit einer Miene, die meiner Mutter unmissverständlich zeigte, dass wir in England zu nachsichtig und mit viel zu viel Freiheit erzogen worden waren. Was hatte sie sich dabei gedacht, uns nicht die Grundlagen des muslimischen Lebens beizubringen? Der Gesichtsausdruck meiner Mutter ließ keinen Zweifel daran, wem sie für diese Demütigung die Schuld gab.

Als im Lauf des Tages unser mangelnder Unterricht in unserem muslimischen Glauben und der pakistanischen Lebensweise immer offensichtlicher wurde, geriet unsere Erziehung noch stärker in Kritik. Die schärfste Kritik kam vonseiten der Familie meiner Mutter, die ärmer, ungebildeter und strenger in ihren islamischen Überzeugungen war. Sie ließen Farah und mich spüren, dass wir nicht so gut waren wie sie, weil wir Urdu mit deutlich englischem Akzent sprachen.

Höflichkeit hielt uns davor zurück, sie darauf hinzuweisen, dass es sehr geringer Fähigkeiten bedurfte, sich so wie sie in der eigenen Sprache fließend auszudrücken, und dass die eigentliche Leistung darin bestand, die Sprache eines anderen hinreichend zu beherrschen, um zu verstehen und verstanden zu werden. Auch teilten wir ihnen nicht mit, dass wir in mehr Sprachen bewandert waren als sie alle zusammen, da wir außer Englisch und Urdu auch noch Französisch sprachen und etwas Deutsch und Spanisch verstanden und dass ich zudem Latein gelernt hatte. Es war eine Kränkung, von Leuten verspottet zu werden, die glaubten, uns überlegen zu sein, weil sie in der Kultur sattelfest waren, in der sie zur Welt gekommen und aufgewachsen waren.

Während ich über das Thema »Respekt vor anderer Leute Kultur« nachdachte, war ich geistesabwesend aus dem Haus gegangen, ohne meinen *Dupatta* anzulegen, und hatte eine kräftige Ohrfeige von meiner Cousine erhalten, die mich sofort wieder nach drinnen zog, damit ich ihn holte. Ich fühlte mich erniedrigt, weil man mich wie ein ungezogenes Kind behandelte. Wenn man sie alle rufen und schimpfen hörte, hätte man meinen können, dass ich nackt vor die Tür gegangen wäre.

»*Yeh humara mazhab hai.* Das ist unser Glaube«, kam als Antwort. Und Folgendes sei mein Standpunkt, sagte ich ihr: Sie forderten von uns, dass wir aus Respekt vor ihren Bräuchen und ihrer Kultur traditionelle pakistanische Kleidung trugen, weil es sie beleidigte, wenn man es nicht tat. Doch würden sie dasselbe tun, wenn sie in mein Land kämen? Würden sie die Sitten und Werte meiner Gesellschaft in gleicher Weise respektieren? Ihr abschätziges Achselzucken verriet mir, was ich wissen wollte.

»Alle müssen sich euch fügen!«, sagte ich ungehalten und wies sie zurecht, dass es nicht richtig sei, den Werten aller anderen gegenüber derart voreingenommen zu sein oder zu glauben, dass ihre eigene Religion oder Lebensweise überlegen sei und damit immer an erster Stelle zu stehen habe. Ich erzählte ihr, dass selbst amerikanische Soldatinnen, die in bestimmten islamischen Ländern stationiert seien, einen Gesichtsschleier tragen müssten, obwohl sie Christinnen seien. Das werde aus Respekt vor der Religion des Landes so gemacht, in dem sie sich aufhielten. Ja, argumentierte ich, Muslime wie sie erwarteten, ihrer eigenen Religion gemäß zu leben und sich zu kleiden, ob sie in ihrem eigenen Land lebten oder in einem anderen. Religion und Lebensweise anderer Leute interessierten sie nicht, noch schien es ihr etwas auszumachen, dass ihre Religion anderen Menschen die Rechte nahm oder Einfluss auf deren Lebensstil ausübte. Meine Cousine gab mir zur Antwort, dass der Islam die einzig wahre Religion sei und die Christen *Kafir*, also Ungläubige seien, weshalb es einfach richtig wäre, wenn die islamischen Gebote und Bräuche siegten.

Farah und ich fühlten uns wie Fremde, was wir in den Augen unserer Verwandten auch waren. Alles an uns war zu westlich, nichts war orientalisch genug. Das Einzige, was uns etwas *Izzat* hätte einbringen können, war die Tatsache, dass wir zu Häuslichkeit erzogen waren, kochen und Chapatti machen konnten. Allerdings gab man uns ironischerweise nie die Möglichkeit dazu. Jeder war überzeugt, dass wir unser Leben mit müßigen westlichen Betätigungen, Mode und Make-up verbracht hatten. Sie lachten über die bloße Vorstellung, dass wir vielleicht kochen könnten. Wenn wir aber anboten, ihnen zu zeigen, was wir konnten, wurden wir von den vielen weiblichen Verwandten, die ihren häuslichen Herrschaftsbereich bewachten, aus der Küche gescheucht und erhielten nie die

Möglichkeit, allen zu zeigen, dass wir kein verhätscheltes und nutzloses Leben geführt hatten. Es beleidigte uns, dass den Leuten der Eindruck vermittelt wurde, wir seien verwöhnt und übermäßig nachsichtig erzogen worden und hätten viel zu viel Freiheit erhalten. Sie glaubten, dass wir aufgrund dieser Erziehung die unverzeihliche Sünde begangen hatten, unserem islamischen Glauben und der pakistanische Kultur den Rücken zu kehren, und alles verdienten, was uns widerfahren sollte.

In den darauffolgenden Wochen verschlimmerte sich unsere Situation immer mehr, und meine Mutter ließ keinen Zweifel daran aufkommen, dass wir Gefangene waren. Anfangs bedeutete die Gefangenschaft, dass uns nicht erlaubt war, Pakistan zu verlassen, weil wir nicht wussten, wohin wir gehen oder wie wir irgendwohin gelangen sollten. Wir wussten bereits, dass es nicht sicher war, allein auszugehen, und selbst in Begleitung gab es keine Garantie, auf der Straße nicht belästigt zu werden. Was ich noch mehr hasste als die Männer, die uns absichtlich anrempelten, waren diejenigen, die ganz »zufällig« in uns hineinstolperten, eine grapschende Hand ausstreckten, um sich ins Gleichgewicht zu bringen, und auf die Beschimpfungen meiner Verwandten eine kriecherische Entschuldigung anboten und um Vergebung baten, weil es unabsichtlich passiert sei. Es passierte viel zu oft, um unabsichtlich zu sein, und führte zu einem Vorfall, der außer Kontrolle geriet.

Einer unserer jüngeren *Mamoo* hatte erfahren, dass man uns nicht erlaubte, nach Hause zu reisen, und auch wenn er nicht in der Lage war, sich für uns einzusetzen, bot er als jüngerer Bruder meiner Mutter an, mich zu begleiten und mir die Stadt zu zeigen.

Im Rückblick war das eine richtig schlechte Idee, denn er war nur ein Jahr älter als ich, und als wir durch die überfüllten Straßen wanderten, bemerkten wir, dass wir unliebsame Aufmerksamkeit auf uns zogen. Es war mir nicht möglich, geradeaus zu gehen; ich schob mich in Schlangenlinien durch die Menge und tat mein Bestes, den absichtlichen Zusammenstößen auszuweichen. Plötzlich knallte jemand mit größerer Wucht in mich hinein als üblich, und ich schrie auf. Als ich verärgert meine schmerzende Schulter rieb, machte mein Onkel dem Verursacher Vorhaltungen, worauf dieser den Spieß umdrehte und ihm vorwarf, einer verbotenen Beziehung zu frönen, indem er öffentlich mit diesem Mädchen herumstolziere, das offensichtlich aus dem Ausland und eindeutig weder seine Ehefrau noch seine Schwester sei. Der erbosten Beteuerung meines Onkels, dass ich kein ausländisches Flittchen sei, sondern die Tochter seiner Schwester, wurde mit Ungläubigkeit und Hohn begegnet, und zu meinem Schrecken sammelte sich eine Menschenmenge um uns, die unseren Ankläger unterstützte. Sie begannen uns zu schubsen und uns vorzuwerfen, durch unser unsittliches Betragen in der Öffentlichkeit gegen den Islam zu verstoßen. Da pakistanische Männer normalerweise nicht die Möglichkeit haben, eine Frau in der Öffentlichkeit zu begrapschen, ergriffen mehrere von ihnen Gelegenheit, zwängten sich durch und berührten mich unsittlich. Ich protestierte wütend dagegen, so behandelt zu werden, bemühte mich wegzukommen und rief nach meinem Onkel, damit er mir zur Hilfe kam. Letzteres bereute ich sofort wieder, denn mein Onkel, wegen dieser Beleidigung mir gegenüber außer sich vor Wut, baute sich auf, um gegen sie alle anzugehen. Ich bekam Angst, da ich wusste, dass er weggezerrt und von dieser wütenden Männerschar zusammengeschlagen werden könnte. Der Gedanke, was sie mir vielleicht antun würden, da sie mich für eine sittenlose Frau hielten, löste Panik in mir aus. Irgendwie schafften wir es, uns aus dieser widerlichen Szene zu befreien und zu Daddas Haus zurückzukehren, wo ich eine Weile braucht, um mich von dem Schock zu erholen.

Auch die Familie war über diesen Vorfall deutlich schockiert und kam zu dem Entschluss, dass ich in Zukunft nur noch innerhalb einer Gruppe oder mit meiner Mutter oder Tante ausgehen dürfe. Es machte meiner Schwester und mir zudem bewusst, dass es für uns nicht sicher war, wenn wir versuchen sollten, wegzulaufen und uns allein hinauszuwagen. Selbst in pakistanischer Kleidung stachen wir zu sehr heraus.

Obwohl meine Mutter aufrichtig über diesen Vorfall schockiert war und meinen Onkel beschimpfte, weil er so dumm gewesen sei, mich alleine mit nach draußen zu nehmen, fiel mir auf, dass sie verdächtig zufrieden aussah, weil mir derart Angst gemacht worden war. Ich hörte, wie sie meiner Tante erzählte, es sei vielleicht gut gewesen, dass ich aus erster Hand hatte erfahren müssen, was für ein leichtes Ziel wir für Kidnapper und Sittenstrolche wären. Jetzt würden wir nicht versuchen wegzulaufen. Auf diese Weise waren wir, obwohl wir nicht wirklich hinter Schloss und Riegel saßen, praktisch innerhalb der Mauern von Daddas Haus eingesperrt.

17
Hass auf den Westen

Moralische Entrüstung ist Eifersucht mit einem Heiligen-schein.
H. G. Wells

Von Beruf Schneidermeister, wollte Burra Mamoo Zugang zu den gleichen Möglichkeiten haben, wie mein Vater sie in England genoss. Zwei Jahrzehnte nachdem er zum ersten Mal englischen Boden betreten hatte, hatte mein Vater sich beruflich und finanziell etabliert und war auf dem besten Weg, den Traum eines jeden Auswanderers vom Vermögen zu verwirklichen, das er der nächsten Generation vererben konnte. Das konnte Mamoo dort in Pakistan nur schwer akzeptieren.

Aus Briefen und Telefonaten mit der Verwandtschaft in Pakistan hatten meine Eltern erfahren, dass Mamoo meinen Vater beschuldigte, seine unsterbliche Seele zu gefährden, indem er seine Familie den schlechten Einflüssen des dekadenten Westens aussetzte. Diese Verurteilung des Westens wurde ein Jahr nachdem ich nach London umgezogen war praktischerweise vorübergehend aufgehoben, als mein Vater ein Hin- und Rückflugticket bezahlte, damit Mamoo England besuchen konnte. Mein Vater tat das, um meine Mutter glücklich zu machen, doch es geriet zu einem absoluten Desaster.

Mamoo weigerte sich einzusehen, dass die Einwanderungsgesetze meinem Vater nicht gestatteten, einfach hinzugehen und Tickets zu kaufen, um seine Familie ins Land zu bringen. Auch wollte er nicht glauben, dass sein Besuchervisum ihm verbot zu arbeiten. Er verlangte von meinem Vater, dass er ihm einen Produktionsbetrieb einrichtete, damit er vorankommen und seinen Kindern die gleichen Lebensbedingungen bieten konnte. In seinem aggressiven Geisteszustand beklagte er sich gegenüber einem Freund der Familie, dass mein Vater Lügen über britische Gesetze erzähle, um ihm den Erfolg zu verwehren. Als dieser Freund ihm bestätigte, dass mein Vater tatsächlich die Wahrheit sagte, empfand Mamoo das als Verschwörung und hasste meinen Vater noch mehr.

Er bedrängte meine Mutter und beschuldigte sie gereizt, ihm gegenüber respektlos zu sein. Sie zollte ihm als ihrem älteren Bruder Achtung, aber wir wussten, dass sie allmählich Angst hatte, mit ihm allein zu sein. Dad, der ihre Notlage erkannte, gab ihm Geld, das er nach Hause schicken konnte, um seine Familie zu versorgen. Es war nie genug, und Mamoo, der wusste, dass Dad die Familieneinkünfte immer Mum übergab, drängte sie regelmäßig in die Enge und forderte mehr. Als Farah und ich zu Besuch nach Hause kamen, flüsterte sie uns zu, er habe von ihr gefordert, sie solle ihrem Mann Geld stehlen, um es ihm zu geben. Sie sagte immer wieder, sie preise sich glücklich, dass mein Vater sich so um ihretwegen bemühte, denn Mamoo hätte ernsthafte Eheprobleme verursachen können. Ich wusste, dass andere pakistanische Ehemänner sich gegenüber den emotionalen Erpressungen und Forderungen aus der Familie ihrer Frau nicht so tolerant zeigten.

Wenn er mit seinen Neffen und Nichten zusammen war, sprach Mamoo so gnädig mit uns, als wären wir Babys. Doch er konnte niemanden täuschen, nicht zuletzt deshalb, weil sich hinter seinen zuckersüßen, liebevollen

Worten ein verbitterter Mann verbarg, der keine Gelegenheit ausließ, meinen Vater zu kritisieren. Ich ärgerte mich darüber, dass er es wagte, vor seinen Kindern über Dad herzuziehen, und ich wusste, dass nur sein krankhafter Neid daran schuld war. Er pflegte im Haus herumzulaufen und eine Bestandsaufnahme vom materiellen Reichtum meiner Familie zu machen, aber er hielt meinem Vater nie die Jahre harter Arbeit zugute, die es bedurft hatte, ihn zu verdienen.

Er fand eine Ausgabe eines Versandkatalogs, eine Art Bibel des westlichen Materialismus, und verbrachte Stunden damit, gierig zwischen den Seiten mit Tausenden von Produkten hin und her zu blättern, verblüfft über die riesige Auswahl an Konsumgütern, die es in diesem Land zu kaufen gab.

»Schau dir das an!«, rief er aus. »Und das und das! Gibt es in diesem Buch etwas, was man nicht kaufen kann?«, fragte er, während seine Augen begehrlich aufblitzten.

Etwas anderes, was er nicht fassen konnte, war der Wohlfahrtsstaat. Da er aus einer Gesellschaft kam, in der für Bildung und Gesundheitsfürsorge im Voraus bezahlt werden musste und in der die eigene Familie, allen voran die Söhne, die einzige Versicherung gegen Krankheit, Alter und Arbeitslosigkeit waren, konnte er nicht glauben, dass die Regierung die Menschen dafür bezahlte, dass sie Kinder bekamen, ihnen Geld gab, wenn sie nicht arbeiteten, und für ihr Haus zahlte. Immer und immer wieder kam er auf das Thema zurück, prüfte die Fakten, prägte sie sich ein und erklärte wiederholt, dass man in diesem Land reich werden könne, wenn man arbeite, und dass die Regierung, wenn man aber nicht arbeite, trotzdem den Unterhalt für das Haus und die Familie zahle. Und all das zusätzlich zu kostenloser Bildung und Gesundheitsfürsorge, schwärmte er. Mein Vater sagte ihm, dass das alles nicht umsonst sei, sondern von den Steuern bezahlt werde, die Leute wie er entrichteten, die hart für ihren Lebensunterhalt arbeiteten. Er zeigte Mamoo Belege darüber, wie viel Steuer er im Moment bezahlte, doch das führte nur dazu, dass mein Onkel den Reichtum meines Vaters umso höher einschätzte. Mehr noch, es lieferte ihm ein Argument dafür, dass es sich mein Vater leisten könne, ihm dabei zu helfen, seine eigene Familie herzubringen. Schließlich werde er ja nicht mit ihrem Unterhalt belastet, weil die Regierung für sie aufkommen könne. Grimmig sagte ihm mein Vater, dass ein Leben von der Sozialhilfe kein Weg sei, den anständige Leute unbedingt beschreiten wollen.

Doch mein Onkel sah nur das, was er sehen wollte, und hörte nur das, was er hören wollte. Die meiste Zeit konnten wir beobachten, wie er vor Missgunst nur so strotzte, wie seine Wut und sein Hass auf meinen Vater ihn auffraßen. Er verlangte jeden Tag Zigaretten und fing an, die ganze Zeit kettenrauchend in seinem Zimmer zu sitzen, obwohl er wusste, wie sehr es der Familie zuwider war, wenn er unser Nichtraucherhaus zuqualmte. Dann begann er sich zu weigern, zu den Mahlzeiten herunterzukommen. Meine Mutter mutmaßte, dass er das Essen zurückwies, weil er dünn und eingefallen nach Pakistan zurückkehren wollte, um alle davon zu überzeugen, dass mein Vater ihn hungern ließ und ihn schlecht behandelte, obwohl er Gast in seinem Haus gewesen war. In den Augen der Pakistaner war das eine unverzeihliche Schande.

Ich weiß noch, wie glücklich und erleichtert die ganze Familie war, als sein Sechs-Monate-Visum auslief, er endlich zum Flughafen gefahren und geradezu ins Flugzeug zurück nach Pakistan geworfen worden war. Die Erleichterung, die meinem Vater und meinem Bruder Mohammed in Heathrow ins Gesicht geschrieben stand, war kaum zu übersehen. Ich war aus West-London nach Heathrow hinübergefahren, um Mamoo zu verabschieden, und konnte nicht widerstehen, meinen Bruder aufzuziehen.

»Wahrscheinlich hat es ausgerechnet heute Morgen einen Militärputsch in Pakistan gegeben«, kicherte ich. »Ich wette, alle Flüge nach Karatschi sind annulliert worden und ihr müsst ihn weitere sechs Monate dabehalten.«

»Lass das!«, antwortete er, entsetzt angesichts dieser Vorstellung. »Das ist nicht besonders lustig.«

Wir beobachteten, wie Mamoo im Flughafen herumschaute und seine letzte Stunde in einem Land in sich aufsaugte, das ihm materiell so viel hätte geben können und das er vermutlich nie mehr betreten würde. Ich forschte in seinem Gesicht nach einer Spur von Bedauern darüber, wie er sich meinem Vater gegenüber benommen hatte, aber ich sah nur das Gesicht eines bitter enttäuschten Mannes. Mein Vater dagegen schien ernsthaft erschüttert, weil seine Versuche, mit dem älteren Bruder seiner Frau klarzukommen, derart spektakulär gescheitert waren. Was als leicht köchelnde Verstimmung gegenüber meinem Vater begonnen hatte, war zu kaum verborgenem Hass auf ihn, seine Familie und sein Leben in England hochgekocht. Mamoo wurde definitiv kein bisschen vermisst.

Zurück in Pakistan hielt er sich allerdings nicht mehr zurück, seinem Hass auf Dad und den Westen Ausdruck zu verleihen. Es war schwer zu sagen, was er mehr hasste. Es war auch keine große Überraschung zu hören, dass er als ältester Bruder und Oberhaupt der Familie meiner Mutter mit eiserner Hand über seine Brüder, Schwägerinnen und ihre Familien herrschte und seine Macht und seinen Einfluss benutzte, um meinen Vater in den Augen seiner Schwiegereltern zu diskreditieren und meiner Mutter das Leben schwer zu machen. Er machte dem Ehemann seiner einzigen Schwester und deren Schwiegereltern öffentlich Vorhaltungen, sie würden um der Anbetung von Geld und Status willen Verrat an ihrer *Izzat* und Integrität begehen. Seine Feindseligkeit gegenüber meinem Vater bereitete meiner Mutter endlosen Kummer.

Jetzt, achtzehn Monate später in Pakistan, konnte ich mit eigenen Augen sehen, wie extrem sein Hass und seine Verbitterung geworden waren. Ich sah ihn zu meiner Bestürzung im Schneidersitz auf dem Boden sitzen, eine Zigarette zwischen den Fingern, hofhaltend und umgeben von der Familie, während er sie mit Geschichten über den Westen ergötzte: die unanständige Kleidung der Frauen, unmoralisches öffentliches Betragen, der Dreck im Fernsehen, Kinder, die unehelich zur Welt kamen und ohne Väter großgezogen wurden, der mangelnde Respekt vor Älteren, vor Autoritäten, vor der Gesellschaft, vor jedem. Er erzählte ihnen, wie das Streben nach materiellem Wohlstand die Leute vom rechten spirituellen Weg entfernt und der Verantwortung für ihr eigenes Handeln entrissen hatte. Alles läge jetzt in der Verantwortung der Regierung. Seinem Publikum verschlug es den Atem, als er berichtete, dass der Westen keinerlei Moralvorstellungen mehr besitze und viel zu weit gegangen sei, um die Uhr noch zurückzudrehen.

Ich hörte mit wachsender Empörung zu, während er sich vor einem Publikum ereiferte, das ihm ausgeliefert war und sich an jedes seiner boshaften Worte klammerte, während er die Gesellschaft kritisierte, in der ich aufgewachsen war.

»Und dabei«, dachte ich traurig, »spielt der Westen Leuten wie ihm in die Hände.«

Auf die gleiche Weise, wie Islam und pakistanische Kultur ineinander verschlungen sind, würden, wie mir klar wurde, Muslime Christentum und westliche Dekadenz als ein und dasselbe ansehen, sodass, obwohl die meisten Menschen aus dem Abendland ein anständiges, achtbares Leben führen, alle über einen Kamm geschoren werden. Ich wusste – und hatte es sogar mit eigenen Augen gesehen –, dass es auch in Pakistan Ehebruch, Sittenlosigkeit und Sünde gab. Der Unterschied ist aber, dass im Westen alles öffentlich wird, sodass der Rest der Welt es sehen und kritisieren kann.

Mamoo benutzte Farah und mich, um meinen Vater noch mehr in Verruf zu bringen, und erzählte allen, wie sein Schwager seine islamischen Pflichten vernachlässigt habe: Schaut euch nur an, was aus seinen Töchtern geworden ist! Die ältere ist vierundzwanzig und weit über das Alter hinaus, in dem sie hätte verheiratet werden sollen. In ihrem Alter, zeterte er, müsse sie Ehefrau und Mutter von Kindern sein, statt die Freiheit zu haben, in England wie eine *Angrezi* herumzulaufen. Während ich seinen frömmelnden Tiraden zuhörte, verstand ich auf einmal, warum mein Vater uns so weit wie möglich von Pakistan hatte wegbringen wollen. Es war, um von solchen Leuten wie Mamoo fortzukommen. Mein Vater hatte sein Bestes gegeben, meinem Onkel gegenüber freundlich zu sein, und das war nun der Dank dafür. Ich war wütend auf Mamoo und schrie verärgert: »*Wage* es nicht, meinen Vater zu kritisieren, wenn er nicht anwesend ist, um sich gegen deine Lügen zu verteidigen.«

Ich kam nicht weiter, da sich meine Cousins, entsetzt über meinen respektlosen Ausbruch, auf mich warfen und mich aus dem Raum zerrten. Sie wollten wissen, ob ich den Verstand verloren hätte. Noch nie habe jemand so zum Oberhaupt der Familie gesprochen. Ich zeigte keine

Reue und fauchte, dass ich nicht still bleiben würde, während der Charakter meines Vaters öffentlich diskreditiert würde. Ich sagte ihnen, dass er – Familienoberhaupt oder nicht – ein verlogener Tyrann sei, der einen Menschen angriff, der nicht anwesend war, um sich zu verteidigen.

Doch noch während ich sprach, wurde mir bewusst, dass ich nichts weiter erreicht hatte, als dass mein Wutausbruch gegen einen Älteren und das Oberhaupt der Familie meiner Mutter ihnen besser als alles bewies, dass er recht hatte. Jeder konnte mit eigenen Augen sehen, dass mein Vater eine Tochter hervorgebracht hatte, die respektlos war, mit Männern wie mit ihresgleichen diskutierte und der man nicht beigebracht hatte, dass ihr angestammter Platz in der Küche bei den Frauen ist, ihr Kopf bedeckt von einem *Dupatta*, um *Rotis* zu backen. Er zeigte mit dem Finger auf mich und bezeichnete mich erzürnt als Produkt des unmoralischen und dekadenten Westen.

Da jedes einzelne Wort ihres Bruders saß, verzerrte sich das Gesicht meiner Mutter schmerzvoll. Sie senkte voller Scham den Kopf und weinte, als müsste ihr das Herz brechen. Ich wäre gerne zu ihr gelaufen, um sie in die Arme zu nehmen und zu beschützen, wagte es aber nicht, weil ich wusste, dass sie mich nur wegstoßen und in mir die Ursache ihrer Schande sehen würde. Ich konnte es nicht ertragen, diesen Ausdruck auf ihrem Gesicht zu sehen, und da ich nicht mehr den Mut besaß, sie anzuschauen, sackte ich voller Selbstvorwürfe und Selbstverachtung in einer Ecke zusammen.

18
Töchter zu verkaufen

Märtyrertum war immer ein Beweis für die Tiefe, nie für die Richtigkeit des Glaubens.
Arthur Schnitzler

Es gab nur einen einzigen Grund dafür, dass meine Mutter uns nach Pakistan brachte: Sie wollte uns verheiraten. Sie verlor keine Zeit, uns das mitzuteilen, und versicherte uns, dass sie nicht die Absicht habe, nach England zurückzukehren, solange das, wozu sie hergekommen sei, nicht erreicht sei. Eiskalt fügte sie hinzu, dass sie es schnell tun müsse, bevor sich herumspreche, dass wir *Awara* seien, die in England wie Prostituierte herumzogen und unseren Eltern Schande bereiteten.

Wir waren nicht die ersten Frauen in unserer Familie, die spät heirateten. Meine Tante Zainab war fast dreißig gewesen, als sie »endlich« heiratete. Sie hatte im College einen Mann kennengelernt und sich verliebt, ihn aber nicht heiraten können, weil unsere Familie sunnitisch ist und er Schiite war. Ich wusste nicht wirklich, was der Unterschied war, begriff aber, dass beide zwar Gruppierungen des islamischen Glaubens waren, doch Schiiten und Sunniten einander entschieden misstrauten. Ich nahm an, dass der Wunsch meiner Tante, einen Schiiten zu heiraten, in etwa dem entspricht, wenn in Nordirland eine Katholikin und ein Protestant heiraten wollen. Es überrascht nicht, dass mein Großvater etwas gegen diese Verbindung einzuwenden hatte, weshalb alle erleichtert waren, als die Familie des Mannes diesen mit einer anderen verheiratete. Zainab blieb mit gebrochenem Herzen zurück und weigerte sich, einen anderen zum Mann zu nehmen. Ihr blieb nur eine Möglichkeit, nämlich seine zweite Frau zu werden. Obwohl die Familie darüber nicht glücklich war, war sie mittlerweile erleichtert, denn die zweite Ehefrau (wenn auch eines Schiiten) zu sein war besser, als gar keine Ehefrau zu sein, vor allem für eine Frau, die Ende zwanzig war. Auch ihre beste Freundin lebte als zweite Frau. Ihr Mann gewährte beiden Frauen einen ähnlichen Lebensstil, und soweit ich das beurteilen konnte, war sie sehr glücklich mit ihrem Ehemann.

Zainab dagegen war nicht so zufrieden, denn erstens floss der größte Teil des Einkommens in den Unterhalt seiner ersten Familie, und zweitens lebte sie im Haus ihres Vaters und sorgte für sich selbst, was eigentlich so nicht vorgesehen war. Im Islam kann ein Mann bis zu vier Frauen heiraten, vorausgesetzt, er behandelt jede von ihnen in Bezug auf Zeit, Geld und Unterkunft gleich, was hier eindeutig nicht der Fall war.

Meine Tante Zainab war in einem unkonventionellen Haushalt aufgewachsen, und mein Großvater hatte, obwohl sie weiblichen Geschlechts und eines der jüngsten Kinder war, darauf bestanden, dass sie eine höhere Schulbildung erhielt als ihre Brüder. Selbst eine starke Persönlichkeit und dazu noch mit einer starken, dominierenden Mutter als Vorbild, übernahm sie nach dem Tod meiner Großmutter als weibliches Oberhaupt den Haushalt und kommandierte ihre älteren Brüder und deren Frauen herum. Sie war immer eigensinnig gewesen, weshalb ihr in der Frage ihrer Heirat wie auch sonst keiner in der Familie sagte, was sie zu tun hatte. Versuchte es jemand, blaffte sie ihn an, er solle sich um seine eigenen Angelegenheiten kümmern.

Vor wenigen Jahren war sie Polizeikommissarin mit Befehlsgewalt über Männer geworden, was mir für ein muslimisches Land höchst ungewöhnlich vorkam. Zainab war daran gewöhnt, zu tun, was sie wollte, und schrie ständig jemanden an. In der Arbeit waren es die Männer, die ihrem Befehl unterstanden, zu Hause waren es ihre Brüder, deren Frauen oder die Bediensteten. Ich wusste immer, wenn meine Tante in der Nähe war, da kleine Kinder, Personal und verunsicherte Schwägerinnen in alle Richtungen davonliefen, sobald sie aus der Arbeit kam und erhitzt und durstig nach jemandem brüllte, der ihr etwas Kaltes zu trinken bringen sollte.

Doch es gab einen Bereich, in dem Zainab verwundbar war: ihren Ehemann. Mein Onkel verschaffte sich klugerweise durch lange Abwesenheit häuslichen Frieden, denn er arbeitete für eine Ölgesellschaft in Kuwait. Wenn er zu Hause war, hielt er beide Frauen unter Kontrolle, indem er die eine gegen die andere ausspielte. Mit einer jammernden, nörgelnden oder fordernden Frau war leicht fertig zu werden, man musste einfach nur den Autoschlüssel nehmen und zur anderen fahren. Kein Wunder, dass sich beide Frauen leidenschaftlich hassten.

Ehefrau Nummer eins hatte die erste Runde gewonnen, da er sie als Erste geheiratet und mit ihr zwei kleine Mädchen in die Welt gesetzt hatte. Zainab gewann die zweite Runde, indem sie Ehefrau Nummer zwei wurde und ihrer Rivalin damit selbstgefällig bewies, dass er noch immer etwas für sie empfand. Dann beanspruchte sie einen weiteren Sieg, indem sie ihm seinen ersten Sohn präsentierte und ihre Position noch weiter ausbaute, als sie einem zweiten Sohn das Leben schenkte. Das Lachen verging ihr, als zu ihrer großen Bestürzung Ehefrau Nummer eins erneut schwanger wurde und einen Sohn gebar. Trotz ihrer Enttäuschung und Wut glaubte sie, die Oberhand zu haben, da ihre Söhne die älteren waren. Sie bekam schließlich einen dritten Sohn, und nachdem sie durch die Geburt von drei männlichen Nachkommen einen Punktestand von drei zu drei erzielt hatte, erklärte sie sich zur Siegerin und bekam keine Kinder mehr. Doch auch wenn sie ihrem Mann sehr zugetan war, konnte selbst er die Tigerin, die er geheiratet hatte, nicht völlig zähmen. Meine Tante erklärte, sie sei von keinem Mann abhängig, und sollte er sich weigern, sie mit einem Haus zu versorgen, dass ebenso groß war wie das ihrer Rivalin, würde sie Kohlen auf sein Haupt sammeln und sich selbst eins bauen.

Solange sich das Haus meiner Tante allerdings noch im Bau befand, lebte sie weiterhin im Haus meines Großvaters. Es war extrem unorthodox für eine verheiratete Frau, im Haus ihres Vaters zu leben, doch die Familie meines Großvaters war in allem, was Familie betraf, egal ob in Sachen Bildung, Erziehung oder Ehe, immer unorthodox gewesen. Insofern überrascht es kaum, dass mein eigener Vater eine eher lockere Haltung gegenüber den Heiraten seiner Töchter einnahm.

Mein Vater hatte es nicht geschafft, sich selbst in Bewegung zu setzen und Ehen für seine Mädchen zu arrangieren, ob aus Bequemlichkeit, Trägheit oder einem anderen Grund, kann nur vermutet werden. Im Laufe der letzten Jahre hatte meine Mutter zugesehen, wie unter Familienangehörigen und Freunden eine Tochter nach der anderen verheiratet worden war und ihre eigene Familie gründete. Im Gegensatz dazu und zu ihrem Missfallen waren ihre eigenen Töchter unverheiratet geblieben.

Eine hatte bereits das Unverzeihliche getan und einen *Angrezi* geehelicht. Jetzt waren die anderen beiden von zu

Hause weggelaufen, und wenn nicht sofort etwas unternommen wurde, würden sie genau dasselbe tun und die Familie außer Stand setzen, noch irgendwo erhobenen Hauptes erscheinen zu können. In den Augen der anderen war es allerdings sowieso schon zu spät.

Ich vermute, dass meine Mutter das wusste, und bei einer Tochter im Alter von neunzehn und der anderen im Alter von vierundzwanzig Jahren war es wohl eher ein Versuch der Schadensbegrenzung als ein Versuch, geeignete und zufriedenstellende Ehemänner für uns zu finden. Als sie mir gegenüber dies zugab, bestätigte sie mir auch, dass es bei ihrem Vorhaben überhaupt keine Rolle spiele, ob wir glücklich würden. Meine Mutter war um der Familienehre und ihrer Angst vor ewiger Verdammnis willen hier, schließlich hatte sie es ja nicht geschafft, ihren elterlichen, von Allah erteilen Auftrag zu erfüllen. Aus diesem Grund hatte sie die Absicht, uns unter allen Umständen an den Erstbesten zu verheiraten.

Es ist üblich, sich Jahre im Voraus auf eine Eheschließung vorzubereiten und sie zu planen. Oftmals sind die Töchter währenddessen noch Kinder. Enttäuscht über das mangelnde Interesse meines Vaters in dieser Angelegenheit, hatte es meine Mutter schließlich auf sich genommen, uns mit einem Trick hierher zu locken, einzig um uns zu verheiraten, bevor es zu spät war. Da sie aber keine Ahnung hatte, wie sie es anfangen sollte, war meine Mutter völlig auf Tante Zainab und ihre Beziehungen angewiesen.

Zainab nannte meine Mutter Bhabi (Frau des älteren Bruders). Mum war mit Zainabs Lieblingsbruder verheiratet, und obwohl meine Tante nur acht Jahre älter war als ich, standen sie und meine Mutter sich sehr nah. Trotz Zainabs eigener unkonventioneller Ehe und häuslicher Si-

tuation war sie es, an die sich meine Mutter in Familien-
angelegenheiten wandte – wie etwa zwei erwachsenen,
unverheirateten Töchtern.

Doch mit so wenig Vorausplanung waren ihre nach-
träglichen Versuche, diese Missstände zu beheben, über-
eilt und unbedacht. Die Katastrophe war vorprogram-
miert.

Ungefähr drei Wochen nach unserer Ankunft in Pakistan
legte mir meine Tante eines Morgens nahe, eines der auf-
wändigeren neuen Kleider, die sie für uns hatte schnei-
dern lassen, anzuziehen, mein Haar hochzustecken und
Make-up aufzulegen.

»Warum? Gehen wir irgendwohin?«, fragte ich verständlicherweise.

»Nein, nein«, antwortete sie hastig, »aber man kann nie
wissen, wer vielleicht vorbeikommt.«

Sie war nicht raffiniert, und für Farah und mich war es
vollkommen klar, dass sie einen potenziellen Heiratsan-
wärter gefunden hatte, der aufkreuzen würde. Etwas anderes vorzugeben wäre völlig verlogen gewesen. Obwohl
ich empört war, wollte ich keinen weiteren Krach provozieren und tat, was mir befohlen wurde.

»Warum sind sie nicht einfach ehrlich und erzählen uns
alles?«, zischte ich, während ich mir die Kleider anzog, die
man für mich herausgelegt hatte. In Wirklichkeit war ich
böse, weil das unbekanntes Terrain war. Ich hatte keine
Erfahrung mit dem *Rishta*-Geschäft und Angst vor dem,
was jetzt kommen würde, da meine Mutter und meine
Tante ein paar Familienmitglieder hatten antreten lassen,
um mich zu begutachten und zu sehen, ob sie mich als
potenzielle Schwiegertochter nehmen würden.

»Ich fühle mich wie eine Kuh, die für den Markt hergerichtet wird«, beklagte ich mich bei Farah. »Abgesehen da-

von, dass sie sich nicht wirklich bemühen, mich herzurichten und mir zu sagen, was von mir erwartet wird!«

Weder meine Tante noch meine Mutter verrieten Näheres; sie sagten mir einfach nur, dass sie Gäste erwarteten und dass ich nichts anstellen solle, was sie blamieren könnte. Es wurde uns befohlen, zu gehen und geduldig in einem anderen Raum zu sitzen. Mein Herz pochte angstvoll, als die Gäste ankamen und wir die üblichen Begrüßungsworte zwischen Gastgebern und Gästen belauschten. Diese Leute da draußen waren gekommen, um mich zu sehen, und würden über mein Schicksal entscheiden. Der westliche Teil in mir war aufgebracht darüber, wie eine Ware behandelt zu werden, doch der östliche Teil in mir war insgeheim erleichtert, dass ich letztendlich wie andere pakistanische Mädchen behandelt wurde und die Chance zur Heirat erhielt.

Seit wir in Pakistan angekommen waren, war mein Selbstvertrauen zunehmend durch Bemerkungen über unseren Mangel an Wissen über unsere pakistanische Religion, Kultur und Tradition untergraben worden. Obwohl wir Tausende von Kilometern entfernt aufgewachsen waren, wurde von uns erwartet, dass wir uns benahmen, als hätten wir unser ganzes Leben in Pakistan verbracht; jeder Unterschied wurde aufgepickt und kritisiert. Manche Bemerkungen waren sehr persönlich und verletzten unsere Gefühle, wobei ich sagen muss, dass die meisten von unserer Familie mütterlicherseits stammten, die sehr orthodox war und die Familie meines Vaters schon immer missbilligt hatte.

Eine Sache, die von den Leuten immer mit Kommentaren bedacht wurde, war meine Größe. Verglichen mit meinen *Angrezi*-Freunden fand ich zu Hause immer, dass ich einigermaßen im Durchschnitt lag. Doch in Pakistan entdeckte ich, dass ich für ein pakistanisches Mädchen mit meinen eins dreiundsiebzig recht groß war. Da meine *Chacha* nicht sehr hochgewachsen waren, war ich so groß wie die meisten Männer, die mir begegneten. Farah kam mit eins siebenundsechzig dem pakistanischen Ideal näher als ich. Plötzlich empfand ich mich als riesig und plump, und so sehr meine westliche Seite gegen die Beschämung ankämpfte, zur Begutachtung ausgestellt zu werden, so sehr wünschte sich die pakistanische Seite in mir, dass sie mich mochten und Ja zu mir sagten.

Das neue Outfit fühlte sich kratzig und unbequem an. Ich war es nicht gewöhnt, so viel Stoff zu tragen, und hatte keine Ahnung, was ich mit dem *Dupatta* machen sollte, der ein Eigenleben zu entwickeln schien. Es war ein heißer Tag gewesen, und der Abend schien noch heißer zu werden. Noch nie in meinem Leben hatte ich mich derart unbehaglich und schwerfällig gefühlt, und wäre es möglich gewesen, dann wäre ich wohl davongelaufen.

Meine Tante fegte herein, lachte übers ganze Gesicht, zeigte ihre Grübchen und sagte, dass meine Anwesenheit im Wohnzimmer erforderlich sei, weil die Gäste mich kennenlernen wollten. Sie musterte mich von oben bis unten und war mit dem, was sie sah, zufrieden.

»Was immer Bhabi über dich sagt, sie kann nicht leugnen, dass du wunderschön bist«, strahlte sie.

»Vielleicht war sie immer zu sehr damit beschäftigt gewesen, mir zu sagen, was ich für eine Schlampe bin«, schlug ich beleidigt vor und dachte dabei, wie paradox es war, dass Schönheit ein Mädchen für den Heiratsmarkt qualifizierte, eine schöne Tochter von den Eltern aber als gefährliches und lästiges Wesen angesehen wurde, das man so schnell wie möglich loswerden musste.

Mir war total übel, weil ich nicht wusste, was man von mir erwartete. Sollte ich unterwürfig mit gesenktem Kopf und Blick dasitzen und nur sprechen, wenn man mich ansprach, oder würden sie, weil sie wussten, dass ich aus England kam, davon ausgehen, dass ich mich anders verhielt? Zu meinem Missfallen nahm mich Zainab wie ein Kind an die Hand und führte mich zum Wohnzimmer.

»Tante, wie soll ich mich verhalten?«, fragte ich verzweifelt, als sie, unmittelbar bevor wir eintraten, ihr öffentliches Lächeln aufsetzte.

»Du setzt dich hin und sprichst nur, wenn man dich etwas fragt«, riet sie mir. »Du siehst wunderschön aus. Mach das nicht kaputt, indem du den Mund aufmachst und sie mit deinen Ansichten schockierst«, schloss sie und arrangierte den *Dupatta* um mein Gesicht.

Als ich in das Wohnzimmer geführt wurde, sah ich meine Mutter mit grimmiger Miene lächeln und plaudern, während sie den unvermeidlichen Tee ausschenkte und Samosas herumreichte. Bestürzt stellte ich fest, dass ihnen gegenüber ein Stuhl für mich aufgestellt worden war. Es war, als würde man einem Exekutionskommando gegenüberstehen. Noch nie in meinem Leben hatte ich mich so ausgesetzt und verletzlich gefühlt. Es war wirklich wie auf dem Viehmarkt; ich wurde von potenziellen Käufern in Augenschein genommen, die kaufen oder auch nicht kaufen würden. Jegliches Gespräch erstarb, während sie mir ihre Aufmerksamkeit zuwandten. In England ist es grob unhöflich, jemanden anzustarren, doch im Orient vertritt man in dieser Situation eine völlig andere Auffassung. Man erwartete von mir tatsächlich, dass ich dasaß und es ertrug, dass ein halbes Dutzend Augenpaare mich kritisch von Kopf bis Fuß musterten, alles erfassten und nichts ausließen. Ich saß mit gesenkten Augen da und versuchte verzweifelt, einen verstohlenen Blick durch den schleierähnlichen Stoff zu werfen, um zu sehen, wie der potenzielle Bräutigam war. Erleichtert entdeckte ich, dass er nicht abstoßend aussah.

Es handelte sich um einen Armeeoffizier Ende zwanzig; er war groß und hatte angenehme Gesichtszüge. Dennoch war es äußerst befremdlich, so zur Schau gestellt dazusitzen und betrachtet zu werden, und es machte mich wütend, dass er sich nicht im Geringsten unbehaglich oder peinlich berührt zu fühlen schien. Ich hasste es und wünschte mir, diese Tortur wäre bald vorbei.

Ich kann mich absolut nicht mehr daran erinnern, wie lange das so weiterging oder was gesprochen wurde, bis ich hörte, wie meine Tante mich fragte, ob ich eine Frage stellen wolle. Ich hatte nicht erwartet, sprechen zu dürfen, und sagte das Erste, was mir in den Sinn kam. Ich wusste nicht, ob es mir erlaubt war, ihn direkt anzusehen, aber ich tat genau das, und dazu hörte ich mich fragen, ob er Englisch spreche. Er wirkte ein wenig erschrocken und warf einen Blick zu seiner Familie hinüber, bevor er bejahte, dass er Englisch sprach. Ich hatte gedacht, wir hätten die Erlaubnis erhalten, uns miteinander zu unterhalten, doch zu meiner Bestürzung verabschiedete sich meine Tante ein paar Augenblicke später in meinem Namen und schob mich hastig aus dem Raum. Als sich die Wohnzimmertür hinter mir schloss, suchte ich meine Schwester – mutlos, ohne zu wissen, warum.

Nachdem sie gegangen waren, vernahm ich erhobene Stimmen und hörte die verärgerte Stimme meiner Mutter heraus.

»*Haramin!*«, schrie sie mich an. »Du konntest dich nicht zurückhalten, nicht wahr? Du musst den Mund aufreißen und mir Schande machen! Du musst die Leute wissen lassen, wie ungezogen du bist und wie sehr es dir an *Tammeez* (Umgangsformen) fehlt.«

»Ich verstehe nicht. Was habe ich getan? Was haben sie gesagt?«, fragte ich verwirrt.

»Was hätten sie schon sagen können?«, kreischte sie und schlug mich quer übers Gesicht. »Wer möchte schon einen großen, fetten *Bheynse* (Büffel) wie dich heiraten?«

Das war die einzige Erklärung, die ich jemals erhielt. Ich konnte nur raten, dass die Familie des Armeeoffiziers den *Rishta* nicht weiter aufrechterhalten wollte, da sie mich aus Gründen, die mir keiner erklären würde, für ungeeignet hielten. Alles, was ich wusste, war, dass ich irgendeinen unverzeihlichen Fauxpas begangen und meine Mutter gedemütigt hatte. Sie war so verärgert, dass sie sich tagelang nicht dazu durchringen konnte, mich auch nur anzusehen.

Während ich allein in einem dunklen Zimmer saß, die Arme um die Knie geschlungen, und über meine Situation brütete, versuchte ich dem Ganzen einen Sinn abzugewinnen. Meine Gefühle in dieser Sache überraschten mich. In Gedanken hatte ich ihn eigentlich als potenziellen Ehemann akzeptiert, nachdem ich erleichtert festgestellt hatte, dass der Armeeoffizier nicht klein oder unansehnlich war. Und nachdem ich so weit gekommen war, fühlte ich mich am Boden zerstört und erniedrigt, weil ich als mögliche Braut inspiziert und aus Gründen, die mir keiner darlegte und über die ich nur spekulieren konnte, als unpassend befunden worden war.

Ich war verletzt und verwirrt, weil meine Mutter gegenüber der Familie beständig darauf insistierte, dass ich mich geweigert hätte zu heiraten. Das stimmte nicht. Mir war erst gar nicht die Möglichkeit gegeben worden, mich zu weigern, denn das war der erste *Rishta*, der an mich herangetragen worden war. Ich hatte mich nie geweigert, einer arrangierten Ehe zuzustimmen, hatte das immer als mein Schicksal akzeptiert. Es war letztlich das Schicksal eines jeden orientalischen Mädchens, von den Eltern verheiratet zu werden. Was auch immer ich gegenüber meinem Vater und dem Gedanken empfand, einen Pakistani zu heiraten, der sich wie die Männer in meiner Familie benehmen würde, ich hätte meine Eltern niemals dem Trauma ausgesetzt, eine weitere Tochter mit einem unpassenden Mann verheiratet zu sehen. Wenn nur Gehorsam eingefordert würde, so dachte ich mir, würde ich gehorsam sein und dafür sorgen, dass meine Eltern mich liebten.

Doch wie ich gerade erfahren hatte, reichte es nicht aus, eine gehorsame muslimische Tochter sein zu wollen, wenn ich keine verheiratete muslimische Tochter war. Und da ich bei dem einzigen *Rishta*, den ich je erhalten hatte, eindeutig zurückgewiesen worden war, blieb ich in einem schrecklichen Niemandsland zurück, dazu bestimmt, niemals irgendwohin zu gehören. Es gab keinen weiteren *Rishta* für mich.

Bei Farah war es anders. Ich belauschte zufällig ein Gespräch zwischen meiner Mutter und meiner Tante. Meine Mutter sagte, dass ich zu alt sei und sie niemals jemanden auftreiben würde, der einer Heirat mit mir zustimmte. Meine Tante antwortete, dass ich wunderschön sei und dass sie ganz bestimmt jemanden finden könnten, der mich nehmen würde, sofern sie mich vom Reden abhalten könnten. Meine Mutter gab zurück, dass sie selbst mit dem Lockmittel eines britischen Passes niemals einen finden würden, der ein solch anstrengendes Weibsstück wie mich nehmen würde. Ich würde ihnen die Schamesröte ins Gesicht treiben, wenn sie entdeckten, wie schwierig ich war und dass ich in London wie eine Prostituierte lebte.

Wie auch immer, meine Mutter hatte öffentlich versucht, ihrer Pflicht mir gegenüber nachzukommen, und da man gesehen hatte, dass dem so war, war allen bewiesen worden, dass es nicht ihre Schuld, sondern meine war. Also konnte sie niemand mehr verurteilen. Nachdem sie mit mir fertig war, wandte sie ihre Aufmerksamkeit meiner Schwester zu.

Meine Mutter und meine Tante kamen überein, dass es leichter sei, Farah zu verheiraten, da sie jünger und leichter zu lenken war. Und eine von uns beiden zu verheiraten war besser als keine.

Es dauerte nicht lange, bis sie jemanden fanden. Wenn das Versprechen auf Einreise nach Großbritannien zum Verkauf steht, ist es für viele Pakistani schwer, dem Lockmittel einer in Großbritannien geborenen Frau zu widerstehen. Dieser *Rishta* wurde anders angegangen. Möglicherweise hatten sie die Lehre aus meiner eigenen desaströsen Erfahrung gezogen, denn meine Mutter und Tante gaben sich große Mühe, meine Schwester auf raffiniertere Weise ihrem potenziellen Ehemann zu präsentieren. Wir wurden beide zur Seite genommen und darüber informiert, dass meiner Schwester der *Rishta* angetragen worden sei. Der Bewerber war vierundzwanzig Jahre alt. Seine Familie war in der verarbeitenden Industrie tätig, seine Eltern waren gestorben, als er vierzehn war, und seitdem hatte er bei seinem älteren Bruder und dessen Frau gelebt, die jetzt nach einem passenden Mädchen für ihn suchten. Man sagte uns, dass sie kommen und sich Farah ansehen würden.

Er war hässlich. In diesem Punkt waren wir uns beide einig. Obwohl sie nach hinten gegelt waren, wirkten seine krausen Haare, als hätte er einen Kopf voller Schamhaare, weshalb wir ihn Schamkopf nannten.

Farah war außer sich. »Wie zum Teufel kann ich *das da* heiraten und ihn meinen Freunden als meinen Ehemann vorstellen?«, keuchte sie konsterniert. »Ich werde zur Lachnummer!« Sie weigerte sich ohne Wenn und Aber.

Das war etwa in der vierten oder fünften Woche unserer Gefangenschaft, und ab diesem Augenblick wurde es für uns richtig übel. Es war der Beginn eines Machtkampfes zwischen uns und unserer Mutter, die erklärte, dass meine Schwester entweder zustimmte, diesen zu heiraten. Andernfalls würde sie selbst in einem Sarg nach England zurückkehren, und wir Mädchen wären für ihren Tod verantwortlich. Voller Entsetzen mussten wir erleben, dass unsere Mutter von nun an Episoden erlebte, in denen sie von unkontrollierbaren Anfällen ergriffen wurde, und kollabierte. Die Familie eilte zu ihr, als sie sich mit rollenden Augen und bebendem Körper auf dem Boden krümmte und wand, und drehte sich mit der Frage zu uns um, was wir denn für Töchter seien, die ihre Mutter solchen Qualen aussetzten. Falls sie sterben sollte, wäre es unsere Schuld.

Zu Hause hatten wir keine solchen Anfälle mitbekommen und waren anfangs beängstigt und besorgt. Mit der Zeit standen wir allerdings ratlos daneben, überzeugt davon, dass die Anfälle entweder psychosomatischer Natur waren oder simuliert wurden, um die Familie gegen uns aufzubringen und uns zu manipulieren. Weder Farah noch ich wurden nach dieser Zeit in Pakistan jemals wieder Zeuginnen solcher Anfälle.

Schamkopf verfolgte unermüdlich seine Heiratspläne mit meiner Schwester, wobei er kein Geheimnis daraus machte, dass er unbedingt nach England kommen wollte, um zu studieren. Die gnadenlosen Zurückweisungen seitens seiner potenziellen Braut, die ihn hasserfüllt anblitzte, schienen ihn nicht im Geringsten zu interessieren. Ja, beide Familien schienen von ihrem Widerstand gegen ihn unbeeindruckt und sagten sich – und uns –, dass alles gut würde, sobald sie verheiratet wären. Meine Mutter versuchte Farah zu überreden, indem sie das Geld und den Status von Schamkopfs Familie als Verhandlungswerkzeug benutzte.

»Seine Familie ist vermögend, dir wird es nie an etwas mangeln.«

»Das ist nicht sein Geld, sondern ihres«, erwiderte sie.

»Sie leben in einem wunderschönen großen Haus.«

»Was hat er damit vor? Will er es hochheben und mitten in London runterplumpsen lassen?«, gab sie gereizt zurück. Doch er und seine Familie kamen weiterhin zu Besuch, und der Druck auf Farah wurde immer höher.

»Das ist nicht fair!«, wütete sie mir gegenüber. »Sie sollen mich nicht fortwährend so quälen. Sie sollen dir jemanden zeigen, und wenn du Nein sagst, sollten sie das eigentlich akzeptieren. Ich verweigere mich nicht der Idee, verheiratet zu werden, sondern einer Heirat mit *ihm!*

Doch meine Mutter lehnte es ab zuzuhören und erwiderte erzürnt, dass sie uns nicht erlauben werde, nach England zurückzukehren, um wie Huren herumzulaufen, und dass wir uns nicht in der Lage befänden, gute *Rishtas* abzulehnen.

Das brachte uns nur noch mehr auf. »Was meinst du mit *Rishtas?*«, wollte ich wissen. »Du hast mir eine einzige Person gezeigt, und jetzt machst du dasselbe mit ihr und zwingst sie, den Einzigen, den du ihr gebracht hast, anzunehmen!«

»*Haramin!* Es war schwer genug, für einen großen, fetten Büffel diesen einzigen *Rishta* zu bekommen. Und jetzt versuchst du, es ihr kaputt zu machen«, schrie sie, während ich eine weitere Ohrfeige bekam.

»Warum bist du mir geschickt worden, um mir mein Leben zur Qual zu machen?«, fragte sie. »Warum bist du nicht bei der Geburt gestorben?« Dieser Wunsch bezeichnete den Beginn einer Schlacht voller Erpressungen und Drohungen gegen mich, die mich zwingen sollten, meinen Einfluss auf meine Schwester zu nutzen, um sie umzustimmen.

19
Ein kleiner Splitter im Auge

Das Leben hört nicht auf, komisch zu sein, wenn Leute
sterben, so wenig, wie es aufhört, ernst zu sein, wenn Leute
lachen.
George Bernard Shaw

Einer der regelmäßigen Besucher meiner Tante war ein
höherer Armeeoffizier, der mit ihr auf dem College gewesen war. Er wurde ein häufiger Besucher des Hauses und
kam oft abends, wenn die Bediensteten gegangen waren,
unangemeldet vorbei. Er war vermutlich Anfang vierzig
und ein großer, gut aussehender und kultivierter Mann,
der fehlerfreies Englisch sprach. Und er war einer der wenigen Besucher, die keine Mühe scheuten, sich mit Farah
und mir anzufreunden und uns wie intelligente menschliche Wesen zu behandeln. Das stellte eine erfrischende
Abwechslung dar, denn die meisten Leute sprachen über
uns oder mit uns, als wären wir minderbemittelt.

Als angesehener Freund meiner Tante hatte er das Privileg, sich einfach zu setzen und sich mit uns beiden zwang-
los zu unterhalten, was normalerweise nicht erlaubt
wurde. Unsicher darüber, welches Verhalten man von uns
erwartete, saßen wir folgsam da, sahen ihm nicht direkt in
die Augen und versuchten nicht allzu interessiert gegenüber dem zu wirken, was er sagte, damit wir keinen gesellschaftlichen Fauxpas begingen. Er beherrschte immer das
Gespräch und unterhielt sich mit uns über unser Zuhause
in England und die Unterschiede zwischen unseren bei-

den Ländern. Er besaß eine wundervolle Ausstrahlung und Charisma, im Gegensatz zu allen anderen pakistanischen Männern, die wir kennenlernten. Zurück in unserem Zimmer, spekulierten Farah und ich darüber, ob unsere Tante womöglich für ihn schwärmte.

Eines Abends, während sich meine Tante nicht im Zimmer aufhielt, rückte er näher und sagte uns, dass er über die Umstände unseres Aufenthalts in Pakistan Bescheid wisse. Ihm sei klar, dass wir dort gegen unseren Willen festgehalten würden. Er versprach uns, alles in seiner Macht Stehende zu tun, um uns nach Hause zurückzubringen. Er bat uns, ihm zu vertrauen, und ihm zu glauben, dass er ein guter Freund sei, der uns helfen werde.

Nachdem er nach Hause gegangen war, konnten Farah und ich kaum schlafen. Wir konnten nicht fassen, dass jemand bereit war, uns zu helfen, doch wagten wir zu glauben, dass er angesichts seiner Stellung die Macht und den Einfluss besaß, es zu schaffen. Er konnte seine Autorität einsetzen, um Druck auf meine Tante und meine Mutter auszuüben und sie zu überreden, uns nach Hause zu lassen. Nach diesem Abend entschloss ich mich, ihm zu vertrauen, und begann, mich während der Abendbesuche vorsichtig zu öffnen. Ich beobachtete auch, wie sich meine Mutter und Tante um uns herum entspannten und uns nicht wie üblich ausschimpften oder Druck auf uns ausübten, was wir auf seinen Einfluss zurückführten. Als gebildeter und kultivierter Mann von Welt hatte er wohl verstanden, wie barbarisch es war, zwei Mädchen im Westen zu erziehen, sie durch einen Trick nach Pakistan zu locken und sie dann gegen ihren Willen festzuhalten. Ich erwärmte mich für ihn und glaubte, dass er uns nach Hause bringen würde.

Eines Abends sahen wir seinen Jeep vor dem Haus parken und machten uns auf die Suche nach ihm, verwundert darüber, dass er seine Ankunft nicht wie sonst laut und jovial verkündet hatte. Da wir nicht hineingebeten wurden, verharrten wir vor dem Wohnzimmer und diskutierten darüber, ob wir einfach hineingehen sollten oder nicht.

»Zainab, glaub mir!«, hörten wir ihn sagen. »Sie sind verwöhnt und eigensinnig, und du darfst ihnen absolut nicht erlauben, ihren Kopf durchzusetzen.«

»Was soll ich machen?«, antwortete meine Tante. »Der ganze Haushalt steht Kopf. Mein Bruder und seine Frau haben sie in England frei herumlaufen lassen, und jetzt haben sie sie hierher gebracht und ihr Problem auf die Familie abgewälzt. Wir waren vernünftig, doch die Mädchen weigern sich bei jedem, den wir finden, ihn zu heiraten.«

»Dann ist der Fall erledigt«, antwortete er. »Ihr müsst standhaft bleiben, ihnen klarmachen, wer das Sagen hat, und diese Mädchen hierbehalten. Ich werde euch helfen. Mein jüngerer Bruder ist in den Zwanzigern und bereit zu heiraten. Ich habe bereits mit der Familie gesprochen und bin überzeugt, dass unsere beiden Familien in der Lage sind, miteinander ins Geschäft zu kommen.«

»Ich werde meiner Nichte gegenüber nichts sagen, und alles ist *pukka*«, stimmte meine Tante zu.

»Uns geht es um die Jüngere, die andere ist zu alt. Ihre Schwester ist viel lenkbarer und hat einen einfacheren Charakter. Ich bin mir nicht sicher, was man mit der Älteren machen kann«, fügte er hinzu. »Aber was auch immer du tust, behalte sie hier, bis ich die Angelegenheit ins Reine gebracht habe.«

Inzwischen hatte ich mehr als genug gehört! Vor Scham und Zorn verletzt, rannte ich ins Freie und kämpfte heftig gegen die heißen Tränen der Wut an.

»Dieses perfide, verlogene Schwein!«, schrie ich Farah zu. »Er hat so getan, als würde er sich mit uns anfreunden. Er hat versprochen, uns zu helfen, und die ganze Zeit über hat er Pläne geschmiedet, uns für seinen Bruder in die Hand zu bekommen. Na ja, dich jedenfalls, ich bin ja zu alt!«

»Es stimmt nicht, dass wir zu jedem, den sie für uns finden, Nein sagen«, protestierte Farah. »Sie haben dir einen einzigen Kerl gezeigt, und ich hatte nur diese hässliche, schamköpfige Kreatur, die ein Nein nicht als Antwort gelten lässt.«

»Wann hat hier jemals irgendetwas der Wahrheit entsprochen?«, fragte ich bitter. Ich wusste nicht, was schlimmer war: die Tatsache, dass man gezwungen wurde, jemanden zu heiraten, den man nicht heiraten wollte, oder die Tatsache, dass überhaupt keiner uns heiraten wollte! Meine Mutter sagte die ganze Zeit und in sehr viel bösartigeren Worten dasselbe zu mir, aber einen Außenstehenden sagen zu hören, dass ich mit vierundzwanzig zu alt sei und dass niemand mich heiraten wolle, weil ich zu schwierig sei, verletzte mich weit mehr, als das meine Mutter je getan hatte. Ich bekam vor lauter Schmerz kaum noch Luft.

Da blieb mein Blick auf dem Jeep hängen, der nur wenige Schritte entfernt parkte. Er gehörte dem heimtückischen, doppelgesichtigen Mistkerl, der uns gebeten hatte, ihm zu vertrauen. Er hatte uns versprochen, uns zu helfen, damit wir außer Landes kamen. Dabei hatte er die ganze Zeit vorgehabt, uns zu betrügen, und jetzt drängte er meine naive, strohdumme Tante, uns so lange hier festzuhalten, bis er seine eigenen Pläne in die Tat umgesetzt hatte. Voller Schmerz über die Erniedrigung und den Betrug beugte ich mich hinunter und hob ein Stück von einer zerbrochenen Fliese auf, das eine scharfe Kante besaß. Damit versuchte ich, die Reifen seines wertvollen Jeeps aufzuschlitzen, wobei ich noch zorniger wurde, als es so gut wie keine Wirkung zeigte. Entschlossen warf ich die zerbrochene Fliese weg und begann das Luftventil aufzuschrauben. Farah war entsetzt. »Das ist es nicht wert, dafür mit dem Gürtel gezüchtigt zu werden!«, warnte sie mich und schaute sich ängstlich um.

»O doch, das ist es!«, erwiderte ich halsstarrig, als ich den ersten Ventilaufsatz entfernt hatte und zum zweiten überging. Ich hatte keine Ahnung, wie lange die Luft brauchen würde, um zu entweichen, aber vielleicht war es ohnehin besser, wenn er nach Hause fahren konnte und erst am nächsten Tag vier platte Reifen entdeckte. Mit ein bisschen Glück fuhr er ja vielleicht sogar hinten auf einen Bus auf, starb und ging zur Hölle! Als ich den Aufsatz vom vierten Reifen entfernt hatte, stand ich auf, betrachtete boshaft den makellosen Lack und stellte mir den Schaden vor, den ein scharfer Stein ihm zufügen konnte.

Es war früher Abend, die ganze Familie war ausgegangen und es waren keine Bediensteten da. Gut so, denn meine Schwester hatte recht, es würde tatsächlich Unannehmlichkeiten geben, falls ich erwischt würde, dachte ich bei mir, während ich mich hinabbeugte und ein Stück Schiefer aufhob. Als ich mich aufrichtete, tat mein Herz einen plötzlichen Sprung, denn ich sah auf einer schmalen Mauer, die sich unmittelbar vor den eisernen Toren des Hauses befand, eine Gestalt liegen. Es handelte sich um einen der Gärtner; er besaß die besondere Fähigkeit, überall zu schlafen, sei es ausgestreckt auf einem heißen, staubigen Pflaster in der größten Hitze des Tages und mit Menschen und Verkehr, die an ihm vorbeirauschten, oder wie hier auf einer Mauer kauernd. Egal wie, im Moment schlief er nicht, sondern hatte sich nur ausgestreckt, halb auf seinem rechten Ellbogen aufgestützt, und beobachtete mich mit gelassener Neugier.

»Mist, diese Leute!«, knurrte ich gereizt. »Warum können sie nicht wie normale Menschen in einem ordentlichen Bett schlafen?«

Farah schätzte unsere Situation realistischer ein. »Jetzt sind wir geliefert«, jammerte sie.

»Du solltest das nicht tun«, sagte er leise zu mir.

Ich hatte Angst, denn mir war klar, dass ich vernichtet wäre, wenn er uns verpfiff. Andererseits war ich nicht umsonst eine Tochter dieses Hauses. Ich hatte gesehen, wie Kinder und Bedienstete in alle Richtungen davonliefen, wenn meine Tante herumtobte. Sie mochte das einzige Mädchen in einer Familie mit sechs Brüdern gewesen sein, aber ihre Sprache war kein bisschen weniger drastisch, und sie hatte vor niemandem Angst. Ich hatte sie brüllen und bellen gehört und gesehen, wie sie erwachsene Männer zum Weinen brachte.

»Du sagst besser nichts«, zischte ich. »Mach den Mund auf und ich erzähle Dadda, dass du uns anzüglich angegrinst und versucht hast, uns mit deinen dreckigen Händen zu begrapschen. Was glaubst du wohl, was er mit einem *Naukar* (Dienstboten) macht, der es wagte, die *Izzat* seines Hauses in den Schmutz zu ziehen?« Ich stand ihm jetzt bedrohlich nahe. »Er peitscht dir die Haut von den Knochen und wirft die Überbleibsel in einen Graben! Und ich will dir erst gar nicht erzählen, was mit dir passiert, wenn die *Chacha* davon erfahren. Wenn die mit dir fertig sind, wird nichts mehr von dir übrig sein, das man irgendwohin wirft. Deine eigene Mutter wird deinen Kadaver nicht erkennen. Ich warne dich! Wenn du deinen Job behalten und heil bleiben willst, erzählst du besser nichts!«

Dann warf ich herausfordernd den Kopf in den Nacken, packte meine Schwester und marschierte ins Haus zurück, zufrieden darüber, dass wir es an einem einzigen Abend zweimal geschafft hatten, den Spielstand etwas auszugleichen.

Als wir ein paar Tage später mit hinausgenommen wurden, um etwas frische Luft zu bekommen, wurde der Spielstand unabsichtlich sogar noch weiter ausgeglichen. Damit die Nachbarn uns ab und zu sahen, nahm meine Tante Farah und mich manchmal mit, um uns an einem nahen Eiskiosk eine Cola zu kaufen. Nachdem wir fast den ganzen Tag eingesperrt waren, wurde dieser kurze halbstündige Ausflug zu einem freudigen Ereignis.

Sie unterhielt sich mit dem Mann, der den Kiosk betrieb.

»Was halten diese englischen Mädchen von unserem heißen pakistanischen Wetter?«, wollte er wissen.

»*Beychari*, arme Dinger.« Sie zeigte ihre Grübchen. »Die Hitze ist zu viel für sie.« Sie tätschelte uns liebevoll, als wir finster dreinblickten.

»Dumme Kuh! Sie redet über uns, als wären wir so doof wie sie!«, murmelte ich meiner Schwester zu, während sich meine Tante anstrengte mitzuhören, was wir sagten. Wir lächelten süß zurück.

»Etwas Kaltes zu trinken? Eine Eiscreme?«, bot er an und nahm zwei aus der Kühltruhe.

»Nein«, sage ich bockig. »Ich will ein Eis am Stiel!«

Zu meiner Verblüffung schnappte der alte Mann nach Luft und stolperte nach hinten in den Kiosk. Ich dachte, dass er einen Schlaganfall erlitten hatte. Meine Tante schimpfte, dass wir Kinder wären und nicht wüssten, was wir sagten, führte uns hastig aus dem Kiosk hinaus und marschierte mit uns nach Hause. Ihr üppiger Körper bebte vor Entrüstung, und sie schimpfte vor sich hin, weil sie sich nicht traute, uns direkt anzusprechen.

»Babhi!«, brüllte sie, als wir das Haus betraten, und als sie meine Mutter im Wohnzimmer entdeckte, stürmte sie hinein, schlug wütend die Tür hinter sich zu und ließ uns irritiert zurück. Wir hatten keine Ahnung, was wir getan hatten. Kurz darauf kam meine Mutter heraus und bemühte sich nach Kräften, streng auszusehen.

In Pakistan wird das Wort »Eis am Stiel« nie verwendet, jedes Eis wird als Eiscreme bezeichnet. Es gibt aber ein Wort auf Urdu, das wie »Stiel« klingt und ein männliches Körperteil meint. Kein Wunder, dass der alte Mann ausgesehen hatte, als hätte ich eine Pistole auf ihn gerichtet.

Ich hatte gerade einen gefrorenen Pimmel bei ihm bestellt.

20
Die Schrauben werden festergezogen

Fanatismus besteht im Verdoppeln der Anstrengung, wenn das Ziel vergessen ist.
George Santayana

Meine Mutter ärgerte sich zunehmend über die Weigerung meiner Schwester, den Schamkopf zu heiraten. Noch wütender machte sie die Tatsache, dass alle Versuche, Farah mit Versprechungen auf Juwelen, Autos und ein neues Haus zu bestechen, umsonst waren, da meine Schwester hartnäckig darauf bestand, dass sie nichts mit ihm zu tun haben wolle.

Jetzt bereute meine Mutter, dass sich Farah von klein auf um Hilfe, Rat und Unterstützung an mich gewandt hatte. Und obwohl sie nach wie vor keine Neigung zeigte, selbst in diese Rolle zu schlüpfen, hasste sie es, dass meine Schwester mir die bedingungslose Loyalität und das Vertrauen bezeigte, die von Rechts wegen automatisch ihr als Mutter und Matriarchin gebührt hätten. Während einer ihrer Schimpftiraden geriet sie so außer sich, dass sie mich anging: »Wer glaubst du eigentlich, dass du bist«, schrie sie, während es Schläge für mich hagelte. *Sie* sei Farahs Mutter, nicht ich.

Es war klar, dass Farah einfach als meine Marionette betrachtet wurde, während ich, die Puppenspielerin, die Fäden zog. Das war gar nicht der Fall, doch von diesem Augenblick an wurde nicht mehr auf Farah Druck ausgeübt, damit sie ihre Meinung änderte, sondern auf mich, damit *ich ihre* Meinung änderte. Ich erinnere mich an Gespräche, die ich mit einem meiner älteren *Chacha* führte, der mir sagte, es sei besser für mich, wenn ich tat, was man von mir forderte, und Farah befahl, den Schamkopf zu akzeptieren. Wenn ich das tun würde, wäre alles vorbei, wir könnten nach England zurück und alles würde wieder seinen normalen Gang gehen.

»Ach! Normalität für wen?«, dachte ich bei mir, wagte aber nicht, es laut auszusprechen.

Chacha war ein großer, temperamentvoller Mann, und in diesem Augenblick konnte ich mich nicht des Gefühls erwehren, dass er mich einschüchtern wollte. Tag für Tag war er in der vergangenen Woche ins Zimmer gekommen, um sich mit mir unter vier Augen zu unterhalten. Während diese Gespräche als freundschaftliche Plaudereien angefangen hatten, entwickelten sie inzwischen zunehmend bedrohliche Züge. Er sagte mir, dass er nicht glücklich darüber sei, dass meine Eltern ihre Probleme seinem Haus aufgeladen hätten, doch mein Vater sei sein älterer Bruder und aus diesem Grund habe er die Wünsche meiner Eltern zu respektieren. Und sie wollten uns nun einmal verheiraten. Er war schockiert über unseren Mangel an Achtung gegenüber unserer Mutter und verstand ihn nicht, nahm aber an, dass dies die englische Art und Weise war, mit den Dingen umzugehen. Alles, was er jetzt wollte, war, diese Hochzeit über die Bühne zu bringen, damit jeder zu seinem eigenen Leben zurückkehren konnte.

»Aber sie will ihn nicht heiraten«, sagte ich ihm nicht zum ersten Mal.

»Dann sag ihr, dass sie ihre Meinung ändern muss«, erwiderte er. »Du scheinst diejenige zu sein, die Einfluss auf sie hat, sag ihr, dass sie ihn heiraten muss. Wenn du das nicht tust, breche ich dir jeden Knochen im Leib«, fügte er hinzu, bevor er hinausging, ohne auch nur noch einmal zurückzusehen.

Einige Tage später schnitt mir Zainab, als ich allein war, den Weg ab, um wieder einmal ein Vier-Augen-Gespräch mit mir zu führen. Sie bearbeiteten mich alle und übten Druck auf mich aus, als wäre ich die böse Drahtzieherin, die wild entschlossen ihre Bemühungen zunichtemachte, eine gute Ehe für meine Schwester zu arrangieren. Meine Tante fragte mich, warum ich nicht wolle, dass Farah Schamkopf heirate (die Familie nannte ihn bei seinem richtigen Namen, an den ich mich aber nicht mehr erinnern kann). Ich antwortete, dass das nicht meine Entscheidung sei, sondern Farahs, und dass sie ihn verabscheue.

»Aber du könntest sie umstimmen, wenn du wolltest, oder?«, fragte sie mit seidenweicher Stimme. »Willst du deine Schwester nicht in einer guten Ehe aufgehoben wissen, mit einem Ehemann, einem Zuhause und einer eigenen Familie?«

»Natürlich will ich das«, gab ich zurück, verstimmt über die Unterstellung.

»Dann stimmst du mir zu, dass es das Beste für sie wäre. Es ist besser, sie zu verheiraten, bevor ihr Ruf ruiniert ist«, sagte sie. »Wenn die Leute einmal anfangen zu tratschen, ist sie erledigt, sowohl hier als auch in England.«

Ich verstand nicht, worauf sie hinauswollte.

»Bhabi sagt, du willst nicht, dass sie heiratet, weil sie vorwärtskäme, während du zurückbleibst. Deshalb möchtest du sie bei dir behalten.«

»Das stimmt nicht«, protestierte ich.

»Ja, ja, das habe ich ihr auch gesagt«, erwiderte meine Tante ungeduldig. »Aber das hält sie nicht von dem ab, was sie sagen.«

»Was sagen sie denn?«, wollte ich wissen.

»Dass du sie nicht heiraten lässt, weil du sie für dich behalten willst.« Sie hielt inne, als ob sie auf meine Reaktion wartete, bevor sie fortfuhr. »Sie sagen, dass du widernatürlich veranlagt bist, und es deshalb ablehnst, einen Mann zu heiraten, und sie sagen, dass du deshalb deine Schwester nicht loslassen willst.«

Am Anfang verstand ich sie nicht, aber als mir die wahre Bedeutung ihrer Worte aufging, spürte ich, wie Tränen des Entsetzens und Unglaubens in mir hochstiegen. Ich konnte einfach nicht glauben, was sie mir unterstellte.

»Das ist nicht wahr!« Ich schnappte nach Luft. »Sie ist meine kleine Schwester! Ich habe mich um sie gekümmert, seit sie ein Baby war! Wie kann irgendjemand behaupten, dass ich andere Gründe hätte?«

Das also waren die Tiefen, in die sie sich begeben wollten, um mich gefügig zu machen. Sie wollten oder konnten die Angelegenheit nicht aus unserem Blickwinkel sehen. Es lag in ihren Augen nicht daran, dass sie es vielleicht nicht schafften, ihrer Verpflichtung nachzukommen, eine geeignete Ehe für mich zu arrangieren. Es lag auch nicht daran, dass Farah sich weigerte, diese abstoßende Kreatur zu heiraten. Es lag nicht daran, dass ich gegen meinen Willen Tausende von Kilometern von zu Hause entfernt an diesem schrecklichen Ort festgehalten, von meiner Mutter körperlich geschlagen und seelisch gequält wurde. Nein. Die einzige Erklärung, die ihnen für mein Verhalten einfiel, war eine inzestuöse lesbische Beziehung mit meiner Schwester. Das war krank!

Ich ging im Zimmer auf und ab, kaum in der Lage, das zu begreifen. Ich wusste nicht, ob ich wie eine Wahnsinnige laut auflachen oder weinen sollte angesichts der Beschämung und Wut, die unsere Behandlung durch diese

Leute auslöste. Leute, die eigentlich für uns sorgen und uns schützen sollten. Waren sie verrückt? Wussten sie nicht, dass sie uns, wenn sie solche Dinge erzählten, umbringen konnten? Hatten sie uns nicht unzählige Male gesagt, dass in Pakistan die Frauen die Verantwortung für die *Izzat* einer Familie trugen? Und dass man ihnen mit der Zerstörung dieser Ehre das Wertvollste nahm?

Ich hatte von Männern gehört, die eine Hinrichtung ihrer Frau oder Tochter verlangten, weil sie ein Fehlverhalten von deren Seite vermuteten. Ihr wurde keine Verteidigung zugestanden, weil seine *Izzat* bereits Schaden genommen hatte. Die einzige Möglichkeit für ihn, diese *Izzat* wiederzuerlangen, bestand darin, sie zu töten. So wurde eine Frau unter Umständen wegen eines leisen Getratsches über eine angebliche Unanständigkeit hingerichtet. Wahrheit, Wirklichkeit oder Beweise waren nicht nötig. Die reine Andeutung einer Anschuldigung reichte aus.

Vielleicht wollten sie, dass ich davor Angst bekam. Sie wussten, dass ich alles tun würde, um meine Schwester zu beschützen, und da sie den Einfluss kannten, den ich in der Tat auf sie hatte, glaubten sie vielleicht, ich hätte keine andere Möglichkeit, sie zu retten, als sie zu dieser Heirat zu überreden und dazu, mit einer grotesken Kreatur zu schlafen. Mein Kopf schmerzte, als ich versuchte, den Sinn in alldem zu entdecken, und ich bemerkte, dass ich Angst hatte. Unfähig, das alles richtig zu verstehen, konnte ich mich nicht dazu durchringen, Farah davon zu erzählen, und weinte mich diese Nacht in den Schlaf.

Ein paar Tage nach dieser Unterredung kam meine Mutter, um mit uns zu sprechen. Obwohl ich diese Person, die vor mir stand, als meine Mutter anerkannte, fand ich es seit dem Beginn dieses Leidensweges zunehmend

schwer zu glauben, dass sie diejenige war, die mich großgezogen hatte. Es schien, als hätte ein böser Geist Besitz
von Kopf und Körper dieser sanften, freundlichen, schönen göttergleichen Mutter meiner Kindheit ergriffen, die
sich vor meinen Vater geworfen und ihn angefleht hatte,
mir nicht wehzutun. Die mich bereitwillig beschützt
hatte, indem sie um meinetwillen Schläge hingenommen
hatte. Ich erkannte sie nicht wieder. Sie hatte ein verhärte-
tes Gesicht, und ihre Augen wirkten kalt und verbittert.
Plötzlich fragte ich mich, ob sie nicht tatsächlich krank
war, denn die Anfälle hatten sie hager und hässlich gemacht. Doch wenn ich ihr in die Augen sah, dann war
hinter der Kälte echter Kummer zu sehen. Ich konnte
ihren Anblick nicht ertragen, denn er weckte in mir unbe-
hagliche, schmerzliche Gefühle, die ich nicht verstand.
Während ich deshalb meinen Blick von ihr abwandte,
hörte ich zu, was sie uns zu sagen hatte.

Meine Mutter teilte uns mit kalter Stimme mit, dass sie
zwei Dinge beschlossen habe. Ersten würden wir England
nicht wiedersehen, solange wir nicht taten, was sie uns befahl. Sie sagte uns, das wir alles vergessen sollten, woran
wir gewöhnt waren, und jeden, den wir jemals gekannt
hatten, denn wir würden niemals zurückkehren. Wir würden unser Zuhause, unsere Freunde oder unsere Familie
nie wiedersehen. Das alles wäre Vergangenheit, da wir
Pakistan nicht mehr verlassen würden, wir sollten uns also
besser daran gewöhnen. Zweitens sei sie mit dem Entschluss hierhergekommen, ihre muslimische Pflicht zu erfüllen und uns zu verheiraten. Sollte sie das nicht wenigstens bei einer von uns beiden erreichen, habe sie die Absicht zu sterben, und die Verantwortung für ihren Tod
würde auf uns lasten. Und dann, als ob sie uns zeigen
wollte, dass sie es ernst meinte, oder als Hinweis, dass es

mit ihrer Gesundheit tatsächlich bergab ging, schien sie plötzlich das Bewusstsein zu verlieren. Sie begann zu stöhnen und bekam offenbar wieder einen Anfall. Farah und ich waren in Angst und Schrecken und standen selbst dann noch wie angewurzelt an Ort und Stelle, als meine Tante, die nach ihr schaute, um Hilfe rief.

Später, als wir wieder auf unserem Zimmer waren, wirkte der Schock immer noch nach.

»Glaubst du, dass sie das ernst meint?«, fragte Farah.

»Du hast gehört, was sie sagt, und du bist gestern dabei gewesen«, antwortete ich.

Am Tag davor waren andere Familienmitglieder, die von unserer Situation nichts ahnten, da gewesen und hatten uns an den Strand mitgenommen. Wir hatten das seltene Gefühl von Freiheit so genossen, dass wir unsere Mutter nicht bemerkten, die nah am Saum des Wassers entlangging. Plötzlich wurde sie von einer ungewöhnlich großen Welle erfasst, zu Boden geschleudert und ins Wasser gespült. Unter lauten Schreien raste die Familie zu ihr hinüber und zog sie heraus. Sie war völlig durchnässt, und auf dem Heimweg erzählte sie uns, sie habe zu Allah gebetet, damit er entweder ihre *Izzat* retten und ihr helfen würde, uns zu verheiraten, oder sie an Ort und Stelle zu sich nähme. Sie sagte, sie hätte sich gewünscht, dass die See sie wegschwemmen würde, denn falls wir ihr ihre *Izzat* nahmen, wollte sie lieber ganz schnell sterben.

Mit einem Blick auf meine Schwester fragte ich mich, wie viel mehr wir noch ertragen konnten. Als ob sie meine Gedanken gelesen hätte, sagte Farah, dass wir einfach wegmussten, und zwar je schneller, desto besser, da die Lage immer schlimmer wurde. Wir begannen einen Fluchtplan zu diskutieren, der uns zur britischen

Botschaft bringen sollte, wo wir unsere Rechte als britische Staatsbürgerinnen geltend machen und um Hilfe bei der Rückkehr nach England bitten wollten. Es waren aber mehrere Schwierigkeiten zu überwinden. Erstens hatten wir keine Ahnung, wo die Botschaft war. Zweitens, und noch wichtiger, stellte sich die Frage, wie wir aus dem Haus entkommen konnten, ohne erwischt und wieder zurückgezerrt zu werden, da wir nie allein waren und immer bewacht wurden. Hinzu kam, dass wir, wenn wir allein und ohne Schutz ausgingen, Gefahr liefen, von Gelegenheitstätern, die auf Vergewaltigung, Lösegeld oder Mord aus waren, ergriffen und entführt zu werden. Nachdem wir aber die Alternativen in Betracht gezogen hatten, beschlossen wir, die Vergewaltiger und Kidnapper zu riskieren und zur Hauptstraße zu laufen, wo wir auf den ersten Bus aufspringen würden, der in Richtung Innenstadt fuhr. Wir wussten, in welcher Richtung die Innenstadt lag, und einmal da, würden wir direkt auf die Gegenden zuhalten, in denen die großen Luxushotels und Einkaufszentren lagen, weil das der wahrscheinlichste Ort für die britische Botschaft war.

Doch zuerst mussten wir vom Haus wegkommen und versuchen, in der Menschenmenge unterzutauchen. Das war leichter gesagt als getan, denn wir wussten, dass wir nicht zu übersehen waren. Aber wir mussten es versuchen. Es war mitten am Nachmittag, und ein Teil der Familie war unterwegs, der andere hielt während dieser heißesten Tageszeit Mittagschlaf. Jetzt oder nie.

Wir nahmen jede nur eine Tasche mit, um nicht zu viel Aufmerksamkeit auf uns zu ziehen, und taten die ersten Schritte aus dem Hof hinaus auf die Straße. Die Hitze und Glut der Nachmittagssonne schienen uns mit aller Macht zu überfallen, und mein Herz hämmerte so schnell, dass ich kaum genug Luft hatte, meiner Schwester zu sagen, dass sie locker gehen solle, damit wir nicht auffielen. Bis zur Hauptstraße waren es zehn Minuten, vorbei an den Häusern der Nachbarn, die sich alle wundern würden, weil wir allein und ohne Begleitung im Freien waren. Wir waren kaum hundert Schritte unterwegs, als plötzlich wie aus dem Nichts die Familie auftauchte. Voller Panik überlegten wir, loszurennen und zu versuchen, die Bushaltestelle zu erreichen, aber das hätte keinen Sinn gehabt. Wir hätten viel zu viel Aufmerksamkeit erregt, und das entstehende Geschrei hätte jeden Mann, jede Frau, jedes Kind in der Gegend auf die Beine gebracht, um das Spektakel zu begaffen, wie die zwei Mädchen aus England zurück ins Haus geschleppt wurden.

Es überraschte nicht, dass meine Mutter außer sich war und uns aufforderte, ihr zu sagen, was für ein Spiel wir spielten und ob wir der Familie Schande hätten machen wollen. Ob wir nicht wüssten, fragten meine Tante und *Chacha*, wie gefährlich es für uns sei, allein und ohne Schutz auf den Straßen unterwegs zu sein?

»Schutz wovor?«, wollte ich wissen. »Entführung? Gefangenschaft? Geschlagen und erpresst zu werden? Mit dem Tode bedroht? Sag mir etwas, was mir da draußen widerfahren könnte, was mir hier drinnen nicht schon widerfährt!«

Meine Mutter sprang auf mich zu, überschüttete mich mit Schimpfworten, schlug mir ins Gesicht, auf den Kopf und überall hin, wo es mir wehtun würde, und schrie die anderen an, sie sollten mich nehmen und unter die Paschtunen werfen.

Die Paschtunen waren Männer aus der nördlichen Grenzregion und betrachteten, wie man uns sagte, Frauen als nichts anderes als ihren Besitz. In Karatschi waren viele von ihnen Taxifahrer. Keiner wagte es, sich mit einem Paschtunen auf einen Kampf einzulassen, denn sie galten als gefährlich und unberechenbar. Meine Mutter drohte damit, dass wir an einen Paschtunen verheiratet würden, wenn wir uns weiterhin unseren Familienältesten widersetzten, denn diese würden mit uns verfahren, wie wir es verdienten, und ihnen seien Gruppenvergewaltigungen und Mord nicht fremd.

Zornig forderte ich sie auf, es doch zu versuchen. Ich sei britische Staatsangehörige, und sie werde es nicht wagen!

Meine Mutter und Tante erwiderten, dass es für sie in Pakistan nicht wichtig sei, ob jemand ein britischer Staatsangehöriger war. Man würde mich in den Bergen verschwinden lassen, wo kein Mensch je wieder etwas von mir hörte. Sie behaupteten, dass man unter islamischem Gesetz eine ehrlose Tochter ermorden, ihren Körper in Stücke schneiden und sie vergraben könnte. Es würde ständig passieren. Genau genommen warnten sie mich davor, dass sie mit uns anstellen konnten, was immer ihnen beliebte, weil wir als unverheiratete Töchter keinerlei Rechte besaßen und das Gesetz sowie die pakistanische Gesellschaft ihnen immer Rückendeckung gab.

Nicht lange danach kam meine Tante und teilte uns mit, dass meine Mutter uns eine Lektion erteilen wolle. Sie wollte, dass Zainab uns auf die Polizeiwache mitnehmen und uns über Nacht ins Gefängnis werfen ließ. »Diese pakistanischen Gefängnisse sind nicht wie eure englischen, wo man einen Fernseher bekommt und einem das Abendessen serviert wird«, warnte sie mich. Sie seien voll mit der Sorte Männer, die dir Säure ins Gesicht schleudern, wenn du sie nur ansiehst.

»Kannst du dir vorstellen, wie es ist, Säure ins Gesicht zu bekommen?«, fragte sie. Diese Männer würden ein

Mädchen benützen, einfach weil sie es tun können, und dann ihre Leiche wie ein Stück Abfall wegwerfen. Sie fuhr fort, dass solche Sachen hier in Pakistan ständig passierten, weil man mit genügend Geld alles kaufen und alles arrangieren könne.

Am späten Abend hörte ich, wie ein großes Gefährt draußen vorfuhr. Meine Mutter kam ins Zimmer und befahl meiner Schwester und mir, ihr zu folgen. Wir wurden ins Freie geführt, wo ein Kleinbus parkte, und mussten hinten einsteigen. Am Steuer saß ein Mann, den wir nicht kannten. Meine Mutter und meine Tante setzten sich in die Sitzreihe hinter ihm und vor uns und lehnten es ab, unsere Fragen nach dem Fahrtziel zu beantworten.

Es war eine lange, schweigsame Fahrt, die uns, wie wir bemerkten, aus dem bewohnten Bezirk wegführte. Während der ganzen Fahrt sprachen weder meine Mutter noch meine Tante ein Wort, nicht zu uns und nicht zueinander. Stattdessen saßen sie da und schauten unverwandt geradeaus. Der Fahrer, ein ungekämmter, roh aussehender Mann, beobachtete uns ständig durch seinen Rückspiegel, und ich wartete auf den üblichen Ausbruch meiner Tante, mit dem sie ihm befehlen würde, dass er seine Augen von uns lassen und sie auf die Straße richten solle. Aber sie sagte nichts. Eine Stunde später kamen wieder Häuser in Sicht, und ich sah, dass wir wieder in die Stadt zurückkamen. Plötzlich hielt der Wagen vor einer Polizeistation. Der Fahrer stieg aus, meine Mutter und Tante folgten ihm und verschwanden mit ihm in dem Gebäude, nachdem sie uns befohlen hatten zu bleiben, wo wir waren. Meine Schwester und ich saßen etwa eine halbe Stunde im Dunkeln. Uns kam es wie eine Ewigkeit vor, Zeit genug, uns davon zu überzeugen, dass etwas Schreckliches mit uns geschehen würde und sie uns hierher gebracht hätten, um ihre Drohung wahr zu machen und uns in ein Gefängnis voller Krimineller zu werfen, die uns einer nach dem anderen vergewaltigen und schließlich ermorden würden.

»Glaubst du, dass sie hier arbeitet?«, fragte meine Schwester. Ich wusste es nicht. Es interessierte mich auch nicht wirklich, denn meine Gedanken wanderten zurück zu meinem Gespräch mit Zainab über islamisches Gesetz und darüber, dass sie hier alles mit uns anstellen konnten. Ich wusste, dass sie recht hatte. Die Tatsache, dass du eine britische Staatsangehörige bist, hatte nichts zu bedeuten, wenn du schon tot warst. Wir konnten umgebracht werden, und keiner würde Fragen stellen. Sollte doch jemand nachfragen, würde die britische Regierung dann einen diplomatischen Eklat riskieren, indem sie die Pakistaner der Ermordung zweier muslimischer Mädchen beschuldigte, von denen eines sogar in Pakistan geboren war? Ich bezweifelte es. Die Familie würde ihnen einfach erzählen, dass wir verheiratet worden seien und unsere Männer uns mitgenommen hätten, ohne ihnen zu sagen, wohin. Es würde als häusliche Angelegenheit abgetan und als solche belassen werden. Wir waren auf uns selbst gestellt. Es gab niemanden, der uns half.

Nach einer halben Stunde kamen die drei zurück. Dieses Mal wurden wir geradewegs nach Hause gefahren, und die Rückfahrt dauerte halb so lange, verlief aber wiederum schweigend und unheimlich. Mir wurde bewusst, dass wir einen langen Umweg gemacht hatten. Man befahl uns, aus dem Wagen auszusteigen und zu Bett zu gehen. Nie wieder erwähnte jemand diese Fahrt, und wir konnten nur den einen Schluss daraus ziehen, dass man uns damit hatte zu Tode erschrecken wollen.

Wenn das der Sinn und Zweck gewesen war, dann war

es ein voller Erfolg. Diese Nacht hatte uns tatsächlich in Angst und Schrecken versetzt. Ich fragte mich, was sie als Nächstes planten und ob es einen anderen Ausweg aus dieser Situation gab. Jedes Mal wenn ich an die lange, unheimliche, schweigsame Fahrt dachte, zitterte ich vor Angst, und ich stellte fest, dass ich allmählich meine Fähigkeit verlor, klar zu denken.

Meine Schwester und ich schlossen den Pakt, dass wir uns, sollten die Dinge außer Kontrolle geraten, das Leben nehmen würden. Die Lage war schlimm, aber wir ahnten nicht, dass es noch schlimmer kommen sollte.

Mein Vater war auf dem Weg.

21
Vom Regen in die Traufe

Die beste Mutprobe ist nicht, zu sterben, sondern zu leben.
Conte Vittorio Alfieri

Meine Mutter teilte uns Neuigkeiten mit, die sie als Drohung verstanden wissen wollte. Sie sagte, dass unser Verhalten sie erschöpft hätte, weshalb mein Vater herkomme, um sich mit uns zu befassen.

Allerdings erfüllten mich die Nachrichten, dass mein Vater auf dem Weg hierher war, nicht mit Schrecken. Im Gegenteil, ich konnte seine Ankunft kaum erwarten und sah ihr sogar mit Erleichterung entgegen. Das lag daran, dass mein Vater nie viel Zeit für religiösen Fanatismus übrig gehabt hatte. Er hatte meine Mutter nie unterstützt, wenn sie ihre Sorge äußerte, am Tag des Jüngsten Gerichts vor Allah zu stehen und ihm die Frage beantworten zu müssen, warum sie ihrer Pflicht nicht nachgekommen seien und ihre Töchter verheiratet hätten. Die Tatsache, dass er im Laufe der Jahre sehr wenig dafür getan hatte, bewies sein Desinteresse. Hinzu kam noch die Überzeugung meines Vaters, dass die pakistanischen Bräuche im Namen der Religion viel zu weit gingen. Er sagte immer, dass die Extremisten Pakistan im Griff hätten, weil sie die Religion als Mittel benutzten, um die politische Kontrolle zu erlangen. Wenn die Leute sich nicht ihrer politischen Linie unterwarfen, würden sie angeklagt, unislamisch zu sein. Ich wusste nur wenig über pakistanische Politik, aber ich baute einfach darauf, dass mein Vater uns retten und nach Hause bringen würde.

Als er ankam, war es so, wie ich vermutet hatte. Er war nicht glücklich über die Dinge, die man über seine Töchter sagte. Sie warfen ein schlechtes Licht auf ihn, und er nahm es als Kritik an der Art, wie er uns in England erzogen hatte. Und weil ich ihn so gut verstand, wusste ich auch genau, was ich sagen musste, um ihn auf unsere Seite zu ziehen und zu überreden, uns nach Hause zu bringen. Ich erzählte ihm, dass Farah Schamkopf hasste und Nein gesagt hatte, dass aber weder meine Mutter noch Schamkopf selbst ihre Antwort akzeptieren würden und sie sie deshalb quälen würden, damit sie es sich anders überlegte. Es war kein schwerer Sieg, denn sobald er diesen angehenden Schwiegersohn kennenlernte, brauchte er mich nicht mehr, um festzustellen, dass er wirklich furchtbar war.

»Ich habe dir gesagt, dass er abstoßend ist. Kannst du dir vorstellen, ihn in Preston herumzuführen und deinen Freunden als neuen Schwiegersohn vorzustellen? Sie würden dich alle auslachen und Mitleid mit dir haben!«

Es gab noch ein anderes Argument. Ich wusste, wie sehr er die Pass-Bräutigame hasste, und sagte meinem Vater, dass seine Familie sich nicht einmal die Mühe machte, Schamkopfs verzweifelten Wunsch zu verschleiern, endlich nach England zu kommen. Das war eine echte Beleidigung für seine Tochter. Und für ihn. Meinem Vater gegenüber war es respektlos, denn er brannte nicht darauf, seine Tochter zu verheiraten. Es war ja nicht so, dass er arm oder seine Tochter hässlich gewesen wäre.

Mein Vater war entsetzt. Er sagte meiner Mutter, dass er ihr die Möglichkeit gegeben habe, uns nach Pakistan zu bringen, aber da ihre Bemühungen, uns zu verheiraten, gescheitert waren, sei es an der Zeit, das zu akzeptieren und unsere Rückflüge zu buchen. Doch meine Mutter hatte andere Vorstellungen.

Sie ging auf meinem Vater mit einer Aggressivität los, wie er sie noch nie zuvor erlebt hatte, und gab ihm zu verstehen, dass es nur zwei Wege gäbe, sie in dieses Flugzeug zu bringen: Entweder würde eine Hochzeit stattfinden, oder sie müssten ihre Leiche in einer Kiste aus Pakistan wegbringen. Es überraschte meinen Vater, ausgerechnet von ihr derart angegangen zu werden, und es war deutlich, dass er nicht recht wusste, wie er damit umgehen sollte. Seine Verwirrung verwandelte sich zu echter Besorgnis, als meine Mutter plötzlich einen ihrer Anfälle bekam, mit den Augen rollte und nicht mehr wahrzunehmen schien, was um sie herum vorging, während ihr Körper unkontrolliert zuckte. Es hatte auf ihn denselben Effekt wie auf meine Schwester und mich, als es das erste Mal passierte: Er stand zur Salzsäule erstarrt da und konnte sich nicht rühren.

»Zainab! Zainab!«, rief er nach seiner Schwester. Die vernahm die Panik in seiner Stimme, kam herbeigelaufen, warf sich neben meiner Mutter auf den Boden und nahm sie in die Arme, während sie wehklagte: »Ich sterbe zuerst.«

Da wusste ich, dass unsere Hoffnungen auf eine Rückkehr nach Hause dahin waren.

Im Lauf der nächsten paar Tage wurde mein Vater von Zainab über die schwindende Gesundheit meiner Mutter unterrichtet, über ihren Selbstmordversuch und ihre Verzweiflung angesichts des Kummers wegen uns. Er wandte sich gegen uns und sah in uns plötzlich nur noch zwei ungehorsame und aufsässige Töchter, die wild darauf versessen waren, ihre Mutter umzubringen.

Nach ein, zwei Tagen war sie wieder auf den Beinen, aber er wich nicht von ihrer Seite und zeigte ihr gegenüber eine Zärtlichkeit, die ich noch nie zuvor gesehen hatte.

Als sie zusammensaßen, hörte ich, wie sie ihm mit schwacher Stimme mitteilte, dass sie sich nichts weiter wünschte, als wenigstens eine ihrer Töchter achtbar verheiratet zu sehen – nur wenn sie das erreichen würde, könnte sie glücklich sein. Mein Vater bekam feuchte Augen, und seine Stimme brach, als er sie sanft tadelte, weil sie so etwas sagte.

»Sie bringt ihn genau dahin, wo sie ihn haben will«, beobachtete meine Schwester fassungslos.

»Das fürchte ich auch«, antwortete ich besorgt. Wir konnten nicht verstehen, wie sich unsere Mutter derart hatte verändern können. Wir hatten geglaubt, unser Vater hätte die Oberhand und täte wie die meisten pakistanischen Männer einfach das, was er wollte. Das war offensichtlich so gewesen, während wir Kinder klein waren. Doch jetzt fiel mir auf, dass mein Vater inzwischen emotional bereits völlig abhängig von meiner Mutter war. Wenn sie sich nicht in der Küche aufhielt, um sein Essen zuzubereiten, war er so lange unruhig, bis sie im selben Raum mit ihm war und ihm ihre ungeteilte Aufmerksamkeit zukommen ließ.

Zu Hause wachte er immer sehr eifersüchtig über ihre Aufmerksamkeit und ließ nichts – kein Strickzeug, keine Bücher, kein Fernsehen und keine Kinder – zwischen sie beide kommen. Sie hatte sich oft beklagt, dass er ihr nie irgendwelche Hobbys erlaubt hatte, wozu er erklärte, dass *er* ihr Hobby sei. Warum sollte sie also noch anderer Ablenkungen bedürfen? Und obwohl er meine Mutter Tag und Nacht zu seinem Handlanger machte, liebte er sie hingebungsvoll. Sie war sein Fels in der Brandung.

An welchem Punkt hatten sich die Machtverhältnisse in der Ehe meiner Eltern verschoben? Ich bin mir nicht ganz sicher. Vielleicht war es, als meine Brüder zu Männern wurden. Eine junge Ehefrau, die mit einer Brut Kindern angebunden ist, entwickelt sich zu einer ganz anderen Person, wenn sie die Mutter kräftiger, erwachsener Söhne ist. Als Mutter von Männern ist der Status einer orientalischen Frau sowohl innerhalb der Gesellschaft als auch innerhalb ihres eigenen Hauses unangreifbar. Sie wird zu einer ernstzunehmenden Macht. Ihr Wille, ausgedrückt durch diese Männer, wird im Laufe der Jahre schrittweise zur allgemein geltenden Stimme, die die Entscheidungen innerhalb der Familie trifft.

Genau das war geschehen und hatte sich hier in Pakistan zugespitzt. Das Blatt hatte sich gewendet. Jetzt, wo sich mein Vater mit der unvorstellbaren Aussicht konfrontiert sah, sie zu verlieren und ohne sie weiterzuleben, wurde die Machtübergabe endgültig vollzogen. Er würde alles für sie tun.

Ich erinnere mich nicht mehr genau, wie es begann, doch die Situation verschlechterte sich rapide. Meine Mutter hatte den Eindruck, dass wir sie ihrer *Izzat* beraubt hätten. Wir brachten Schande über unsere Eltern, und unter islamischem Recht geht man mit Töchtern, die Schande über die Familie bringen, hart ins Gericht. Es stand alles andere als gut um uns. Es war nur eine Frage der Zeit, bis wir feststellen würden, wie weit sie mithilfe dieser neuen Macht wirklich gehen würde.

Mein Vater ließ sich überreden, Schamkopf als potenziellen Schwiegersohn anzusehen. Mit einer Stimme, die deutlich seinen Unwillen zum Ausdruck brachte, ihren Ungehorsam zu tolerieren, teilte er meiner Schwester mit, dass wir die Familie zum Essen treffen würden. Ihre Verdrossenheit während dieses Essens und ihre nachfolgende Weigerung, einer Ehe mit Schamkopf zuzustimmen, versetzten ihn in Wut, und er wandte sich gegen sie und sagte ihr, dass sie tun würde, was er ihr sagte. Meine Mutter unterbrach ihn und erzählte ihm, dass sie sich genau das seit Monaten gefallen lassen müsse. Jetzt habe sie ihren Lebenswillen verloren und warte nur noch darauf, vor Scham zu sterben. Mein Vater sagte ihr verärgert, dass sie nicht sterben werde, denn wenn Farah nicht machte, was er ihr sagte, würde er sie schlagen, bis sie es tat. Das war für alle ein Schock, denn mein Vater hatte nie Hand an meine Schwester gelegt. Ich war mein ganzes Leben daran gewöhnt, verprügelt zu werden, weshalb Gewalt für mich nichts Neues war, doch der bloße Gedanke daran, dass er meine Schwester schlagen würde, ließ mich erbleichen.

Von diesem Augenblick an wurde unser Leben zu einem einzigen Albtraum, in dem meine Mutter meinen Vater anstachelte, sich gegen uns zu stellen. Es kam zu heftigen Auseinandersetzungen, bei denen ihr plötzlich übel wurde und sie kollabierte. Mein Vater wirkte dann ganz verzweifelt, drehte sich zu mir um und schlug mich. Uns wurde verboten, mit jemandem zu sprechen, und wir wurden in unser Zimmer eingesperrt, das zu unserem Gefängnis wurde. Wir beiden hassten meine Mutter für das, was sie uns antat.

In den Augen meiner Mutter bezahlte mein Vater den Preis für die unverantwortliche Art und Weise, wie er uns erzogen hatte. Sie beschimpfte ihn, weil er uns frei hatte herumlaufen lassen und uns erlaubt hatte, *Angrezi*-Kleidung zu tragen, zur Schule zu gehen und uns mit *Angrezi*-Leuten zu mischen und ihre Lebensweise zu lernen. Er hätte ihr erlauben sollen, nach eigenem Gutdünken mit uns zu verfahren, und uns zwingen sollen, pakistanische Sitten zu erlernen. Es sei seine Schuld, dass sie in ihrem eigenen Zuhause, in ihrer eigenen Familie nicht erhobenen Hauptes leben konnte, weil jeder über sie sprach, sie kritisierte und sagte, wie sehr seine Auswanderung nach England für ihn nach hinten losgegangen sei. Man müsse ja nur sehen, wie seine Kinder sich entwickelt hätten. Er würde nie auf sie hören, aber jetzt könne er sehen, wohin ihn das gebracht hätte, nörgelte sie an ihm herum. Er habe alles falsch gemacht. Sie hätten keine *Izzat* mehr, und das sei seine Schuld.

Eines Abends, nachdem er gründlich angetrieben worden war, drehte mein Vater durch, fluchte und stürzte sich schreiend auf Farah: »*Haramzadi! Das ist alles deine Schuld!* Du hast mich in eine aussichtslose Situation gebracht. Du hast mir in meinem eigenen Haus Schande bereitet!«

Zu meinem Entsetzen packte er sie an der Kehle und begann sie zu würgen.

Es hört sich völlig grotesk an, aber ich war verzweifelt, dass er sie und nicht mich gepackt hatte. Dass er irgendwie die Falsche erwischt hatte.

»Nein«, schrie ich und warf mich ihm auf den Rücken, um ihn von ihr wegzuzerren. »Du darfst ihr nicht wehtun! Sie ist nicht daran gewöhnt!« Er ließ meine Schwester los und wandte sich mir zu, wobei er mich bei allen Namen nannte, bei denen er mich immer genannt hatte. Dann schlug er mich. Während das geschah, war ich mir vage bewusst, dass meine Mutter ihm zurief, er solle mich fertigmachen. Dann hörte ich nichts mehr.

An das, was danach geschah, erinnere ich mich nicht mehr. Ich weiß nur noch, dass ich im Dunkeln aufwachte und sah, dass sich Farah über mich beugte, während sie mich mit verängstigter Stimme drängte aufzuwachen. Sie war heftig erschüttert und hatte Angst, ich würde nicht wieder zu mir kommen.

Als wir so im Dunkeln zusammensaßen, war uns beiden klar, in welcher Lage wir uns befanden. Jetzt waren wir richtig in Gefahr. Mein Vater konnte mit Stress nicht gut umgehen. Er wurde von unserer Mutter manipuliert, und es war nur eine Frage der Zeit, bis er durchdrehte. Aber wir konnten nichts dagegen machen. Farah sagte, dass sie sie hasste und sich ihren Tod herbeiwünschte, und ich erkannte schockiert, dass es mir genauso ging.

Es gab niemanden, der uns helfen würde. Ich hatte bereits meine Tante angefleht, uns beizustehen und mit meinem Vater zu sprechen. Ich hatte sie gebeten, uns zur Rückkehr zu verhelfen, etwas zu unternehmen, bevor wir umgebracht würden. Sie schüttelte einfach nur hilflos den Kopf und sagte, dass es nicht in ihrer Macht stünde, irgendetwas zu tun. Mein Vater war älter als sie, und sie konnte sich ihm nicht widersetzen. Sie war über das, was hier vorging, nicht glücklich und wünschte sich, dass meine Eltern entweder niemals Pakistan verlassen hätten oder in England geblieben wären. Sie sagte, dass auch sie Angst habe, dass wir am Ende getötet würden, dass sie aber einfach nicht wisse, was sie tun könnte.

Wir hörten, wie meine Eltern sich miteinander unterhielten, konnten aber nicht verstehen, was gesagt wurde. Inzwischen hielt sich der größte Teil der Familie von diesem Teil des Hauses fern. Dadda hätte einschreiten können, wurde aber plötzlich hochgradig schwerhörig und verbrachte die meiste Zeit außerhalb des Hauses, während sich der Rest der Familie in seinen eigenen Räumen aufhielt.

Wir verbrachten die meiste Zeit in unserem Zimmer. Manchmal wagten wir es nicht einmal, das Licht anzumachen. Fast eine ganze Woche lang hatte es eine Kampfpause gegeben, aber wir begriffen, dass es einfach nur eine Frage der Zeit war, bis etwas passierte. Nacht für Nacht wagten wir es kaum, die Augen zu schließen, weil wir Angst hatten, im Schlaf ermordet zu werden. Wir lauschten intensiv, bemüht, jedes Geräusch zu hören, das von jemandem stammen könnte, der kam, um die Familienschande auszulöschen. Am Morgen erwachten wir nach einem unruhigen Schlaf, der nur wenige Stunden gedauert hatte. Meine Schwester sah aus wie eine alte Frau, abgemagert, weil sie kaum mehr etwas aß, und durch den Mangel an Schlaf und die quälende Anstrengung, jede Nacht wachzubleiben, vor Erschöpfung am Boden. Es war kaum zu glauben, dass sie noch im Teenageralter war.

»Du hattest wieder einen Albtraum«, stellte sie nüchtern fest. Ich hatte ihn vergessen, aber plötzlich war er wieder da und ließ mich erzittern. Es handelte sich um einen Traum, den ich sehr oft hatte. Ich träumte von einem Haus, in dem Frauen im Schneidersitz auf dem Boden saßen. Sie unterhielten sich und bereiteten ein Essen zu, während Kinder um sie herum spielten. Es war dieses Haus hier, und die Leute waren meine Familie, aber irgendwie wusste ich, dass sie noch nicht geboren waren, weil sich dies in der Zukunft abspielte. Plötzlich war ein beängstigendes Geräusch zu hören, ein herzergreifendes Jammern, und dann erschien der Geist einer Frau im Innenhof, der schrie: »Warum? Warum habt ihr zugelassen, dass sie mich umbringen? Ich wollte nicht sterben! Lasst mich nach Hause!« Dann erkannte ich, dass dieser weibliche Geist ich selbst war, und wachte jedes Mal schweißgebadet auf. Seit Tagen verfolgte mich dieser Traum immer wieder, und ich fragte mich, ob ich den Verstand verlor, weil ich denselben verstörenden Traum auch dann hatte, wenn ich mitten am Tag nur vor mich hindöste.

Außerdem verstand ich nicht, warum ich von einem wiederkehrenden Traum über eine heimatvertriebene

Seele verfolgt wurde, die keinen Frieden finden konnte, weil sie nach Hause zurückwollte. Meine Mutter hatte mir erzählt, dass bei ihr die Wehen eingesetzt hatten und dass ich gekommen war, bevor man sie ins Krankenhaus hatte bringen können. Ich war hier geboren. Dieses Haus war einmal mein Zuhause gewesen.

Das Schicksal hatte mich aber auf die andere Seite der Welt gebracht, dort schlug mein Herz, und ich verlor die Hoffnung, diese zweite Heimat jemals wiederzusehen. Nebel und Regen waren nur noch Erinnerungen, und ich hatte vergessen, wie es sich anfühlte, wenn man fror, wenn man an einem Wintermorgen aufwachte und sich tief unter einer riesigen flauschigen Bettdecke zusammenrollte. Mutlos erkannte ich, dass wir England nie wiedersehen würden, und ich fragte mich, wie ich das aushalten sollte. Das Heimweh, das ich empfand, war wie ein körperlicher Schmerz, der nur nachlassen würde, wenn ich vertraute Dinge sehen, einatmen und spüren konnte. Wir waren seit fast zwölf Wochen hier in Pakistan, und »Zuhause« fing plötzlich an, sich wie etwas anzufühlen, von dem ich einst geträumt hatte.

Ich erschrak, als ich plötzlich entdeckte, dass ich anfing, auf Urdu zu denken und manchmal auch zu träumen. Außer wenn ich mich mit meiner Schwester unterhielt, hörte ich nie Englisch. Sie hatten uns die englische Musik und die Zeitschriften weggenommen, die wir mitgebracht hatten. Ich konnte Urdu weder lesen noch schreiben, weshalb ich nichts zu lesen hatte. Ich verzweifelte immer mehr.

Wahrscheinlich war es nicht zu vermeiden, dass wir zu diskutieren begannen, ob wir nachgeben und tun sollten, was sie von uns verlangten. Es würde bedeuten, jeden widerspruchslos zu akzeptieren, den sie für eine von uns oder für uns beide auftrieben. Wenn wir zustimmten, uns einer Hochzeitszeremonie zu unterziehen, würde man uns erlauben, nach Hause zu fliegen, denn sie brauchten uns, um ein Visum zu beantragen, durch das der Ehemann ins Land kommen konnte. Sobald wir zu Hause wären, könnten wir heimlich ans Innenministerium schreiben und ihnen mitteilen, dass wir dazu gezwungen worden seien. Das bedeutete, dass die Ehe für ungültig erklärt würde und sie ihn niemals ins Land einreisen lassen würden. Dann wären wir frei.

Dieser Plan könnte funktionieren, aber es war ein hoher Preis dafür zu bezahlen. Bevor das geschah und sie uns erlaubten zu gehen, würden wir erst die Ehe vollziehen müssen. Diese Vorstellung war für uns beide entsetzlich. Ich sagte meiner Schwester, sie müsse sich, sollte sie bereit sein, eine Heiratszeremonie mit Schamkopf durchzuziehen, auch mit der Vorstellung vertraut machen, sich in der Hochzeitsnacht einer Vergewaltigung zu unterwerfen.

»Würdest du es aushalten, wenn wir unsere Freiheit durch eine Vergewaltigung erkaufen können?«, fragte ich sie. »Denn wenn du sagst, dass du lieber sterben willst, dann ist das vielleicht der einzige Weg, diesen Ort jemals zu verlassen.« Das war Plan B.

Plan B war einfach und hing mit dem wachsenden Vorrat an Tabletten zusammen, den wir im Laufe der Zeit angesammelt hatten. Meine Tante ging sorglos mit Medikamenten um und ließ sie im ganzen Hause herumliegen, weshalb es für meine Schwester und mich leicht war, Tabletten an uns zu nehmen und sie dem Vorrat auf dem Boden meiner Handgepäck-Tasche hinzuzufügen. Als hätte sie meine Gedanken gelesen, sagte meine Schwester: »Es ist so weit, oder?«

Wir verschlossen die Tür, holten die Tabletten aus der Ta-

277

sche und leerten sie auf das Bett. Da lagen mehrere Dutzend Pillen in verschiedenen Größe, Farben und Formen, die wir zählten und zwischen uns aufteilten. Wir hatten keine Ahnung, wie lange es dauern würde, bis sie wirkten, aber als wir dasaßen, ein Glas Wasser in der einen und die Tabletten in der anderen Hand, fühlte ich mich ruhiger, als ich mich seit Langem gefühlt hatte. Wir waren so weit von England entfernt, doch ich sagte meiner Schwester, dass wir bald wieder zu Hause sein würden. Denn ich glaubte, dass mit dem Tod eines Menschen Zeit und Raum ihre Bedeutung verlieren und ihre Seelen an jenen Ort wandern, wo sie am liebsten sein wollen. Und weil ich wusste, dass sie Angst hatte, allein zurückgelassen zu werden, versicherte ich ihr, dass ich da sein und bis zum Ende auf sie aufpassen würde, so wie ich es immer getan hatte, seit sie ein Baby gewesen war. Ich wusste, dass sie den Mut haben würde, die Pillen zu schlucken, und ich selbst war entschlossen und überzeugt, das Richtige zu tun – bis zu dem Augenblick, als sie die erste Handvoll nehmen wollte.

Ich hielt sie auf. Ich konnte das nicht zulassen. Egal wie verzweifelt ich war und wie sehr ich mir wünschte zu sterben, egal was ich für eine Entscheidung fällte, meine Schwester würde meinem Beispiel folgen und dasselbe tun wie ich, dessen war ich mir bewusst. Doch ich konnte nicht zulassen, dass meine eigene Verzweiflung meine Schwester zu derselben Entscheidung zwingen würde. Die Familie hatte recht. Ich hatte Einfluss auf sie, und sie würde alles tun, was ich tat. Wenn ich mir das Leben nahm, würde sie es auch tun.

Deshalb handelte ich mutiger, als ich mich fühlte, und ließ die Tabletten durch meine Finger fallen.

Als wir wenig später wieder einmal in unser Zimmer zurückkehrten, stellten wir fest, dass unsere Taschen durchsucht worden und die Tabletten weg waren. Ich weiß nicht, woher sie es wussten, vielleicht hatten sie es einfach nur vermutet. Meine Tante und meine Mutter kamen herein und erklärten uns, dass sie sie gefunden und entsorgt hätten, und fragten uns, was für ein Spiel wir da spielten. Hatten wir ihnen denn noch nicht genug Schande bereitet?

»Sie wollen, dass wir tot sind, doch sie haben etwas dagegen, dass wir ihnen die Freude nehmen, es selbst zu tun«, sagte ich bitter, nachdem sie weg waren, und trauerte dem Verlust der Tabletten nach.

Anschließend bewachten sie uns noch genauer und ließen uns kaum aus dem Blick.

Wir dachten, wir würden allein schon vor Hitze und Ermüdung den Verstand verlieren. Das Fernsehen war auf Urdu, das Radio ebenso. Die einzigen Zeitschriften, die es im Haus gab, waren auf Urdu, das wir nicht lesen konnten. Farah hatte vor Jahren bei ihren Stunden in der Moschee ein paar einfache Worte aufgeschnappt. Es schien uns, als wäre es in einem anderen Leben gewesen, dass wir uns ein Buch, eine Zeitung oder eine Zeitschrift hatten nehmen können, die wir lesen konnten. In den vergangenen Monaten hatten wir nur arabische Schrift gesehen und waren jeder intellektuellen Anregung beraubt gewesen. Wir konnten nichts anderes tun als warten.

Eines Tages kam meine Schwester aufgeregt ins Zimmer, schloss die Tür hinter sich und zeigte mir, was heute Morgen mit der Gemüselieferung angekommen war. Die Kiste war mit zusammengeknüllten Seiten eines bunten Hochglanzmagazins ausgestopft, die auf Englisch geschrieben waren! Sorgfältig glätteten wir die Knitter in jeder einzelnen Seite und waren überglücklich, als wir feststellten, dass es mindestens ein Viertel der Zeitschrift war.

Die Dollarzeichen verrieten uns, dass es sich nicht um ein englisches, sondern ein amerikanisches Magazin handelte, aber das machte nichts. Auch störte es nicht, dass die meisten Seiten aus Anzeigenwerbung bestanden: Unsere Augen verschlangen die vertrauten Buchstaben, die die Worte bildeten und eine Verbindung zu unserem Leben daheim bedeuteten. Ich ließ meine Finger liebevoll über den englischsprachigen Text wandern. Es fühlte sich an, als wäre ein alter Freund zu Besuch gekommen. Mein Herz schmerzte schrecklich von dem inzwischen gewohnten Heimweh. Plötzlich erinnerte ich mich daran, wo wir waren, und ich sagte meiner Schwester, dass wir dafür sorgen mussten, dass niemand von dem Fund erfuhr. Wir strichen die wertvollen Seiten ein weiteres Mal glatt und falteten sie auseinander, bevor wie sie in unserem Bettzeug versteckten. Wenn wir allein waren, würden wir die zerknitterten Seiten herausnehmen und immer wieder lesen, getröstet von den vertrauten Worten und Bildern aus einer Gesellschaft, zu der wir gehörten.

Es muss ein paar Tage später gewesen sein, als wir eine Unterhaltung zwischen meinem Vater und meinem zweitältesten *Chacha* mit anhörten, dem, der mich dazu bringen wollte, Farah in Bezug auf Schamkopf umzustimmen. Obwohl sie sich eindeutig bemühten, ihre Stimmen (und wie es schien, auch ihr Temperament) im Zaum zu halten, schafften wir es, das Wesentliche mitzubekommen. Chacha versuchte meinen Vater zu beschwichtigen, indem er ihm sagte, dass sie alles, was ihnen möglich war, getan hätten. Aber es sei klar, dass die Situation außer Kontrolle geraten war. Diese Mädchen seien gebildet und mutig und hätten andere Erwartungen als pakistanische Mädchen. Mein Vater fragte ihn gereizt, ob er die Art, wie er seine Töchter erzogen hätte, verunglimpfen wolle, doch Chacha versicherte ihm schnell, dass er ihn nicht kritisiere. Allerdings würden die Leute anfangen, Fragen zu stellen, und es sei nun mal eine Tatsache: Das, was mit uns geschah, sei nicht in Ordnung. Wären wir wie pakistanische Mädchen aufgewachsen, wüssten wir genau, was man von uns erwartete. Dem war nicht so. Doch mein Vater sei der Ältere, und was immer er entscheide, sei richtig, Chacha wolle ihn einfach nur seine eigenen Gefühle in dieser Angelegenheit wissen lassen.

Mein Vater beendete abrupt das Gespräch, indem er meinem Onkel sagte, dass er recht habe: Er sei der Ältere, und da dies in Wirklichkeit *sein* Haus sei, könne er genau das tun, was er bezüglich *seiner* Töchter für das Beste hielt! Meine Schwester und ich hörten mit Grauen zu. Wir wussten, was es auf meinen Vater für eine Wirkung haben würde, wenn er wusste, dass Chacha (und damit wohl auch die übrige Familie) der Meinung war, dass er unrecht habe. Die Vorstellung, dass er in den Augen der Familie an *Izzat* verloren habe, war das Schlimmste, was ihm widerfahren konnte. Er würde vor Scham und Wut brennen, und wir wussten, wer dafür bezahlen würde. Wir kauerten uns zusammen, als er auf der Schwelle zu unserem Zimmer stand und uns mitteilte, dass wir seine *Izzat* und sein Leben zerstört hätten. Dann schaltete er den elektrischen Ventilator ab und ging zusammen mit meiner Mutter hinaus.

Wir saßen in der Finsternis unseres einsamen Zimmers, wagten nicht zu sprechen und hatten Angst, dass allein schon bei lautem Atmen etwas Schreckliches geschehen würde. Wir waren überzeugt, dass das Entsetzliche, das wir seit einigen Wochen befürchteten, unmittelbar bevorstand. Und es gab nichts, was wir dagegen tun konnten, niemanden, an den wir uns wenden konnten.

»Ich habe entsetzliche Angst«, flüsterte meine Schwester.

»Ich auch!«, erwiderte ich.

»Sie werden uns umbringen, nicht wahr?«, fragte sie. Ich zuckte zusammen, denn obwohl wir das seit Wochen fürchteten, versetzte mich die Vorstellung, dass wir vielleicht schlafen gingen und nie wieder aufwachten, in Todesangst. Wir saßen da, hielten uns an den Händen und trösteten uns mit der Anwesenheit der jeweils anderen.

Plötzlich stand ich auf und erklärte, dass ich vorhatte, den Kampf aufzunehmen, wenn sie versuchen würden, uns im Schlaf zu töten. Ich wies sie an, mir zu helfen, und schob das Bett durch den Raum, damit wir auf die Tür sehen konnten. Irgendwie fühlte es sich tröstlicher an, auf eine Tür zu sehen, durch die ein mordgieriger Eindringling kommen würde, als mit dem Rücken dazu einzuschlafen. Jetzt konnten wir nichts anderes mehr tun, als zu warten. Der ungewohnte Platz des Bettes machte uns noch nervöser, und wir wussten beide, dass wir in dieser Nacht nicht ohne Weiteres einschlafen würden. Doch als wir im Bett lagen, war Schlaf das Letzte, was wir wollten, denn wir hatten viel zu große Angst, unsere Augen zu schließen, zu große Angst, nie wieder aufzuwachen. Denn das konnte heute die Nacht sein – die Nacht, in der ein lautloser Henker in den Raum schlich und uns ermordete. Im Haus waren keine Geräusche mehr zu hören, und wir vermuteten, dass alle anderen ausgegangen sein mussten. Das sah nicht gut aus. Wir lagen stundenlang da und warteten. Wir wagten es nicht, die Augen zu schließen, sondern warteten einfach.

Ich setzte mich im Bett auf, und ein plötzliches Frösteln ergriff mein Herz, als ich hörte, dass sich Schritte näherten. Im Innenhof wurde ein Lichtschalter betätigt, und wir hörten die Stimme meines Vaters, der meiner Mutter Vorhaltungen machte. Plötzlich sprach er direkt zu uns, seine Schritte ertönten vor unserem Zimmer. Ich sprang aus dem Bett, drehte mich verzweifelt um und versuchte, einen Ausgang zu finden. Doch das Fenster war vergittert. Es gab nur einen einzigen Ausgang, und dort stand mein Vater, hämmerte gegen die Tür und fragte wütend, wie wir es wagen könnten, ihn auszusperren! Es gab keine Innenverriegelung, doch heute Nacht hatten wir Angst gehabt, sie halb offen zu lassen, wie man uns befohlen hatte, und hatten sie unfolgsam geschlossen. Ich versuchte hinauszurufen und ihm zu sagen, dass sie nicht zugesperrt sei, sondern nur geschlossen, doch die Stimme gefror mir in der Kehle zu Eis, kein Ton kam heraus. Ich ging rückwärts bis zur Wand, ohne die Tür aus den Augen zu lassen, und drückte mich mit einem Entsetzensschrei flach daran, als er sich gegen die Tür warf und diese heftig gegen die dahinterliegende Wand knallte.

»*Sali! Haramzadi!* Du hast mich ruiniert. Hast mich zum Gespött gemacht und mir vor meiner Familie Schande bereitet! Nach alldem werde ich dich nicht am Leben lassen!«, schrie er, als er auf mich zusprang.

Ich erinnere mich so lebhaft an die Sekunden, die folgten, als würde man die Szene in Zeitlupe abspielen. Die Kraft schien aus meinem Körper zu entweichen, als wäre ein Schalter umgelegt und der Betrieb eingestellt worden. Ich hörte, wie eine Stimme in meinem Kopf auf Englisch »Nie wieder!« sagte, und spürte, wie ich zu Boden sank. Das Letzte, was ich hörte, bevor ich das Bewusstsein verlor, war meine Mutter, die meinen Vater anschrie: »Was hast du gemacht? Du hast sie umgebracht!«

22
Burri Amma

Die heißesten Orte sind reserviert für jene, die in Zeiten moralischer Krisen nicht Partei ergreifen.

Dante Alighieri

Eines der Kinder brachte eine Nachricht von unserer ältesten Tante, die nebenan wohnte, und uns einlud, sie zu besuchen. Meine Eltern waren nirgends zu finden, daher dachten wir, es wäre in Ordnung, und ordneten unsere *Dupatta*, traten vor das Haus und gingen die paar Schritte zur nächsten Tür, um Burri Amma (Ältere Mutter) zu besuchen.

Ich konnte mich nicht daran erinnern, was in jener Nacht oder an den darauffolgenden Tagen geschehen war, nachdem ich das Bewusstsein verloren hatte. Rückblickend denke ich, dass ich eine Art Zusammenbruch erlitten hatte, was die verlorenen Tage erklären würde. Ich kann mich auch nicht mehr an meine Schwester entsinnen und kann nur spekulieren, welchen Eindruck mein Zusammenbruch bei ihr hinterließ. Die erste Erinnerung, die ich an die Zeit danach habe, ist der Gang zu Burri Ammas Haus.

Es war ein sehr einfaches, aber sauberes Haus mit weiß gekalkten Wänden und einem Mangobaum im Garten. Ein wundervoll aufgeräumter und friedlicher Ort. Das Beste daran war, dass Amma zwar ihren einzigen Sohn anbetete, sich aber über die Kinder anderer Leute ärgerte, weshalb sie von ihrem Tor weggewiesen wurden, was ihr

Haus zu einem der wenigen kinderfreien Orte machte, die ich in Pakistan kannte. Der Frieden war Balsam auf unsere erschütterten Nerven.

Ammas Geschichte bezüglich der Familie interessierte mich sehr. Von den Frauen, die in diese Familie eingeheiratet hatten, hatte sie als Einzige ihrer dominanten Schwiegermutter, solange sie lebte, die Stirn geboten und weder sich noch ihren gutmütigen Ehemann von Daddi tyrannisieren lassen. Obwohl sie deutlich zu spüren bekam, was es hieß, dass ihre Schwiegereltern sie als unfolgsam und respektlos bezeichneten, äußerte sie immer freimütig ihre Meinung und konnte Dummköpfe nicht ertragen. Sie war die Frau des ältesten Sohnes, und als solche ließ sie sich von niemandem unter Druck setzen.

Obwohl mein Vater als Familienoberhaupt galt, war er eigentlich nur der zweite Sohn. Er besaß einen älteren Bruder, den wir Kinder aus Respekt Burra Abba (Älterer Vater) nannten, was sich auf die Tatsache bezog, dass er als ältester Bruder einen höheren Status als unser Vater besaß. Trotzdem wurde Burra Abba als etwas »exzentrisch« angesehen. Aufgrund einer Sonderlichkeit in seinem Wesen, die keines seiner Geschwister verstand, hatte sich der älteste Bruder entschieden, abseits der übrigen Familie zu leben.

Sein Bereich war zwar ans Haupthaus der Familie angebaut, aber durch den Bau einer Mauer abgetrennt und mit einem eigenen Zugang versehen. Dort lebte er mit seiner Frau, Burri Amma, und seinem Sohn Imram in einem eigenen Familienverband. Dass sie nur ein einziges Kind hatten, galt ebenfalls als Sonderlichkeit, da die meisten Pakistaner eine große Familie mit vielen Söhnen anstreben. Manche sagten, Burra Abba sei einfach wunderlich. Andere führten es auf seine Frau zurück, die ihren

Ehemann beherrschte und es ihrerseits nicht mochte, von ihren Schwiegereltern beherrscht zu werden. Konkret bedeutete es, dass Burra Abba aus eigenem Antrieb aus der Familie »ausschied« und sein Einkommen andernorts verdiente, weshalb mein Vater als ältester Sohn anerkannt wurde und, was noch wichtiger war, nach dem Tod von Dadda als Familienoberhaupt.

Im Laufe der Zeit gab es immer weniger Kontakt zwischen den beiden Häusern, sodass viele Jahre vergingen, in denen weder Burra Abba noch Burri Ammi einen Fuß nebenan in Daddas Haus gesetzt hatten. Nach allem, was ich gehört hatte, war Imram nicht mehr dort gewesen, seit er ein kleiner Junge war, und dabei war er inzwischen ein Mann von fast dreißig Jahren.

Als wir frisch angekommen waren, hatte uns Zainab mitgenommen, damit wir Burri Amma kennenlernten. Diese hieß sie mit kaum verschleierter Häme willkommen, seien es doch schon viele Jahre her, dass meine Tante ihr Haus beehrt hätte. Meine Tante hatte sich unbehaglich gewunden. Ammas Verachtung für die Familie ihres Mannes war bekannt und wurde normalerweise mit abfälligen Begriffen und in drastischer Sprache ausgedrückt, wenn die Rede darauf kam. Man erinnerte sich daran, wie sie vor vielen Jahren zum ersten Mal als Braut in diese Familie gekommen war. Zainab war damals noch ein Kind gewesen, aber schon damals, entsann Amma sich, war sie eine ausgesprochen forsche und altkluge Persönlichkeit gewesen: ganz die Mutter. Sie hatten füreinander nichts übrig.

»Also wirklich«, sagte sie, wobei sie sich mit ihrer unverwechselbar rauen Stimme an meine Schwester und mich wandte. »Schaut euch nur an! Als ihr in Pakistan angekommen seid, habt ihr ganz anderes ausgesehen! Was haben diese *Harami* nebenan mit euch angestellt?«

Wir mussten im Vergleich zu unserer Ankunft vor all diesen Monaten wirklich ganz anders aussehen. Unser ganzes Leben hatte sich verändert. Wir waren zwei willensstarke, mutige, lebenslustige Mädchen gewesen, die stolz auf ihr Aussehen waren, sich jeden Morgen die Zeit genommen hatten, sich die Haare zu stylen und Make-up aufzulegen, und die sehr sorgfältig die Kleidung für den Tag ausgewählt hatten. Wir hatten uns für unzerstörbar gehalten.

Zwölf Wochen später waren diese Mädchen verschwunden. Ich sah das Gesicht meiner Schwester und wusste, dass auch ich diesen traurigen, gehetzten Gesichtsausdruck hatte. In mir war kein Kampfeswille mehr. Ich war erst vierundzwanzig, doch meine Haare waren an den Schläfen bereits grau geworden. Mein Herz, das einst voller Freude, Hoffnung und Erwartungen an die Zukunft gewesen war, kannte jetzt nur noch Kummer und tief sitzende Verlustgefühle, die sich wie Trauer anfühlten. Augen, die einst vor Übermut sprühten, wirkten nun tot und füllten sich allzu schnell mit Tränen. Ich war leer. Ich war ein Automat, der sich kaum an seinen eigenen Namen erinnerte. Mein Wille war fast gebrochen.

Meine Schwester und ich setzten uns leise hin, bewegten uns nicht, sprachen nicht, sondern beobachteten unsere Tante einfach dabei, wie sie ihr Haus putzte. Amma erwartete keine Antwort, denn sie wusste, was los war. Sie eilte geschäftig hin und her, schimpfte, wie es ihre Art war, über diesen Idioten und jenen Idioten vor sich hin und ließ an allen ihre schlechte Laune aus. Ihr giftiger Humor konnte mich nicht täuschen. Amma war so widerwärtig, wie es ihr möglich war, weil sie wollte, dass die Leute sie in Ruhe ließen und nicht mehr vorbeischauten und ihr Haus in Unordnung brachten. Sie schien uns zu ignorieren, doch ihr entging nichts.

»Warum legt ihr euch nicht schlafen?«, schlug sie unversehens und mit weicherer Stimme, als ich jemals von ihr gehört hatte, vor. »Ich habe das Bett frisch bezogen. Kommt, legt euch hierher und macht die Augen zu.« Sie sah die plötzliche Panik in unseren Gesichtern, als unsere Blicke zur Haustür wanderten, und sagte uns, dass sie das Tor zusperren würde und dass niemand hereinkommen dürfe, solange wir schliefen. Sie schloss die Fensterläden und zog die Tür zu, bevor sie uns in einer mütterlichen Geste die Hände auf den Kopf legte und uns aufforderte, zu Bett zu gehen. Sie würde auf uns aufpassen. Wir gehorchten ihr, ohne Fragen zu stellen, legten uns hin und schiefen fast augenblicklich ein.

Zum ersten Mal seit Wochen schliefen wir beide durch, und obwohl wir das Gefühl hatten, nur kurz geschlafen zu haben, schliefen wir viele Stunden lang tief und fest. Ich erinnere mich, dass ich viel später am Tag aufwachte und mich besser fühlte als seit Langem. Ammas Haus strahlte Helligkeit, Ruhe und Wohlbefinden aus, und seine Beschaulichkeit ging auf uns über und beruhigte unsere angegriffenen Nerven. Die Türen waren alle offen und ließen das Sonnenlicht ins Haus strömen, das den verführerischen Duft von Holzfeuer mit sich brachte. Wir standen auf und folgten dem Duft hinaus in den Hinterhof, wo Amma in der Hocke saß, kleine Stückchen Holz auseinanderbrach und sie in einen Ofen legte.

»Seid ihr endlich wach? Ich dachte schon, ihr schlaft den ganzen Tag und die ganze Nacht dort und ich muss auf dem Fußboden schlafen«, brummte sie wenig überzeugend. »Ich gehe mal davon aus, dass ihr mir jetzt sagt, dass ihr Hunger habt und wollt, dass ich euch abfüttere?«

»Ja, bitte«, nickten wir eifrig und dachten uns, dass ein Mensch, der so gut wie schon lange nicht mehr geschlafen hatte, nach dem Aufwachen natürlicherweise auch so hungrig wie schon lange nicht mehr sein musste. Wir fragten sie, was sie da machte, und sie erzählte uns, dass sie den Ofen anheize, um zu kochen, wobei sie sich darüber beklagte, dass sie nicht so reich sei wie Dadda und die *Chacha* nebenan. Wir hatten noch nie jemanden auf einem Holzofen kochen sehen und setzten uns fasziniert hin, um sie zu beobachten.

Pakistaner sind imstande, während der Essenszubereitung und des Kochens lange Zeit in der Hocke zu verbleiben. Wir dagegen stellten fest, dass unsere Gliedmaßen wie bei fast allen Leuten aus dem Westen nicht daran gewöhnt waren, diese typisch östliche Haltung einzunehmen. Sie beansprucht Muskeln, die wir normalerweise nicht benutzen. Als wir es versuchten, kippten wir zu Ammas Erheiterung ungelenk um. Sie brachte uns ein paar Stühle, deren Sitzflächen etwa fünfzehn Zentimeter hoch waren, sodass wir uns hinsetzen und mit ihr unterhalten konnten.

Sie bereitete *Roti* und *Bhindi* (Okraschoten) zu, knurrte, dass wir das vermutlich zurückweisen würden, weil wir all das Fleisch und Hühnchen von nebenan gewöhnt seien. Wir versicherten ihr, dass wir nicht gerne viel Fleisch essen würden und *Bhindi* tatsächlich eine unserer Lieblingsspeisen wären.

Wir blieben den ganzen Tag bei Amma und kehrten erst am Abend nach nebenan zurück. Am nächsten Morgen wachten wir auf, nahmen uns nicht einmal die Zeit, uns anzuziehen, sondern packten unsere Kleider und Kulturbeutel und gingen geradewegs zu Amma hinüber. Sie war ehrlich erfreut, uns zu sehen, und lachte gackernd, als wir sie fragten, ob wir uns in ihrem Haus waschen und fertig machen könnten.

Das »Badezimmer« befand sich im Freien und bestand aus einem großen eingezäunten Wassertank und einem Eimer, der bereit stand, um mit Wasser aus dem Hahn gefüllt zu werden. Wir schöpften das herrlich kühle Wasser mit einem Krug aus dem Eimer und schütteten es über uns. Schon früh am Morgen fühlte sich die Sonne unbarmherzig heiß an und machte diese Wäsche unter freiem Himmel zu einer der erfrischendsten Erfahrungen, die wir jemals erlebt hatten. Wir tauchten lächelnd und bereit für Ammas Frühstück daraus auf.

Meine Eltern waren für ein paar Tage weg. Man erzählte uns nicht, wohin sie gegangen waren, aber meine Schwester und ich waren über ihre Abwesenheit erleichtert. Ich hatte Angst vor ihrer Rückkehr. Es würde das erste Mal sein, dass ich sie nach dieser schrecklichen Nacht wiedersehen würde. Inzwischen verbrachten wir jeden Tag bei Amma, wuschen uns, kochten, aßen und ruhten uns dort aus, bis es Zeit war, am Abend nach nebenan zurückzukehren. Innerhalb weniger Tage bei Amma fühlten wir uns viel besser.

Am zweiten Morgen erhielten wir Besuch. Amma sagte, dass mein Cousin Imram eigens gekommen sei, um uns zu sehen. Amma musste ihm erzählt haben, dass wir Mädchen normalerweise bei ihr im Haus schliefen und badeten, weshalb er aus Respekt fernblieb. Wir sahen ihn kaum, da er normalerweise auf und aus dem Haus war, bevor wir am Morgen kamen; manchmal blieb er mehrere Tage am Stück weg. An diesem Morgen war Imram gekommen, um mit uns zu Mittag zu essen. Wie es in vielen pakistanischen Häusern üblich ist, saßen wir vier im Schneidersitz auf dem Boden auf der Schilfmatte, die Amma zum Essen ausgebreitet hatte, und verspeisten *Roti*, würziges Gemüse und *Dhal*.

Amma lamentierte immer, dass wir ihre einfache Küche nicht mögen würden, aber es war genau die Art von Essen, die wir liebten. Außerdem, erzählten wir ihr, sei Shahnaz Chachi nicht da, weshalb Haseen Chachi kochte, und sie sei ganz schrecklich! Amma erwiderte, so müsse es ja kommen, wenn man jemanden heiratete, der nur Interesse daran hatte, das Geld des Ehemannes auszugeben. Chacha sei ein Dummkopf, weil es ihm lieber war, dass eine wunderschöne Frau auf ihn wartete, wenn er nach Hause kam, statt ein gutes Essen. Wir kicherten, als wir ihr beschrieben, wie eitel sie war (sogar ihr Name bedeutete »wunderschön«) und wie sie den ganzen Tag damit zubrachte, einkaufen zu gehen und sich schön zu machen. Kurz bevor Chacha nach Hause kam, kochte sie dann irgendein widerliches Machwerk zusammen, das selbst die Bediensteten nicht essen wollten. Er beklagte sich nie, sondern sagte ihr einfach, dass sie sich und die Kinder fertig machen solle, da sie auswärts essen würden.

Amma äußerte ein paar gut gewählte Kraftausdrücke über männliche Eitelkeit. Sie amüsierte und schockierte uns, indem sie Flüche benutzte, die wir sonst nur von Männern gehört hatten. Imram erzählte uns, dass unser Dadda für alle seine Söhne wunderschöne Frauen herbeigebracht habe.

Ich mochte meinen Cousin, der uns alle mit Geschichten meiner frühen Kindheit zum Lachen brachte. Amma sagte, dass er immer eine Schwäche für mich gehabt habe, weil wir drei damals die einzigen Kinder gewesen seien. Ich hatte die ganze Zeit geweint und Dreck gegessen. Ich lachte und sagte ihr, dass ich diese Geschichte schon gehört hätte. Sie wiederum erzählte mir, dass ich viel Zeit in ihrem Haus verbracht hätte, obwohl Daddi heftig dagegen protestierte. Es war ein eigenartiges Gefühl, wenn ich daran dachte, dass ich als Kleinkind in diesem Haus gespielt hatte. Und noch eigenartiger war es, dass dieses Haus einmal Teil des Hauses nebenan gewesen war.

Imram kam einem älteren Bruder am nächsten. Wäre mein eigener älterer Bruder noch am Leben, hätte er mit ihm sehr eng befreundet sein können. Er sprach mit mir liebevoll und nachsichtig, wie es ein älterer Bruder mit seiner geliebten Schwester macht, und ich ertappte mich dabei, wie ich ihm an den Lippen hing, so wie ich es offenbar auch schon als Kind getan hatte. Ich konnte nicht anders, als mir die Frage zu stellen, wie anders mein Leben verlaufen wäre, wenn Imram auf mich aufgepasst hätte, während ich erwachsen wurde. Er erzählte mir, dass ich ihm wie ein verirrtes Kätzchen gefolgt sei und er mich immer als kleine Schwester betrachtet habe, selbst dann noch, als wir weggegangen waren, um in England zu leben.

Als wir an diesem Abend wieder in Daddas Haus zurück waren, warnten mich meine *Chacha* davor, dass Imram ein ziemlich übler Kerl sei, der in alle möglichen Arten von Sachen verwickelt sei. Doch was genau das für »Sachen« waren, wurde nicht wirklich preisgegeben.

Da uns die *Chacha* nicht ausdrücklich verboten hatten, nach nebenan zu gehen, fuhren wir fort, fast die ganze Zeit dort zu verbringen. Burra Abba sahen wir kaum, da er das Haus morgens verließ und nur nachts zum Schlafen zurückkam. Ich hatte den Eindruck, dass er Amma, die ihren Ehemann ebenso zu verachten schien wie den Rest seiner Familie, ein wenig fürchtete. Andererseits war es keine Überraschung, dass er ihr gegenüber vorsichtig war: Jeder schien das zu sein. Sie hatte Haare auf den Zähnen und für jeden aus der Familie, in die sie eingeheiratet hatte, ein böses Wort übrig – sie griff sich keinen besonders heraus, sondern hasste jeden mit derselben Giftigkeit und sagte uns, dass unser Vater noch der Beste aus einem üblen Haufen sei. Dennoch liebte sie ihren eigenen Sohn, der immerhin selbst ein Nachkomme dieser Familie war, leidenschaftlich. Während wir uns über ihn unterhielten, erzählte mir Amma von dem Kriegergeist.

Allem Anschein nach war vor vielen Jahrhunderten auf dem Platz, an dem das Haus hier stand, ein Krieger in einer Schlacht gefallen. Sein Geist würde nun über ihren Sohn wachen. Dieser Baba, der in einem Teil ihres Hauses leben solle, beschütze Imram schon seit seinen Kindertagen.

Plötzlich überwältigten mich die Einsamkeit und das Leid der vergangenen Monate. Ich wünschte mir so sehr, dass ich ebenfalls einen Beschützer hätte, egal ob tot, göttlich oder sonstwie geartet. Ich hatte mir nicht erlaubt, allzu sehr darauf einzugehen, aber ich wusste, dass meine Eltern jeden Tag zurückkommen konnten. Ich erwartete ihre Rückkehr mit banger Vorahnung, weil ich nicht wusste, was als Nächstes geschehen würde, und weil mir vor dem graute, was dann passieren konnte.

Es führte mir vor Augen, wie hilflos und allein wir waren. Ich hatte Mitglieder der Familie um Hilfe gebeten, aber sie hatten es nicht gewagt einzuschreiten. Der Einzige, der die Autorität besessen hätte, war Dadda, aber der nahm keinen Anteil daran, sondern schlurfte durchs Haus und grummelte etwas davon, dass »Acha« diesen *Gurrh Burrh* (Ärger) in sein Haus gebracht habe. Er war fast den ganzen Tag weg, und wenn er zu Hause war, zeigte er sich extrem taub gegenüber dem, was vorging, sah nichts und hörte nichts. Wenn sie nicht halfen, dachte ich, vielleicht würde es dann dieser Baba tun.

Als Tochter eines muslimischen Haushalts war ich mit

Geschichten aus der übernatürlichen Welt aufgewachsen. Sie sind ein wesentlicher Teil der östlichen Folklore und Mystik und ein wichtiger Bestandteil des muslimischen Lebens. Für jemanden aus dem Westen ist das vielleicht schwer zu begreifen, denn der Westen hat eine andere Einstellung zu Dämonen, Geistern, Hexen und dem Übernatürlichen. Diese Dinge sind nicht in das alltägliche Leben eingebettet, weshalb Leute im Westen sie vielleicht als Relikt einer heidnischen Zeit mit Druiden und Geistern oder als Zubehör von Büchern und Hollywoodfilmen ablehnen. Für die meisten Menschen aus dem Osten dagegen sind Folklore, Mystik und die spirituelle Welt praktische und geistige Aspekte des Lebens.

Ich dachte über den Baba nach und fragte mich, ob er uns helfen würde, wenn ich zu ihm betete. Er war Imrams Beschützer, aber wenn Imram mich gernhatte, würde der Baba seinen Schutz sicher auch auf mich ausdehnen. Ich konnte kaum mehr an etwas anderes denken, und die Angst, von meinem Vater umgebracht zu werden, überwand mein Grauen vor Geistern. Deshalb schlich ich mich, als Amma mit Besuchern beschäftigt war, in das Zimmer, das er ihrer Erzählung nach bewohnte, um mit ihm zu sprechen. Ich hatte solche Angst, dass ich nicht aufhören konnte zu zittern, während ich ihm sagte, wie sehr meine Schwester und ich eines Beschützers bedurften, da wir ganz allein und ohne Hilfe dastanden. Wir wollten nicht hier, so weit weg von unserem Zuhause, sterben. Die Tränen begannen zu fließen, als ich ihn, wer auch immer er war, anflehte, uns zu helfen.

Ich weiß nicht, was ich erwartete – ob ein übernatürliches Wesen erscheinen würde oder ob ich mit einer gewissen Hoffnung oder Inspiration erfüllt würde. Nicht erwartet hatte ich, dass ich von einer unerklärlichen Panik überwältigt würde, die mich plötzlich packte und dazu veranlasste, mich umzudrehen und zu flüchten. Als ich aus diesem kleinen Zimmer in den strahlenden Sonnenschein hinausrannte, war mir klar, dass das – ob nun der Babageist existierte oder nicht – keine Lösung war. Ich wusste einfach nicht, wo ich danach suchen sollte. Unterdessen suchte ich die Sicherheit von Ammas Gegenwart und setzte mich neben sie, um ihr bei den Vorbereitungen zum Abendessen zu helfen. Die Gäste waren fort und meine Schwester und ich saßen schweigend da und enthülsten mit Amma Erbsen. Als ich sie eingehend musterte, wurde mir schlagartig bewusst, das Amma mich liebte. Die Liebe, die sie für mich empfunden hatte, als ich ein kleines Mädchen war, war all die Jahre über sicher verwahrt worden und wurde nun der Erwachsenen geschenkt. Ich war ihr vom Charakter, vom Temperament und noch viel mehr von der Gestalt, der Hautfarbe und dem Aussehen her viel ähnlicher als meiner eigenen Mutter, die mich zur Welt gebracht hatte. Unvermittelt kam mir ein Gedanke.

»Amma, bist du meine richtige Mutter?«

Sie lachte schallend auf und fragte mich, ob ich das dachte oder ob ich es mir wünschte, und fügte boshaft hinzu, sie hätte alles darum gegeben, wenn meine *Harami*-Eltern da gewesen wären, als ich die Frage stellte. Sie kicherte, dass die *Phaeris* (Feen) mich wahrscheinlich gebracht hätten, denn sie hätte sich immer gedacht, dass ich zu klug und hübsch sei, um zu dieser *Haramzada*-Familie zu gehören! Wir lachten alle drei. Ammas respektlose Art, über alles und jeden beleidigend zu sprechen, verfehlte es nie, uns zu unterhalten. Doch plötzlich gefror mein Lachen, und mein Herz setzte einen Schlag aus, als ich sah, dass mein Vater mit grimmigem Gesicht über den Hof geschritten kam. Er wirkte wutentbrannt.

»Verschwindet!«, befahl er und zeigte zur nächsten Tür. »Verschwindet und geht zurück!«

Meine Schwester und ich sahen verzweifelt zu Amma, die lautstark meinem Vater entgegenhielt, er solle uns bleiben lassen, weil wir keinen Schaden anrichteten. Er hielt seine Hand hoch, um sie in ihrem Redefluss zu unterbrechen.

»Bhabi, kein Wort mehr!« Sie war älter als er, aber er warnte sie in aller Ehrerbietung, sie solle sich nicht in seine Angelegenheiten einmischen und ihn mit seinen eigenen Töchtern nach Belieben verfahren lassen. An dem gefährlichen Unterton in seiner Stimme erkannten wir, dass es besser war, ihn nicht zu fragen, und ergriffen gehorsam die Flucht. Als wir wieder nebenan waren, sagte er uns, dass er uns nicht mehr erlaubt, ihm gegenüber respektlos zu sein und ihm Schande zu bereiten.

»*Bas!* Es reicht!«, schrie er und sagte uns, er sei ein für alle Mal mit uns fertig. Dann schob er uns in unser Zimmer und knallte die Tür zu.

Wir wussten nicht, was mit uns geschehen würde, aber was immer es war, wir hatten keine Kraft mehr, um dagegen anzukämpfen. Unsere Eltern hatten nichts zu verlieren und alles zu gewinnen, wenn wir tot waren. Ich erzählte Farah von dem Baba, aber sie war voller Verachtung und erwiderte, dass einer so übel wie der andere sei. Selbst wenn wir wüssten, wie man betet, mache es keinen Sinn, zu Allah oder sonst jemandem zu beten, weil sich ja doch keiner um uns kümmere. In den Augen von Allah seien wir schlecht und verdienten es zu sterben. Keiner kümmere sich um uns, stellte sie bitter fest.

Sie hatte recht. Abgesehen von den Leuten, die wir bereits um Hilfe gebeten hatten, hatten wir unzählige Briefe an Freunde, an unsere Brüder, unsere Arbeitgeber, unsere

Schwester und unseren Schwager Charles geschrieben, in denen wir ihnen von unserem Elend berichteten und um Hilfe bettelten. Charlies Bruder war Journalist, und wir wollten, dass er Kontakt zu den Medien aufnahm, um jedem zu erzählen, was mit uns geschah, und um uns bei der Flucht zu helfen. Doch nicht ein Einziger hatte geantwortet. Später erfuhren wir von meinem Vater, dass all unsere Briefe abgefangen und vernichtet worden waren, sodass sie England nie erreichten.

Doch ich suchte krampfhaft danach, an ETWAS oder JEMANDEN zu glauben. Ich weigerte mich zu glauben, dass da niemand sein sollte. Einige Stunden später blieb ich im offenen Hof stehen und fragte mich verzweifelt, an wen wir uns wenden könnten, um um Hilfe zu flehen. Wer war noch da?

Dann vernahm ich ohne Vorwarnung ganz klar eine Stimme, die sagte: »Frag mich.«

Einen entsetzlichen Augenblick lang glaubte ich, dass ich aufgefordert würde, zurück zu dem Baba zu gehen. Das war eine Aussicht, die mich entsetzte und vor der ich viel zu große Angst hatte, selbst wenn man mir erlaubt hätte, zu Amma hinüberzugehen. Ich war verwirrt, weil mir diese Stimme keine Angst machte, sondern mich nur in Staunen versetzte. Wie alle Muslime wusste ich, dass es nur ein einziges göttliches Wesen gibt. Die Christen nannten es »Gott«, und wir nannten es »Allah«. Es war nicht wirklich wichtig, wie es genannt wurde, denn man hatte mir gesagt, dass er ein allmächtiges und furchterregendes Wesen sei, das Gehorsam forderte und diejenigen hasste, die nicht gehorchten. Warum sollte dieser Gott zu einer schlechten Kreatur wie mir sprechen, die für die Hölle bestimmt war? Ich dachte, dass ich im Begriff war, den Verstand zu verlieren, weil ich mich fragte, ob Allah zu mir gesprochen hatte. Irgendwie hatte es nach ihm »geklungen«. Aber diese Stimme war nicht Furcht einflößend, mächtig oder beängstigend. Nur ruhig. Aber wenn es nicht Allah war, wessen Stimme war es dann?

»Frag mich«, sagte die Stimme erneut.

Es handelte sich um eine ruhige, sanfte Stimme, die mich nicht mit Grauen erfüllte, sondern in mir den Wunsch weckte, zu vertrauen und zu gehorchen. Doch ich wusste nicht, *wie* ich gehorchen sollte. Die einzige Art von Gebet, die ich kannte, drehte sich um die rituelle Waschung, Reinigung und den Gesang von Versen aus dem Koran, doch ich wusste nicht, wie man das machte. So folgte ich einem Instinkt, von dem ich nicht gewusst hatte, dass ich ihn besaß, und kniete mich zum ersten Mal in meinem Leben nieder, die Hände flehend zum Himmel erhoben.

»Hilf uns!«, weinte ich. »Ich weiß nicht, wie man betet, und ich weiß nicht, wer du bist, aber wir sind ganz allein. Niemand wird sich gegen meinen Vater erheben, alle haben sie vor ihm Angst. Bitte schick jemanden, der uns hilft. Bitte schick jemanden!«

Ich erhob mich und wischte mir die Tränen ab, überwältigt von dem tröstlichen Gefühl, dass ich plötzlich nicht mehr allein war und dass meine Gebete JEMANDEN erreicht hatten, wer auch immer ER war. Ich war so überzeugt davon, dass ich erhört worden war, dass ich zu Farah zurückkehrte, um ihr zu berichten, dass Hilfe kommen und alles gut ausgehen werde. Sie sah mich nur an, als ob ich endgültig den Verstand verloren hätte – was unter diesen Umständen und nach allem, was geschehen war, keine allzu große Überraschung war.

Wir hörten, wie sich unsere Eltern tief in der Nacht unterhielten, und wussten, dass sich die Situation weiter zuspitzte. Sie waren bestürzt, dass die Leute ihnen die Schuld daran gaben, dass wir uns so entwickelt hatten. Das hatten sie nicht erwartet und konnten es nur schwer akzeptieren. Da wir wussten, was sie empfanden, verbrachten wir wieder einmal eine ruhelose Nacht, in der wir auf jedes Geräusch lauschten und darüber rätselten, ob wir in unserem Zimmer oder im Freien ermordet würden.

Wir erwachten beide mit einem schweren Herzen und in banger Erwartung. Niemand kam ins Zimmer, in dem wir alleine saßen und nicht wussten, was wir sagen sollten. Es gab nichts mehr zu sagen.

Plötzlich schien draußen ein geschäftiges Treiben und Aufregung auszubrechen. Die Kinder kamen ins Haus gerannt und schrien: »Imram *Bhai* kommt, Imram *Bhai* kommt!« Wir eilten zum Fenster und sahen, dass Imram tatsächlich durch das Tor kam. Alle waren verblüfft, denn es war das erste Mal seit Jahren, dass er seinen Fuß über diese Schwelle setzte. Er machte ein paar Schritte, dann ging er aber nicht weiter, sondern begann stattdessen laut zu rufen: »*Chacha!* Du England-Heini, *Chacha!* Komm raus, ich will mit dir reden!«

Mein Vater ging hinaus, um ihm entgegenzutreten, doch bevor er die Möglichkeit hatte, irgendetwas zu sagen, erhob Imram die Handfläche, hielt ihn vom Sprechen ab und sagte, dass es besser sei, hineinzugehen und vertraulich miteinander zu reden. Der ungestörteste Ort befand sich im Hof, genau vor unserem Zimmer, weshalb wir alles mitanhören konnten. Und was wir hörten, konnten wir kaum glauben.

Mit ruhiger und respektvoller Stimme berichtete Imram meinem Vater, dass er erfahren habe, was hier vor sich ging. Er wisse alles und sei gekommen, um ihm zu sagen, dass das nicht in Ordnung sei.

»Ich erweise dir *Izzat*, weil du mein *Chacha* bist«, sagte er, »aber ich warne dich respektvoll, dass ich es erfahren werde, wenn du noch einmal Hand an meine Schwestern anlegst und ihnen Schaden zufügst. Sollte das der Fall sein, werde ich vergessen, dass du älter bist als ich. *Acha nahin hoga!* Es wird nicht zu dir passen.« Dann hörten wir, dass er wortlos aufstand. Wir drückten unsere Gesichter gegen das Fenstergitter und sahen, wie er den Hof überquerte, wobei er einen kurzen Blick in die Richtung unseres Zimmers warf. Dann war er weg und ließ alle in sprachlosem Erstaunen zurück.

Niemand war erstaunter als ich. Hilfe war gekommen. Doch sie war von einer derart unerwarteten Seite gekommen, dass ich es schwer glauben konnte. Keiner von denen, die ihre Autorität hätten einsetzen können, hatte gewagt, uns zu helfen – nicht mein Großvater, nicht meine Onkel noch meine Tante. Hilfe war von einem Sohn der Familie gekommen, einem Neffen, der bereit war, seinen eigenen Onkel herauszufordern, einen der Familienältesten! Es war ruhig und respektvoll geschehen, aber er hatte ihm mit Konsequenzen gedroht. Ich hatte nicht die geringste Sorge, dass uns jetzt, da uns Imram öffentlich seinen Schutz zugesagt hatte, noch jemand Leid zufügen würde. Für uns war es wie ein Wunder. Mein Gebet war erhört worden!

Plötzlich ging alles so schnell, dass die Geschwindigkeit, mit der sich die Dinge entwickelten, an sich schon ein Wunder war. Es war, als wären diese furchtbaren Wochen und Monate niemals gewesen. Meine Eltern wussten, dass sie gescheitert waren, und einen Tag später befand sich mein Vater auf dem Rückweg nach England, während meine Mutter und wir beiden Mädchen auf einen späteren Flug gebucht waren.

Die verbleibenden Tage vergingen ohne weitere Vorfälle. Unsere einzige Sorge war, dass unser Mutter Selbstmord begehen könnte. Sie hatte in ihrer Mission, uns beide zu verheiraten, versagt und sah sich der Schande und Demütigung gegenüber, zwei Töchter zu haben, die, wie jeder gesehen hatte, sich jeder Kontrolle ihrer Eltern entzogen. Die einzige Gefühlsregung, die wir in ihren leblosen Augen entdeckten, war Hass. Dieser Blick machte uns Angst, und selbst auf dem Flughafen fühlten wir uns nicht sicher: Ungeduldig warteten wir auf den Augenblick, in dem wir endlich zum Flugsteig gerufen würden. Voller Angst, dass sie es sich anders überlegen und uns aus dem Flughafen hinauszerren und für immer verschwinden lassen könnte, setzten wir uns so nah ans Gate wie nur möglich, um uns darauf zu stürzen, sobald wir aufgerufen würden. Jedes Mal, wenn sich uns jemand näherte, sprangen wir auf, weil wir befürchteten, dass sie irgendwelche Schurken bezahlt hätten, die uns entführten, bevor wir das Flugzeug erreichten.

Während dieser Zeit konnten wir es kaum ertragen, unsere Mutter anzusprechen oder sie auch nur anzusehen. Sie saß schweigend und bewegungslos da, der Kummer hatte sich tief in jede Falte ihres Gesichts eingegraben, das einst so schön gewesen war, und wir hielten es nicht aus, in ihrer Nähe zu sein. Ich hatte keine Angst mehr vor ihr und hasste sie nicht mehr. Ich fühlte gar nichts.

Schließlich waren wir an Bord der Maschine. Ein ganzes Leben schien vergangen zu sein, seit wir vor mehr als vierzehn Wochen in Pakistan gelandet waren. Endlich waren wir auf dem Weg nach Hause.

TEIL 5

Leben im Niemandsland

23
Hendon

Wahre Freundschaft ist eine langsam wachsende Pflanze und muss die Schrecken des Ungemachs erdulden und aushalten, bevor sie berechtigt ist, als solche bezeichnet zu werden.
George Washington

In der Originalversion der Fernsehserie *Drei Engel für Charlie* hieß es immer am Anfang: »Es waren einmal drei kleine Mädchen auf der Polizeiakademie. Ihre Namen lauteten ...«
Vielleicht sollte dieses Kapitel ähnlich beginnen, außer dass es nicht drei, sondern vier Mädchen waren und wir der Polizei unabhängig voneinander im Verlauf mehrerer Monate beitraten. Das Fundament für unsere lebenslange Freundschaft wurde auf der Polizeistation Goldhawk Road bei Shepherds Bush gelegt, wobei sich die meisten von uns auf der Polizeischule Hendon im Norden von London kennenlernten.

In Hendon gab es vier Gruppen, und wenn ein Mal im Monat die Neuzugänge kamen, wurden sie nach den entsprechenden vier Farben benannt: rot, grün, gelb und blau. Melanie kam mit dem roten Zugang an, Farah beim blauen, Susan und ich folgten beim nächsten roten Zugang. Farah wurde vor mir aufgenommen, denn als es bei der Fitnessprüfung zum Abschnitt Laufen kam, rannte sie wie eine Gazelle, während ich wie ein Büffel lief und wiederholen musste. (Jahre später wurde ein angeborenes Herzleiden bei mir diagnostiziert, aber das vermutete zu diesem Zeitpunkt niemand.)

Als Melanie Elizabeth French im Teenageralter war, hatte ihr ihr Vater, ein umwerfend gut aussehender Generalleutnant bei der Royal Air Force, eine neue Mutter vorgestellt. Es handelte sich um eine charismatische Neuseeländerin namens Phillippa, beeindruckend und elegant, eine perfekte Begleitung und passende Gefährtin für ihren erfolgreichen Ehemann. Sie zeigte mir, wie man herrlich Sticky Spareribs zubereitete.

Melanie verließ mit sechzehn ihr Zuhause und arbeitete als Kindermädchen, bevor sie zur Polizei kam. Farah und ich lernten sie kennen, als wir in die Goldhawk Road Einzug hielten.

Wenn wir an Melanie damals denken, dann fällt uns vor allem ein, dass sie überhaupt nicht kochen konnte. Dafür besaß sie aber die Fähigkeit, immer gerade zum richtigen Zeitpunkt aufzutauchen, um sich bei anderen Leuten zu bedienen. Und sie zeigte sich nie, solange das Essen zubereitet wurde. In dieser Hinsicht war Melanies Radar noch viel feiner eingestellt und völlig unfehlbar. Egal, ob es Tag oder Nacht war, sobald das Essen aufgetragen war, konnte man die Sekunden zählen, bis vertraute Schritte den Gang heraufkamen und eine gertenschlanke blonde Gestalt in der Tür erschien.

»Ooooh! Essen!«, piepste sie und schnupperte erwartungsvoll.

Dann war da noch Susan, deren zweiter Vorname Penelope lautete. Ich hatte bisher noch niemanden kennengelernt, der Penelope hieß. Eigentlich bin ich bis heute nur auf zwei Figuren gestoßen, die Penelope hießen. Das erste war die Frau des Odysseus, dieses Griechen, der auf einem zwanzig Jahre dauernden Männerabend unterwegs war, trojanische Pferde baute, gegen Zyklopen kämpfte und von Sirenen verführt wurde, während seine Frau zu Hause blieb und einen Wandteppich webte. Sie hatte etwas von einem Fußabtreter und war nicht sonderlich inspirierend. Die andere war Lady Penelope, die Puppe aus der englischen Science-Fiction-Serie *Thunderbirds*: Aristokratin und Spionin, temperamentvoll, aber ziemlich hölzern. Susan Penelope Owers-Parton-Jacob war ein deutlich weniger hölzerner und weitaus interessanterer Charakter als die beiden fiktionalen Penelopes. Obwohl sie im selben roten Neuzugang war wie ich, liefen wir uns selten über den Weg, da wir in verschiedenen Klassen waren. Wir kannten uns gerade gut genug, um uns zu grüßen. Erst als ich in der Kantine ihre Diensthandtasche fand, die sie vergessen hatte, wurden wir fast Freundinnen. Als ich in der Tasche nach ihrem Ausweis suchte, erkannte ich sie auf dem Bild ihres Dienstausweises und erinnerte mich, dass sie immer stehen blieb, um mir zuzulächeln und mich zu grüßen, obwohl sie ziemlich beliebt zu sei schien. Ich war spät dran für den Unterricht, aber da ich wusste, dass sie Probleme wegen des Verlusts ihres Ausweises bekommen würde, bemühte ich mich, sie zu finden und ihr ihre Handtasche zurückzugeben. Sie dankte mir sehr charmant.

»Vornehm, aber nett«, dachte ich bei mir und fand es schade, dass sie bereits so viele Freunde hatte, denn ich hätte sie gerne näher kennengelernt. Damals hatte ich keine Ahnung, wie wichtig Susans Freundschaft für mein Leben werden sollte.

Sie war zu jener Zeit verlobt und zog kurz nach ihrer Hochzeit auf die andere Seite von London um, wo auch Farah und Melanie waren. Obwohl ich sie für einige Zeit aus den Augen verlor, hörte ich immer mal wieder von ihr, weil sie mit Melanie in Kensington stationiert war. Fünf Jahre später trat sie, als ich sie brauchte, wieder in mein

Leben. Seitdem war sie immer da und schenkte mir Freundschaft und Unterstützung während meiner dunkelsten Stunden. Kaum vorstellbar, dass es eine Zeit gab, zu der Susan und ich keine Freundinnen waren.

Meine Schwester und ich gingen zur Londoner Polizei mit dem Spitznamen »Met«, weil es uns ein Gefühl von Schutz gab, der Polizeitruppe anzugehören, wo wir uns sicher fühlten. Im Nachhinein gesehen, war es keine gute Idee, aber damals konnten wir nicht vernünftig denken. Mehr als ein Jahr war vergangen, seit wir aus Pakistan geflohen waren, der größte Teil davon war verschwommen an uns vorbeigezogen. Meine Schwester wurde von meiner Mutter nach Hause zurückgezerrt. Weil ich es nicht wagte, offen den Gehorsam zu verweigern und eine Rückkehr nach Hause abzulehnen, verschaffte ich mir Aufschub, indem ich sagte, ich müsse unsere Sachen zusammenzupacken und den Umzugstransport nach Hause regeln, was ich natürlich nicht wirklich vorhatte. Lieber hätte ich mir die Pulsadern aufgeschnitten und wäre langsam verblutet, als wieder nach Hause zu ziehen. Die Verzweiflung hatte eine verlogene Zunge und ein intrigantes Herz hervorgebracht.

Die Rückkehr in die leere Wohnung, wohl wissend, dass während meiner Abwesenheit mein Vater da gewesen war, fühlte sich niederschmetternd an. Unser Vermieter hatte seit Monaten kein Lebenszeichen von uns erhalten, und es überraschte nicht wirklich, dass ich einen Räumungsbefehl wegen Mietrückstand vorfand. Mein Vater hatte zudem Telefon, Gas und Strom gekündigt, alle meine Briefe geöffnet und einige meiner Sachen verschwinden lassen. Ich stand mitten in meinem Wohnzimmer und blickte verzweifelt auf mein zerstörtes Leben.

Ich hob einen weiteren Stapel Briefe von der Fußmatte

hoch und warf sie zu den anderen auf den Tisch. Diese waren noch ungeöffnet und offenbar angekommen, nachdem mein Vater hier gewesen war. Mein Blick blieb an einem strahlend gelben Umschlag hängen. Es brach mir das Herz, als ich ihn öffnete und feststellte, dass es sich um ein Telegramm von der BBC handelte. Es schien, als würde sie einen weiteren Versuch machen, mit mir Kontakt aufzunehmen, nachdem sie mehrmals vergeblich versucht hatten, mich zu erreichen. Hektisch durchsuchte ich den Stapel mit offenen Briefen, der auf dem Tisch lag, nach einem früheren Schreiben von der BBC durch, fand aber nichts. Entweder waren die Briefe nicht angekommen, oder jemand hatte sie an sich genommen. Aber was machte das jetzt schon? Es war zu spät. Die Stelle hatte sicher längst jemand anderer bekommen. Sie war weg, meine Träume von einer Rundfunkkarriere bei der BBC waren dahin.

Ich hatte kein Geld, keinen Job, und bald würde ich auch kein Zuhause mehr haben. Stundenlang saß ich allein auf dem Boden dieser leeren Wohnung, so betäubt vor Schmerz und mit einem so schrecklichen Gefühl des Verlusts, dass ich noch nicht einmal die Dunkelheit und Kälte der hereinbrechenden Nacht spürte.

Ein paar Tage später rief ich die BBC an, um ihnen zu sagen, warum ich es nicht geschafft hatte, ihr Telegramm zu beantworten. Im Innersten hoffte ich, dass die Stelle noch frei war, doch mir war natürlich klar, dass man sie schon längst der nächsten Person angeboten hatte, die sehnlichst auf eine Chance wie diese wartete. Zu meiner Überraschung wurde ich kurze Zeit später von Journalisten kontaktiert, die meine Geschichte haben wollten. Trotzdem geriet für mich alles aus den Fugen: Ich konnte mich kaum zusammenreißen, um Tag für Tag zu überstehen, und war nicht imstande, mit jemandem darüber zu sprechen, was geschehen war. Tagelang blieb ich im Bett, aß nichts, schlief nicht und weinte die ganze Zeit. Innerhalb von ein paar Wochen kehrte meine Schwester nach London zurück und zog wieder bei mir ein. Meine Eltern waren außer sich vor Wut. Wir standen beide unter Schock und mussten beieinander sein, um allem, was geschehen war, irgendwie einen Sinn abzuringen. Doch wir lebten in der ständigen Angst, dass mein Vater in der Wohnung auftauchen und uns nach Hause schleppen würde. Als es dann passierte, war es nicht weniger traumatisch, nur weil wir es erwartet hatten.

Charlotte hatte mir meine alte Stelle bei der Werbeagentur wieder gegeben, was mir ein gewisses Ziel und einen Grund gab, jeden Morgen aufzustehen. An jenem Abend war ich überredet worden, mit Sam, einem befreundeten Polizeibeamten, essen zu gehen. Ich war keine gute Gesellschaft: Selbst wenn man mich dazu überreden konnte, auszugehen, war ich unkonzentriert und unruhig, misstrauisch gegenüber Eingängen und Ecken, lebte in der ständigen Angst, irgendwo und irgendwann könnte mein Vater auftauchen. Ich konnte den Abend nicht genießen und es kaum erwarten, nach Hause zurückzukehren. Als Sam mich bis an die Haustür brachte, sah ich, dass meine Schwester sich aus dem Schlafzimmerfenster beugte und hektisch mit den Armen winkte. Mein Herz setzte einen Schlag aus, als ich sie schreien hörte: »Verschwinde, Dad ist da!«

Instinktiv wollte ich umdrehen und weglaufen. Ich wollte zurück ins Auto und Sam sagen, dass er losfahren sollte, egal wohin, Hauptsache weg von meinem Vater. Aber ich konnte meine Schwester nicht allein mit ihm lassen. Ich bat Sam zu gehen und ging hinauf, um die Suppe auszulöffeln. Zu meiner Bestürzung folgte Sam mir in die Wohnung. Er sagte, dass er zwar keine Ahnung habe, was da vor sich ginge, aber man brauche kein Genie zu sein, um festzustellen, dass ich entsetzliche Angst hätte. Und er hätte nicht vor zu gehen, bis er wüsste, dass wir beide in Sicherheit seien.

Um ehrlich zu sein, hätte es keinen Unterschied ausgemacht, wenn mein Vater hereinmarschiert wäre und Farah und mich bei der Lektüre von Tolstois *Krieg und Frieden* vorgefunden hätte. Aber es war einfach Pech, dass er ausgerechnet an diesem Abend unangemeldet kam, an dem Farah allein und ich sonstwo war. Er hatte nichts anderes erwartet, als dass ich, wenn ich irgendwann zurückkäme, einen eins achtzig großen *Gora* mitbringen würde. Seine kalte Wut, mit der er mir befahl, meine Koffer zu packen, weil er gekommen sei, um uns nach Hause zu bringen, ängstigte mich mehr, als es seine Ausbrüche getan hatten. Es reiche, erklärte er und musterte Sam in der Annahme, er sei einer meiner vielen Lover, von Kopf bis Fuß voller Abscheu.

Meine Schwester und ich standen wie angewurzelt da, zu verängstigt, um uns auch nur zu bewegen. Sam trat zwischen meinen Vater und uns und erklärte ihm, dass wir Mädchen nicht besonders glücklich bei dem Gedanken wirkten, mit ihm irgendwohin zu fahren, und dass er uns nicht dazu zwingen könne, wenn wir das nicht wollten. Mein Vater fuhr ihn an, dass er sich um seine eigenen Angelegenheiten kümmern solle. Wir seien seine Töchter und er könnte mit uns machen, was ihm beliebte. Sam informierte ihn, dass dies hier unsere Wohnung sei und dass er sich, sofern wir ihm nicht die Erlaubnis dazu erteilten, widerrechtlich darin aufhalte. Ohne auf die Beschimpfungen meines Vaters zu achten, wandte er sich an uns beide und fragte uns, ob wir wollten, dass mein Vater sich entfernte. Wir waren so verstört, dass wir kaum unsere Köpfe bewegen konnten, geschweige denn etwas sagen, und mein Vater packte meine Schwester, um sie mitzunehmen. An dieser Stelle informierte ihn Sam, dass er Polizeibeamter sei, und warnte ihn, er keine hätte andere Wahl, als ihn festzunehmen, wenn er meine Schwester nicht losließe. Mein Vater fuhr fort, zu schimpfen und uns zu drohen, und das Nächste, an was wir uns erinnern können, war, dass Sam ihn verwarnte und die Kollegen im Polizeirevier anrief, damit sie einen Streifenwagen vorbeischickten. Es war wie ein schlimmer Traum, der zum Albtraum wurde. Die Wut meines Vaters kehrte sich in Ungläubigkeit, dann Bestürzung, und er rief abwechselnd nach uns. Als er abgeführt wurde, fing er an, uns anzuflehen, dies nicht zuzulassen. Mir war schlecht und ich wünschte mir nur, so weit wie nur möglich weg zu sein. Seine Stimme quälte uns die ganze Nacht, rief unsere Namen, und wir konnten kaum schlafen.

Sam rief uns am nächsten Morgen an, um uns zu sagen, dass er darum gebeten hatte, meinen Vater nicht in einer normalen Zelle einzusperren, sondern in einer Arrestzelle unterzubringen. Dort hätte er die Nacht verbracht. Er hätte keine Probleme gemacht, wäre nur sehr kleinlaut gewesen und sei heute Morgen freigelassen worden, ohne unter Anklage gestellt zu werden. Wir müssten uns keine Sorgen machen, dass er zu uns in die Wohnung kommen würde, da er geradewegs nach Hause gefahren sei.

Wir erhielten später am Tag einen zornigen Anruf von unseren Brüdern, die zu wissen verlangten, was zum Teufel wir getan hätten. Mein Vater sei verstört nach Hause gekommen, habe sich hingesetzt und geweint. Er weigere sich, über den Vorfall zu sprechen. Sie fragten, wie wir unseren eigenen Vater einsperren lassen konnten.

Das war die Frage, die wir uns den ganzen Tag über stellten, als uns die Tragweite des Geschehens klar wurde. Wir waren noch immer wie betäubt vor Schreck und konnten kaum miteinander sprechen. Das Ergebnis war immerhin, dass uns meine Familie mitteilte, wir wären für sie gestorben. Danach ließen sie uns für lange Zeit in Ruhe.

Ein Jahr später mussten wir die Wohnung dann tatsächlich räumen. Bis wir in die Polizeischule in Hendon einzogen, waren wir pleite und obdachlos, schliefen mal hier und mal dort. Unsere Habseligkeiten waren in leer stehenden Zimmern und Garagen von Freunden in ganz London untergebracht.

Nach Pakistan wollte ich nichts mehr mit der orientalischen Seite in mir zu tun haben und lehnte alles ab, was mich mit dieser Kultur verband. Ich verbrannte alles, was mit meiner pakistanischen Herkunft zusammenhing, und verweigerte mich der Sprache und der Religion. Wäre es möglich gewesen, hätte ich meine Haut gebleicht, um auch noch jeden sichtbaren Hinweis auszulöschen.

Ich war wild entschlossen, niemals einen Pakistani zu heiraten, selbst wenn es einen gegeben hätte, der sich dazu herabgelassen hätte. Ich war keine Muslima mehr, keine Pakistani: Ich war Engländerin und würde als solche ein englisches Leben führen und englische Wertvorstellungen übernehmen. Ich würde keinerlei Loyalitätsgefühl gegenüber meiner Familie oder meiner Herkunftskultur mehr empfinden. Meine orientalische Kultur hatte mich schrecklich behandelt und zurückgewiesen, jetzt kehrte ich ihr den Rücken!

In mir war eine quälende Leere, ein einsames, überwältigendes Gefühl von Kummer, Verlust und Schmerz. Aber dieser Schmerz war nichts verglichen mit der Wut und Raserei, die mich verfolgten. Ich bemühte mich nach Kräften, mich normal zu betragen, doch dann geschah etwas Harmloses und setzte eine Reaktion in Gang, die diese Gefühle unerwartet wieder hochsteigen ließ. Sie verzehrten mich und hatten zur Folge, dass ich wehklagte, mich gegen Wände warf und Gegenstände kaputtschlug. Diese Episoden ließen mich völlig ausgelaugt zurück. Danach verkroch ich mich im Bett, geplagt von Kummer und voller Selbstverachtung. Ich war verzweifelt, weil ich nicht fähig war, mein Leben zusammenzuhalten, und erschöpft vor der Anstrengung, der Welt die verwirrende Show aus Tapferkeit und Normalität zu bieten, die sie von mir zu erwarten schien. Doch allmählich verlor ich das Gefühl für Normalität. Von ein paar Ausnahmen abgesehen, schaffte ich es, meine Gefühle in der Öffentlichkeit unter Kontrolle zu halten. Der denkwürdigste Vorfall, bei dem es mir misslang, meine Angst in Griff zu behalten, ereignete sich, als ich in Hendon anfing.

Während der ersten Stunden im Unterrichtsraum mussten wir uns selbst vorstellen und kurz unser Leben bis zu diesem Tag erzählen. Die Klasse bestand aus Leuten mit unterschiedlichstem Hintergrund, von neunmalklugen Polizeikadetten, die direkt von der Schulbank weg dazugestoßen waren, bis hin zu Verkäuferinnen und einem ehemaligen Marinesoldaten, der während seiner kurzen Zeit bei der Marine mit Prince Edward gedient hatte.

Als ich an der Reihe war, hatte ich keinen Schimmer, was ich sagen sollte, und am wenigsten hatte ich erwartet, dass ich plötzlich dieser Gruppe von Fremden erzählte, was meiner Schwester und mir in Pakistan widerfahren war. Keiner sagte etwas, keiner sah mir in die Augen, und mir war klar, dass ich einen schrecklichen Fehler begangen hatte. Das Ergebnis war, dass mich ein paar Tage später der Tutor der Klasse beiseitenahm und mir berichtete, dass meine Klasse gemeinsam beschlossen hätte, sie fühlten sich in meiner Gegenwart nicht wohl und hielten mich für eine Fantastin, Angeberin und Lügnerin.

Im Nachhinein weiß ich, dass ich zu jener Zeit emotional überhaupt nicht gerüstet war, um in einer Institution wie der Polizei zurechtzukommen. Ich war aus völlig falschen Beweggründen eingetreten und hatte mich noch nicht von meinem Trauma erholt. Nachdem ich so viel hinter mir hatte, brauchte ich eigentlich medizinische Hilfe und Beratung. Ich hatte einen Zusammenbruch erlebt und erinnerte mich kaum mehr an die Zeit nach der Verhaftung meines Vaters. Doch ich glaubte, dass es richtig war, wenn ich mit meinem Leben so gut wie möglich weitermachte und das Vergangene entschlossen hinter mir ließ.

Was die Polizei anging, so unternahm sie keinerlei Anstrengung, es meiner Schwester oder mir leicht zu machen. Sie legten das Lippenbekenntnis ab, ethisch verantwortlich zu sein, aber in der Praxis legten sie uns so viele Hindernisse in den Weg, wie sie nur konnten. Ich erinnere mich daran, dass mir einer der Polizeibeamten, die mich während meiner Zeit beim Streifendienst anleiten sollten, sagte, dass man einem Pakistani nie über den Weg trauen durfte.

»Sie sind unehrlich und hinterlistig, du kannst ihnen einfach nicht trauen!«, erklärte er mir.

Bei einem Vorfall nahmen wir einen verstörten Schwarzen fest, der gerade von seinem Freund – er war weiß, mittleren Alters, aus der Oberklasse und versteckte sich in diesem Moment hinter einem Möbelstück – den Laufpass bekommen hatte. Der Verhaftete war fast zwei Meter groß, und es brauchte drei Beamte, um ihn festzuhalten. Unter diesen Umständen hielt ich es für keine gute Idee, dass mein Wachtmeister diesen verzweifelten und zornigen jungen Mann mehrmals in den Brustkorb stieß und ihm sagte, dass er ein sehr böser Junge sei. Seine Größe machte mir keine Angst, und ich konnte ihn mühelos beruhigen und überreden, sich auf den Rücksitz des Vans zu setzen. Damit rettete ich *ihn* vor einer weiteren Anklage, dieses Mal wegen des Angriffs auf einen Polizeibeamten, und meinen Wachtmeister vor Prügeln, die er meiner Meinung nach verdient hätte. Dieser, ein Volltrottel, wandte sich daraufhin mir zu und sagte mir, dass es nichts bringe, ihn bloßzustellen, weil ich ohnehin nur als Schaufensterdekoration für die Politiker da sei.

Wie auch immer, ich kann keine Geschichte wie diese schreiben, ohne auf meine Zeit bei der Polizei einzugehen, denn die Schule in Hendon steht für eine wichtige Zeit in meinem Leben. Dort wurden Freundschaften und Beziehungen geschmiedet, die mein restliches Leben berührten. Von diesem Moment an änderte sich alles.

Auch Farah hatte sich sehr verändert. Wie ich hatte auch sie ihrer orientalischen Herkunft abgeschworen, doch unsere Erfahrung in Pakistan hatte uns unterschiedlich stark beeinträchtigt. Ich war voller Traurigkeit und Verlustgefühlen, so als wäre in mir etwas für immer zerbrochen. Dem Charakter meiner Schwester dagegen hatten Pakistan und unsere Erfahrungen bei der Polizei zumindest äußerlich scharfe und zynische Züge verliehen, die meine frühere Chefin Charlotte zu der Bemerkung veranlassten, sie sei verbittert und kompromisslos geworden.

Seit der Zeit bei der Polizei sind Melanie, Susan, Farah und ich eng miteinander verbunden. Wir haben uns bei einer schweren Erkrankung, drei Geburten, zwei Scheidungen, fünf Ehen und einem Todesfall beigestanden. Wir lernten uns kennen, als wir in den Zwanzigern waren: Freunde, Verlobte und sogar der eine oder andere Ehemann sind gekommen und gegangen, aber wir sind immer noch füreinander da. Wir waren nicht immer einer Meinung und haben uns sogar verkracht, doch jetzt, wo wir in den Vierzigern sind, ist unsere Freundschaft stärker denn je. Sie hat uns fast zwanzig Jahre durch die Schmerzen, Freuden und Betrübnisse des Lebens getragen. Und sie ist uns so kostbar, dass unsere gemeinsame Zeit in der Polizeischule von Hendon etwas Besonderes bleiben wird. Ich werde immer dankbar dafür sein.

24
Lieben und Verlieren

*Keine Frau wird sich jemals in einen Mann verlieben, von
dem sie nicht eine bessere Meinung hat, als er verdient.*
Ed Howe

Hendon war auch noch aus einem anderen Grund für
mich wichtig. Lebenswichtig sozusagen.
Er kam einen Monat nach mir mit dem grünen Zugang. Sein Gesicht war mir sehr vertraut, denn es war genau das Gesicht, das ich seit meinen Teenagerjahren im
Kopf hatte. Damals hatte ich Tagträume von einem großen, gut aussehenden Ehemann, der mich vor meinem
Vater beschützen würde. Es war so sehr Realität für mich,
dass ich mich fragte, wo er so lange gesteckt hatte. In dem
Augenblick, in dem er ankam, den dienstlichen schwarzen Seesack, der allen Polizeirekruten ausgehändigt wurde,
über der Schulter, zeigte ich auf ihn und sagte meiner
Freundin, die neben mir an der Rolltreppe stand: »Siehst
du den Typen da unten? Den werde ich heiraten.«
Es war Liebe auf den ersten Blick. Er war der bestausse-
hende Mann, der mir jemals begegnet war. Sein Freund
Taffy schwärmte für Farah, also bot ich Taffy (ohne, dass
sie es wusste) schamlos ein Date mit ihr an, wenn er mir
im Gegenzug Informationen liefere. So erfuhr ich, dass er
eben von einem sechsmonatigen Rucksacktrip durch Indien zurückgekommen war, wo er von Reis und Erbsen
gelebt hatte und nur einen einzigen Ausdruck gelernt
hatte: »*Bahot garam chai*« (sehr heißer Tee). Was den »Ver-

kauf« meiner Schwester allerdings wirklich lohnend machte, war die Feststellung, dass auch er für mich schwärmte. Innerhalb von fünf Tagen waren wir ein Paar. Zwei Wochen später verbrachten wir die Osterfeiertage auf einem Trip zum Snowdonia-Nationalpark, wo wir an einem der Seen in einem idyllischen Dorf namens Llanberis übernachteten. Wir kletterten auf den Mount Snowdon, erreichten aber den Gipfel nicht, weil noch zu viel Schnee lag. Ich war verliebt und glücklicher als je zuvor in meinem Leben. Wir verbrachten jede freie Minute miteinander, und nach kurzer Zeit konnte ich mir nicht mehr vorstellen, wie ich jemals ohne ihn hatte leben können.

Im darauffolgenden Jahr verließ ich die Polizei und arbeitete wieder für Charlotte, bei der ich eine Menge Geld verdiente. Auch er stieg wieder aus. Inzwischen hatten wir eine gemeinsame Wohnung und sparten Geld, um zu heiraten. Die Liebe machte mich blind gegenüber den Warnsignalen, die im Nachhinein so leicht zu sehen waren. Ich erinnere mich an eine groteske Unterhaltung, in der er behauptete, dass Männer in Indien während der Zeit der britischen Kolonialherrschaft alles gleichzeitig haben konnten: Sie heirateten brave weiße Frauen, die gesellschaftlich anerkannt waren, und frönten ihren wahren Leidenschaften mit indischen Frauen, die sie wirklich begehrten. Im Jahr vor unserer Hochzeit sagte er mir, dass er mich lieben würde, aber keine Kinder haben wolle. Das war für mich vernichtend: Ich fühlte mich verschmäht, weil er mich zwar heiraten, aber keine Kinder mit mir haben wollte, packte meinen Koffer und verließ ihn. Er rannte mir nach und bat mich zu bleiben. Doch so sehr ich ihn liebte, bestand ich darauf, dass es besser sei, das Ganze jetzt zu beenden, wenn er sich nicht ganz und gar auf unsere Beziehung einließ.

»Warum soll ich bleiben?«, schrie ich ihn an. »Wenn du nicht willst, dass wir zusammen Kinder haben, warum willst du dann mich?« Als ich mich wütend zum Auto umdrehte, meinen Koffer hinter mir herziehend, rief er: »Weil du die einzige Frau bist, die ich jemals geliebt habe.«

Da blieb ich stehen. Vielleicht hielt ich inne, weil unser Privatleben plötzlich für eine kleine Gruppe Fußgänger sehr öffentlich wurde. Vermutlich lag es aber eher daran, dass er normalerweise kein sentimentaler Mann war. Er neigte überhaupt nicht dazu, seine Gefühle laut in der Öffentlichkeit herauszuposaunen.

»Komm schon, Schätzchen, nimm ihn«, rief jemand.

Also ging ich zu ihm zurück und ließ mich überzeugen, dass mit uns alles in Ordnung war. Ein Jahr später verließ allerdings er mich mit der Begründung, er könne das alles nicht durchziehen. Ich war am Boden zerstört. Es fühlte sich an, als hätte jemand das Licht ausgedreht. Ich konnte weder essen noch schlafen, selbst das Atmen strengte mich an. In meinem ganzen Leben hatte ich mich noch nie so leer und allein gefühlt.

Ihn zu verlieren, war allein schon ein schwerer Schlag, hinzu kam jedoch, dass ich Tag und Nacht versuchte, den Dingen, die er mir gesagt hatte, einen Sinn abzuringen. Ich hatte mich von allem abgewandt, was mich mit meiner Herkunft, Religion und Kultur verbunden hatte. Es war mir nicht schwergefallen, weil ich nie das Gefühl hatte, dass ich dorthin gehörte oder dass mich diese Seite anzog. Nun hatte mir der Mann, den ich liebte und heiraten wollte, gesagt, dass er mich nicht heiraten wolle, obwohl er mich liebe. Er sei Engländer und ich Orientalin, wir seien zu verschieden. Es war so zynisch, dass er nicht über die Unterschiede unserer Herkunft hinwegsehen konnte und nur jenen Teil von mir sah, den ich bereits aufgegeben hatte. Nachdem ich mich für die westliche Seite in mir entschieden hatte, spürte ich, dass ich dorthin gehörte. Ich fühlte mich genauso englisch, wie er es tat. Ich war in derselben Gesellschaft aufgewachsen wie er, hatte dieselbe Sprache gesprochen und mich mit denselben Leuten getroffen. Dennoch sagte er mir, dass die Leute trotz meines Englischseins immer die Orientalin in mir sehen würden. Und damit war ich auf unbarmherzige Weise in ein ethnisches, kulturelles und geistiges Niemandsland gestoßen worden. Ich gehörte nirgendwo hin und zu niemandem.

Innerhalb von neun Monaten war er verheiratet. Es war eine große Hochzeit in Weiß, und unerträglich wurde es dadurch, dass ich erfuhr, dass sie das erste Mädchen war, mit dem er nach mir ausgegangen war. Noch mehr verletzte mich, dass er mir sagte, er habe an seinem Hochzeitstag gewusst, dass diese Ehe nicht von Dauer sein würde. Er hätte uns beide miteinander verglichen und sich gefragt, was um Himmels willen er getan habe. Ich sei schön, lustig und amüsant gewesen, doch letztlich habe er es vorgezogen, eine Frau zu heiraten, die »ins Bild passte«. Darüber hinaus, sagte er, sei es zu spät gewesen, die Uhr zurückzudrehen, da sie nicht so stark gewesen sei wie ich. Was immer mir geschehe, ich hätte einen Kern aus Stahl in mir und würde immer auf die Füßen fallen.

Dann war er weg.

Sein Verlust fühlte sich an wie Trauer. Wobei der Verlust durch Tod einfacher gewesen wäre, denn wäre er gestorben, dann hätte ich wehklagen und mich an die schönen Zeiten und an unsere Liebe erinnern können. Er wäre an einem anderen Ort, den Abdruck meiner Liebe in seiner Seele, und würde nicht herumlaufen und mit einer anderen lachen, essen und schlafen. Ich hätte wenigstens den Trost gehabt zu wissen, dass ich die Liebe seines Lebens gewesen war.

Wochenlang schlief ich auf dem Sofa, weil es zu sehr schmerzte, die ganze Nacht wach in dem Bett zu liegen, das wir miteinander geteilt hatten und in dem ich ihn vermisste. Er verfolgte mich regelrecht. Jedes Mal wenn ich zur Garderobe ging, umwehte mich sein Aftershave. Oder ich war im Supermarkt, und meine Hand streckte sich automatisch nach seinen Lieblingssachen aus. Einmal wachte ich auf und dachte, ich würde ihn im Badezimmer hören, wo er in der für ihn typischen unmelodischen Weise vor sich hin summte und seinen Rasierapparat am Waschbecken ausklopfte. Einen Moment lang dachte ich, ich hätte die vergangenen Monate nur geträumt und er wäre gar nicht gegangen. Ich sprang aus dem Bett, rief seinen Namen – und musste im Badezimmer feststellen, dass er tatsächlich fort war.

Ich hatte nie den Eindruck, dass das Kapitel unserer Beziehung zu Ende geschrieben war, und wusste, dass es nicht so enden würde. Mein Instinkt sagte mir, dass das nicht nur Wunschdenken war: Er war dazu bestimmt, Teil meines Lebens zu sein. Es schien Schicksal gewesen zu sein, dass ich ihn kennenlernte, doch ich verstand nicht, warum es so wehtat, ihn zu lieben. Erst Jahre später sollte ich die Antwort erhalten.

Obwohl ich das Gefühl hatte, als würde mir das Herz herausgerissen, war ich entschlossen, mein Leben nicht zu Bruch gehen zu lassen, und zumindest für eine Weile hatte ich Erfolg damit. Nur wenige kannten das Ausmaß meines inneren Schmerzes und Leids, denn äußerlich hatte ich mich in Griff. Ich wechselte die Stelle, schrieb mich in einem Fitnesscenter ein, trieb Sport und nahm ab. Ich änderte auch meine Frisur und meine komplette Garderobe. Dann nahm ich unbeirrt jede Einladung an, die mir über den Weg lief, und führte ein hektisches Leben. Wie immer schien ich der strahlende Mittelpunkt jeder Party zu sein.

Unter der dünnen Fassade meines lauten, extrovertierten Äußeren musste man nicht tief schürfen, um die Unsicherheit und Selbstverachtung zu entdecken, die mich antrieb. Ich sprang von Depression zu Verzweiflung; umgeben von Menschen fühlte ich mich dennoch wie die einsamste und unglücklichste Person auf dieser Welt. Liebe oder Freundlichkeit konnte ich nicht annehmen. Ich glaubte, sie seien nicht für mich bestimmt. Ich war überzeugt, dass ich es verdient hatte, unglücklich zu sein. Meine Mutter hatte recht, ich war von Natur aus »schlecht«.

Von meiner Familie war ich abgelehnt worden, weil ich westlich war, und jetzt war ich abgelehnt worden, weil ich orientalisch war. Ich machte mich an Männer heran, die ganz klar nicht zu mir passten, war immer auf der Jagd und ließ niemals zu, dass man mich jagte. Jas war einer der guten Typen. Er war immer für mich da, wenn ich ihn brauchte, bot mir seine breiten, verlässlichen Schultern an, damit ich mich ausweinen konnte, wenn mir wieder einmal ein Mann das Herz gebrochen hatte. Er hörte mit finsterem Schweigen und angespanntem Kinn zu und fragte gereizt, warum ich mich von einer Klemme in die andere manövrierte und so versessen auf Selbstvernichtung sei. Dabei wüsste ich doch, dass er mich liebte. Seine Enttäuschung war offensichtlich, dennoch hatte ich Angst, ihn zu nah an mich heranzulassen. Ich konnte Jas nicht heiraten, weil ich überhaupt niemanden heiraten konnte, der lieb und nett war. Ich wusste nicht, wie ich ihm erklären sollte, dass ich beschädigte Ware war, dass etwas in mir zerbrochen war und dass ich das Gefühl hatte, keinen anderen Menschen glücklich machen zu können. Wo ich doch selbst nicht glücklich sein konnte.

Als ich eines Nachmittags allein in der Wohnung war, blieb mein Blick an den Weinflaschen hängen, die von einem kürzlich veranstalteten Abendessen übrig waren, und plötzlich schien es mir eine richtig gute Idee, mich zu betrinken und eine Überdosis Tabletten zu nehmen. Als ich ins Badezimmer schwankte, fragte ich mich, was um Himmels willen ich da tat und ob ich mich wirklich umbringen wollte oder es nur sich nur um einen Hilfeschrei handelte. Mir war klar, dass ich aufhören musste, bevor es auch nur einen Schritt weiterging, und ich rief Melanie an. Sie kam sofort herüber und betrat die Wohnung mithilfe eines Zweitschlüssels.

»Was hast du gemacht?«, schrie sie. Sie glaubte, ich hätte eine Überdosis genommen. Als sie die leeren Weinflaschen entdeckte und erkannte, dass ich nur betrunken war, half sie mir, zwei Treppen hinunterzuschwanken, bugsierte mich in ihren Mini und trug mich praktisch durch die Tür einer Arztpraxis, wo sie nach Hilfe verlangte. Als ich später wieder nüchtern war, saß ich meiner Ärztin gegenüber, einer verblüfften Araberin, die traurig den Kopf schüttelte und mich fragte, warum ich das getan hatte. Ich erinnere mich, dass ich das Gefühl hatte, ich wäre fröhlich einem Bus entgegengelaufen, hätte ich nur den Mut dazu gehabt.

Im Mai 1992, achtzehn Monate nach der Trennung, ignorierte ich noch immer den Rat meiner Ärztin, mir professionelle Hilfe zu suchen, nahm vier Stunden Fahrt pro Tag auf mich, um bei der britischen Zollbehörde zu arbeiten, und stand in einem Job, den ich hasste, unter enormem Druck. Zwangsläufig folgte der Zusammenbruch. Ich war ein körperliches und seelisches Wrack. Ich hatte meine Arbeit verloren, meine Monatsblutungen blieben aus, und ich hatte eine ernsthafte Essstörung entwickelt. Ich hatte jeglichen Sinn für das Normalmaß verloren. Die Ironie daran war, dass mich viele meiner Freunde, wie sie selber zugaben, um mein Selbstvertrauen beneideten, um meinen Biss und die Kontrolle, die ich in meinem Privatleben über die Männer ausübte, die sich mir an den Hals warfen. Nur Melanie wusste, dass das Selbstvertrauen bloße Angeberei und der Biss eine Maske für meine Schwäche waren und dass ich die Männer auf Distanz hielt und immer allein nach Hause ging.

Nach dem Zusammenbruch suchte ich mir endlich professionelle Hilfe, und der Berater zeigte mir ein lohnendes Ziel auf. Nach fast neun Jahren und nicht ohne Zweifel kehrte ich an die Universität zurück. Ich besaß bereits einen etablierten Freundeskreis und ein Leben, das von der Universität unabhängig war, weshalb ich mich kaum integrierte. Dann bekam ich die Möglichkeit, nach Dänemark zu gehen, um Öffentliches und Internationales Recht zu studieren. Ich zögerte, aber Melanie piesackte mich, bis ich ging. Sie sagte, es sei eine gute Gelegenheit, aus meiner sicheren, bequemen Routine auszubrechen. Also ging ich nach Dänemark, mit einer kräftigen Portion Bedenken hinsichtlich meiner Fähigkeit, allein in einem fremden Land zurechtzukommen. Vor allem fragte ich mich, wie die Skandinavier eine britische Asiatin wie mich aufnehmen würden.

Der Besuch der Copenhagen Business School war jedoch die beste Entscheidung, die ich je getroffen hatte. Kopenhagen war herrlich. Das Land hauchte mir neues

Leben ein. Ich liebte alles an Dänemark. Ich liebte die Menschen, ich liebte die Stadt, ihre Cafés, ihre Skulpturen, ihre Läden und ihr Nachtleben. Ich spürte, wie ich mit Kopenhagen verschmolz und wie ich dieser neuen Umgebung gestattete, mich von einem Wrack wieder in einen lebendigen Menschen zu verwandeln. Vier Jahre nach der Trennung hatte ich mich von dem Zusammenbruch erholt und war glücklicher und mehr mit mir im Reinen, als ich es jemals zuvor gewesen war. Ich war fitter, gesünder und sah besser aus als in den Jahren davor.

Ich war aber auch glücklich. Jede Frau, der das Herz gebrochen wurde, braucht eine leidenschaftliche Wohlfühl-Beziehung, um ihr angeschlagenes Selbstbewusstsein zu heilen. Eine solche Beziehung hilft ihr gegen die Verzweiflung, wenn sie glaubt, nie wieder zu lieben und geliebt zu werden. Sie schenkt ihr die Hoffnung, dass es eines Tages doch wieder möglich sein könnte. Ich hatte eine wunderbar leidenschaftliche Affäre mit einem großen, gut aussehenden Belgier, die bewies, dass ich bereit und fähig war, eine feste Beziehung einzugehen. Ich wusste, dass Marc eine Übergangsbeziehung war, und erwartete auch nicht mehr. Das Problem war überhaupt nicht ich gewesen, und ich hatte das Gefühl, dass ich das meinem Ex sagen müsse. Also schrieb ich ihm einen Brief.

Zwei Tage später, und völlig unerwartet, kam seine Antwort. Seine Ehe war zu Ende, er war geschieden, und er hatte versucht, mich ausfindig zu machen. Nachträglich erfuhr ich, dass Melanie und Farah sich geweigert hatten, ihm zu sagen, wo ich war. Sie waren zu dem Schluss gekommen, dass ich in Kopenhagen glücklich war und dass das Schicksal eingreifen müsse, wenn wir füreinander bestimmt waren. Ohne davon zu wissen, hatte ich das Schicksalsrad in Bewegung gesetzt, indem ich ihm den

Brief schrieb. Er schrieb bat um ein Treffen, schrieb mir, dass er nie aufgehört habe, an mich zu denken, und mich vermisse. Jetzt konnte ich an nichts anderes mehr denken, als ins nächste Flugzeug zu steigen und nach London zurückzukehren, um wieder mit ihm zusammen zu sein.

25
Alleinerziehende Mutter

Wer ein WOFÜR im Leben hat, der kann fast jedes WIE ertragen.
Friedrich Nietzsche

Drei Jahre waren vergangen, seit ich von Kopenhagen zurückgekehrt war, und mein Leben hatte eine ganz neue Wendung genommen. Melanie und Farah waren entsetzt, als sie von dem schicksalhaften Brief erfuhren, und warnten mich, zu ihm zurückzugehen. Aber sie konnten nicht wirklich erwarten, dass ich auf sie hörte, und sie wussten, dass ich ihm ebenso wenig fernbleiben konnte, wie ich aufhören konnte zu atmen.

Also war ich zu meiner ersten Liebe zurückgegangen, und es war, als hätten wir uns niemals getrennt. Ich liebte ihn und konnte nicht aufhören, ihn zu lieben, selbst wenn ich es versucht hätte, also versuchte ich es erst gar nicht. Dann, aus heiterem Himmel, entdeckte ich nach vier Monaten, dass ich schwanger war. Prompt schlug er mir die Tür vor der Nase zu, ebenso wie seine Familie. Melanie hätte ihm am liebsten mit einem stumpfen Gegenstand eins übergezogen, sie wütete und hieß ihn alle Namen, die ihr einfielen. Er versprach, mich zu heiraten, wenn ich eine Abtreibung vornehmen lassen würde. Ich hatte geglaubt, dass ich nichts und niemanden stärker lieben könnte als ihn, aber jetzt war alles anders: Plötzlich überwältigte mich die Liebe für dieses ungeborene Baby, und zum ersten Mal bedeutete mir etwas mehr als er. Ich bot ihm die Stirn und blieb standhaft. Er kam zurück, als unser Baby vier Monate alt war, und ging wieder, als es achtzehn Monate war. Als er ging, sagte er mir, dass er blonde, blauäugige Kinder haben wollte. Seine letzte Bemerkung war die grausamste von allen: Er teilte mir mit, dass ich zum einen nur aufs Geld aus sei, zum anderen eine Frau wäre, die ein Mann zur Geliebten haben will, aber nicht zur Ehefrau. Ich hätte auf ihn hören sollen, jetzt hätte ich sowohl mein eigenes Leben als auch das des Kindes zerstört, denn kein Mann wolle das Kind eines anderen großziehen, schon gar nicht eins, das ein Mischling sei.

Ich hatte diesen Mann so lange angebetet und idealisiert; jetzt endlich gestand ich mir ein, was mir alle seit Jahren sagten – er war nichts weiter als ein Kontrollfreak, ein Heuchler und ein Gefühlstyrann.

Aufgrund meiner Erziehung hatte ich Tyrannei immer mit körperlicher Gewalt und verbaler Misshandlung gleichgesetzt, und ich war immer vor jedem Mann auf der Hut gewesen, der auch nur die Stimme gegen mich erhob. Als Kind und Jugendliche hatte ich keine andere Wahl gehabt, aber als unabhängige Frau besaß ich die Freiheit, meine eigenen Entscheidungen zu treffen, und lehnte es ab, mich von irgendjemandem tyrannisieren zu lassen. Ich kannte die frühen Anzeichen jener Art von Charakter, mit dem ich nichts zu tun haben wollte, und ließ ihn einfach links liegen. Darüber hinaus war ich bereit, jeden Mann bewusstlos zu schlagen, der die Stimme gegen mich erhob. Niemals wieder würde ich mich von einem Mann tyrannisieren lassen. Ich war entschlossen, den Teufelskreis zu durchbrechen, und weigerte mich, jemals wieder ein Opfer von Aggression und körperlicher Misshandlung zu werden.

329

Aber die Erfahrungen mit körperlicher Misshandlung hatten mich nicht auf eine andere Eigenschaft vorbereitet, die ich nicht kannte und nicht kennen konnte, bis es zu spät war. Eine aufgeplatzte Lippe oder ein blaues Auge sind Beweise für körperliche Misshandlung, und eine Frau muss nur in den Spiegel schauen, um sie zu sehen. Ihre Beweiskraft ist objektiv und unanfechtbar. Seelische Misshandlung dagegen ist weitaus subtiler und braucht lange, bis man sie bemerkt, wenn überhaupt. Ich selbst brauchte lange, bis ich mir eingestehen konnte, dass der Mann, den ich liebte, zu seelischer Grausamkeit neigte und, wie er selbst zugab, unsere Beziehung als Machtkampf ansah. Mehr und mehr nutzte er meine Unsicherheiten und Schwächen aus und überzeugte mich, dass ich instabil, neurotisch und hysterisch sei. Angeblich gingen alle Probleme in unserer Beziehung auf Fehler von mir zurück, wobei sie in Wirklichkeit aus seinen eigenen Unsicherheiten herrührten. Anfangs hatte ich zu ihm aufgesehen und geglaubt, dass er alles wusste und weitaus klüger war, als ich jemals sein würde. Aber mein Studium hatte bewiesen, dass ich nicht nur klug war, sondern klüger als er. Mein neu gewonnenes Selbstbewusstsein war eine Bedrohung für ihn, und er konnte nicht anders, als meinen Willen seinem unterzuordnen. Mir fiel auf, dass wir nie darüber diskutierten, wenn Entscheidungen zu treffen waren. Er diktierte, was ich glauben sollte, oder sagte mir, was ich zu tun hatte, und formulierte das als Befehl. Mir kam nie in den Sinn, mich dem zu verweigern. Bis das Baby kam.

Er stellte mich vor Entscheidungen, zu denen keine Frau gezwungen sein sollte. An diesem Punkt wusste ich, dass ich ihn nicht zwangsläufig mögen musste, nur weil ich ihn leidenschaftlich liebte. Diese Erkenntnis verriet mir, dass das scheinbar Unmögliche geschehen war. Ich hatte mich in mein Baby verliebt und mochte ihn nicht mehr. Ein Kapitel meines Lebens war zu Ende.

Nach dem Aufenthalt in Pakistan war es mir weiterhin möglich gewesen, eine Art von unbehaglicher Beziehung mit meinen Eltern aufrechtzuerhalten. Allerdings wurden die Geschehnisse von dort nie wieder zwischen uns erwähnt. Ich hatte eine schwierige Schwangerschaft und sehnte mich zutiefst nach meiner Mutter, ungeachtet der Tatsache, dass sie immer sehr unnahbar gewesen war. Ich wollte zu ihren Füßen sitzen, wie ich es als Kind getan hatte, ihre Hände auf meinem Kopf spüren und hören, wie sie mir sagte, dass alles gut würde.

Meine Brüder hatten verständlicherweise keine Lust, den unvermeidlichen Krach auszubaden, und erlaubten mir nicht, dass ich meinen Eltern etwas von meiner Schwangerschaft erzählte. Sie vereitelten meine Anrufe oder schnappten meiner Mutter schnell das Telefon aus der Hand, wenn sie anfing, mich über meine mysteriöse »Krankheit« auszufragen. Nachdem ich mein Baby fast verloren hatte und gerade aus dem Krankenhaus entlassen worden war, hatte mein Vater angerufen. Sie verstanden nicht, warum ich krank sei, er aber nicht nach London kommen und mich nach Hause holen durfte.

Ich hatte Angst, es ihm mitzuteilen, konnte es aber nicht ewig geheim halten. Als ich im sechsten Monat schwanger war, brauchte ich sie verzweifelt, obwohl ich Angst vor ihrer Reaktion hatte. Ich wusste, dass ich, sollte ich nach Hause gehen, in Schande und Not zurückkehren und mein Leben nie mehr mir gehören würde. Doch zu diesem Zeitpunkt gab es nicht mehr viele Möglichkeiten. Ich beschloss, alles zu akzeptieren, was sie mir anboten, und zu tun, was sie von mir verlangten. Ich würde mich und mein Baby meiner Mutter ausliefern, und sie würde entscheiden, wo und wie wir leben würden und was man den Leuten über mich erzählte. Mir war bewusst, dass meine Mutter darauf bestehen würde, das Baby zum strenggläubigen Muslim zu erziehen. Sie würde es, anders als mich, unter strenger religiöser und kultureller Aufsicht halten. Ich würde kämpfen und verlieren. Mir war auch bewusst, dass das Baby für die Sünden seiner Mutter würde büßen müssen.

Zwei Monate vor dem Geburtstermin wohnte ich bei meiner älteren Schwester. Sie war darüber nicht glücklich, aber sie nahm mich bei sich auf und kümmerte sich um mich. Während dieser Zeit erzählte ich meinen Eltern von dem Baby. Es kam zum unvermeidlichen Ärger und den ebenso unvermeidlichen Schuldzuweisungen mir gegenüber und auch gegenüber meiner Schwester, der man das Gefühl gab, dass sie eine flüchtige Verbrecherin beherbergte. Ich weinte ins Telefon, als ich mit meiner Mutter sprach. Zum ersten Mal in meinem Leben sagte ich ihr, dass ich sie brauche. Ich flehte sie an, mich nicht im Stich zu lassen, und versprach ihr, alles zu tun, was sie von mir wollte. Zwei Wochen später entdeckte ich, dass meine Eltern den Winter über wie üblich ins Ausland gereist waren. Sie verspürten eindeutig keinen Drang, in diesem Jahr die Reise zu verschieben. Ich war am Boden zerstört.

Während ich mich noch immer in der Obhut meiner Schwester befand, wurde am 29. Dezember 1995, einen Monat zu früh, Sophia geboren. Ich verließ London und ließ mich einen Monat später fest in Retford nieder. Man versicherte mir, dass es heutzutage keine Schande sei, alleinerziehend zu sein, doch das änderte nichts an meinen Gefühlen, denn ich kannte sonst niemanden, der sich in dieser Lage befand. Meine Eltern hatten mir immer gesagt, dass ich mich nicht mit dieser Art von Menschen einlassen solle. Ich entsann mich der Schimpfnamen, die sie den *Gori* gaben, die außereheliche Kinder hatten. Eine von denen, an die ich mich erinnere, hatte mindestens ein Kind, bevor ihre Ehe in die Brüche ging, und bekam später noch ein halb schwarzes Kind dazu und dann ein halb orientalisches. Wenn sie ihren doppelten Buggy die Straße entlangschob, zeigte mein Vater immer mit dem Finger auf sie und mutmaßte, dass alles, was sie jetzt noch brauche, ein halb chinesisches Kind sei, damit sie den ganzen Satz voll hatte.

Eine Orientalin und eine alleinerziehende Mutter zu sein, erfüllte mich mit Scham. Niemand brauchte mich mit dem Stock zu schlagen, denn ich war es zufrieden, mich selbst zu schlagen. Verzweifelt bemüht, mit dem Klischee aufzuräumen, entdeckte ich trotzdem eine andere Seite an meinem Dasein als alleinerziehende Mutter, auf die ich nicht gefasst war.

Es geschah, als ich ein Bewerbungsgespräch führte. Mein Gesprächspartner merkte an, dass ich als alleinerziehende Mutter sicher nicht zu arbeiten brauche, weil ich staatliche Leistungen in Anspruch nehmen könne. Vielleicht sagt er das zu mir, weil er schwarz und ich eine Orientalin war und er sich innerhalb dieses ethnischen Rahmens sicher fühlte. Ich war wütend, dass er es wagte, mir gegenüber zu behaupten, ich würde Geld vom Sozialamt erhalten, weil ich eine schlechte Mutter sei. Er besaß die Dreistigkeit, mir zu erzählen, wie entsetzt er wäre, wenn die Mutter seiner Kinder diese allein mit einem Babysitter zu Hause lassen würde, um sich an einen Arbeitgeber zu verdingen, wie ich das machte. Höchst empört sagte ich ihm, dass ich nicht freiwillig zur alleinerziehenden Mutter geworden sei und dass ich mich entschieden hätte, meine Tochter mit Selbstachtung und Würde zu erziehen und nicht mit staatlichen Zuwendungen. Schließlich hätte ich mein ganzes Leben lang gearbeitet. Ich verließ dieses Bewerbungsgespräch ohne einen Job, doch umso entschlossener, für meinen Lebensunterhalt zu arbeiten, wie ich es immer getan hatte.

Ich fragte mich allmählich, ob es falsch von mir gewesen war, so heftig gegen meine Eltern und die Rolle, in die ich hineingeboren worden war, gekämpft zu haben. Stand ich am Ende besser da, weil ich gegen die Tradition und Kultur gekämpft hatte, die mein Schicksal hätten sein sollen, und dagegen, dass andere Menschen meinen Lebensweg bestimmten? Oder hatte ich alles nur viel schlimmer gemacht? Konnte ich wirklich aufrichtig behaupten, dass ich glücklicher war als jene muslimischen Mädchen, die im Westen geboren worden waren und sich trotzdem für die Familie und gegen die Freiheit entschieden hatten? Hatte ich eine bessere Wahl getroffen, als meine Eltern für mich getroffen hätten? Oder hatte ich einfach nur andere Wege eingeschlagen, von denen ich glaubte, dass sie besser seien, weil *ich* sie eingeschlagen hatte? Ich hatte mich durchgesetzt, aber schmeckte Freiheit tatsächlich besser als die kulturelle Versklavung, die ich hinter mir gelassen hatte?

Schon früh hatte ich den Glauben und die Kultur, in die ich hineingeboren worden war, infrage gestellt und mich geweigert zu akzeptieren, dass es im Islam unterschiedliche Rollen für Mann und Frau gab. Ich hatte zwei Seiten in mir: mein westliches Leben und das orientalische. Ich war voller Enttäuschung und Verwirrung über meine Identität aufgewachsen, ohne zu wissen, wer ich war und wohin ich gehörte. In einer Gesellschaft, die völlige Unterwerfung verlangte, war ich als Unruhestifterin bezeichnet worden, weil ich es gewagt hatte, die Unterschiede zwischen Ost-West infrage zu stellen, die mein Leben beherrschten. Mein ganzes Leben lang war ich »anders« gewesen, und es hatte mir nichts ausgemacht. Aber ein Kind zu haben, veränderte alles. Ich wünschte mir mehr für sie. Ich wollte, dass sie auf eine Weise dazugehörte, wie ich nie dazugehört hatte. Ich war in den Islam und die pakistanische Kultur hineingeboren worden, die so viel Unglück in mein Leben gebracht hatten, dass ich sie ablehnte. Doch ich konnte nicht behaupten, dass mich die Entscheidung, dies zu tun und mich dem westlichen Teil zuzuwenden, wirklich glücklicher gemacht hatte.

Ich war noch immer schrecklich unglücklich und sehr verwirrt, fühlte mich isoliert und fehl am Platz. Ich gehörte zu nichts und niemandem. Mein Leben hatte ich außerhalb der Grenzen verbracht, die anderen Menschen eine Orientierung sind. Von meinen Eltern hatte ich weder Fürsorge noch liebevolle Anleitung erfahren, nur Befehle, Drohungen und Ultimate. Sie hatten nicht einmal versucht, mir entgegenzukommen. Es hatte nur ein Alles oder Nichts gegeben: ein Ultimatum, wie es allen Töchtern aus dem Orient gestellt wurde, die zu rebellieren drohten. Die meisten konnten einfach einem Leben draußen in der Kälte nicht ins Gesicht sehen, von jenen verstoßen, die sie liebten, aber nicht genug zu lieben schienen, um ihre Gefühle, Hoffnungen und Wünsche in Erwägung zu ziehen.

Da ich die Freiheit gewählt hatte, konnte ich selbstverantwortlich tun, was ich für das Richtige hielt, aber da ich keine Grenzen, keine Religion und keine kulturelle Richtschnur besaß, auf die ich mich verlassen konnte, kam ich ins Stolpern. War es ein Fehler der Gesellschaft gewesen, aus der man mich herausgeholt hatte? Oder war es ein

Fehler jener Gesellschaft, in die man mich hineinversetzt hatte? War es der Unwille meiner Mutter, sich in die westliche Gesellschaft zu integrieren, oder meine Weigerung, mich von ihr abzusondern? Wessen Schuld war es? War es ihre, oder war es meine?

Sophie war inzwischen zweiundzwanzig Monate alt, und ich hatte mich entschlossen, an jenen Ort zurückzukehren, wo für mich alles einen Sinn ergeben hatte. Zu keiner Zeit in meinem Leben war ich glücklicher gewesen als in Kopenhagen. Natürlich würde jetzt alles anders sein, weil ich ein Baby hatte, aber die dänische Gesellschaft war viel besser auf alleinerziehende berufstätige Mütter eingestellt, und ich hatte dort Freunde. Es schien richtig, nach Dänemark zu gehen.

Ich war im Haus meiner Schwester länger geblieben, als ich willkommen war, und lebte in Retford allein mit meinem Kind. Ich vermisste meine Freunde. Sie kamen zwar noch immer regelmäßig, um Sophie und mich zu besuchen, doch das, was ich suchte, war in dieser kleinen ländlichen Gemeinde nicht zu finden. Ich war eine große Weltstadt wie London gewöhnt, und spürte keine Gemeinsamkeiten mit den Menschen hier. Sie waren freundlich, aber ich besaß keine echten Freunde und hatte nicht das Gefühl, hierher zu gehören. Ich plante, wegzugehen und ein neues Leben in Dänemark zu beginnen. Ich hatte keine Arbeit, kein Zuhause, das ich mein Eigen hätte nennen können, und meine Freunde waren meilenweit entfernt. Nichts hielt mich hier. Ich besaß nur das nackte Leben und war so allein, wie man es nur sein konnte. Ich gehörte zu nichts und zu niemandem.

Mein ganzes Leben lang hatte ich nach etwas gesucht, das diese gähnende Leere in meinem Herzen hätte füllen können. Ich ahnte nicht, dass das, was ich am meisten ersehnte und brauchte, im Begriff war, in mein Leben zu treten. Und zwar an einem Ort, an dem ich es am wenigsten vermutet hätte.

»Warum in aller Welt habe ich das gerade getan?«, fragte ich mich. Sie wollten gerade schließen, ich kam spät zu meinem Termin, und ich wusste überhaupt nicht, was ich in diesem Café tat, das voll mit der Sorte Leuten zu sein schien, mit denen mich nichts verband. Über mich selbst verärgert und leicht in Panik, drehte ich den Kinderwagen um und wollte so schnell wie möglich wieder hinaus, als ich plötzlich etwas hörte, was mich wie angewurzelt stehen bleiben ließ: einen skandinavischen Akzent.

»Das kann nicht sein«, dachte ich mir. »Nicht hier in dieser kleinen Stadt am Ende der Welt.« Doch, das war eindeutig dieser ganz bestimmte Tonfall. Ihre Stimme klang so, dass ich sie hörte, bevor ich sie sah.

»Entschuldigen Sie, ist diese Dame Dänin?«, fragte ich jemanden, der so aussah, als würde er hier arbeiten. Ich hatte fast recht: Sie war Norwegerin und hieß Øigund Merrygold.

Dieses Treffen stellte sich als Wendepunkt in meinem Leben heraus. Ich hatte meinen kosmopolitischen Freundeskreis zutiefst vermisst, und ich war überrascht, als ich entdeckte, dass hier in Retford nicht nur eine Norwegerin lebte, sondern eine eng zusammengewachsene Gemeinschaft mit Deutschen, Neuseeländern, einer griechischen Familie und weiteren Menschen anderer Nationalität. Ich lebte seit fast zwei Jahren in dieser Stadt und hatte keine Ahnung gehabt, dass es diese Leute hier gab.

Ich hatte Monate damit verbracht, mit meinem eigenen Leid und einem Baby zurechtzukommen, das sich an mich klammerte und Dinge brauchte, für die ich, wie ich spürte, emotional schlecht ausgestattet war. Ich hatte keine Mutter, an die ich mich wenden konnte, die mir Halt gab und mir sagte, dass sie sich um mich kümmern würde. Ich hatte niemanden, der mir hätte anbieten können, sich um mein Baby zu kümmern und mir den Raum zu verschaffen, den ich brauchte, um mit mir ins Reine zu kommen. Øigunds Freundschaft war Balsam für meine Einsamkeit und Verzweiflung. Instinktiv verstand sie, wie unglücklich ich war und wie schwer es mir fiel, an einem Ort, an dem ich allein war und keine Freunde besaß, als alleinerziehende Mutter zu leben. Kaum eine Woche nachdem wir uns kennengelernt hatten, kam sie eines Morgens wie ein Wirbelwind in mein Haus gefegt, packte Flaschen, Windeln, Feuchttücher, Kleidung zum Wechseln zusammen, brachte den Kindersitz von meinem in ihr Auto, nahm das Baby hoch und teilte mir mit, dass sie es am Abend wiederbringen werde. Inzwischen, so befahl sie mir, gehst du wieder ins Bett, schläfst und ruhst du dich aus. Dann war sie weg und ließ mich verwundert zurück: Entweder befand ich mich in Gesellschaft eines Engels oder einer norwegischen Geisteskranken, die soeben mein Kind entführt hatte.

Der Raum, den Øigund mir verschaffte, war genau das, was ich brauchte. Sie besuchte mich regelmäßig und winkte mich entweder auf einen Kaffee oder ein Mittagessen hinaus oder nahm einfach das Kind mit, um mir Zeit und Raum für mich selbst zu geben. An den Dienstagen behielt sie das Baby über Nacht bei sich. Sophie nannte sie Nanny Øigund, und es überrascht nicht, dass sie sich sowohl zu Øigund als auch zu ihrem Mann Norman hingezogen fühlte, der sie immer begrüßte, indem er ihr auf die Nase drückte und »Piep-Piep« machte.

»Das lässt du sonst niemandem machen«, sagte ihr Norman, »das ist ganz allein meine Begrüßung.«

Einmal versuchte ein anderer, ihre Nase mit Piep-Piep zu drücken, aber er wurde von einer erzürnten Sophie, die sich an Norman drückte und den Eindringling wegschob, böse angefunkelt. Ein anderes Mal kehrte sie von ihrem wöchentlichen Übernachtungsbesuch zurück und sprach ihren ersten vollständigen Satz. »Midge hat dath mit Thofie'th Teddy gemacht«, lispelte sie und schwenkte fröhlich ihren Lieblingsmatrosenbär, an dem der kleine Terrier der Merrygolds herumgekaut hatte.

Es war mein Geburtstag, und Susan und Melanie planten eine Überraschung. Ich renovierte das neue Haus, und sie hatten die Idee, ein ganzes Wochenende zu bleiben und an meiner Stelle Sophies Zimmer herzurichten. Sie kamen von London hoch, bewaffnet mit Farbe und entsprechender Ausrüstung, und schlossen sich in ihrem Zimmer ein. Ich musste draußen bleiben und durfte mich dem Zimmer nicht einmal nähern, was zum Verzweifeln war, denn an den nächsten Tagen öffnete ich die Tür einem Strom von Helfern und musste Lachen und konspiratives Flüstern mitanhören, das aus dem Raum herausdrang, aus dem ich verbannt war. Ich kochte eine Menge Essen, und wir verbrachten ein lustiges Wochenende, das seinen Höhepunkt fand, als ich mit verbundenen Augen in Sophies Zimmer geführt wurde, sie auf dem Arm, um endlich den fertigen Raum zu sehen. Er sah fantastisch aus, und ich wusste, dass ich sehr dankbar dafür sein musste, Freunde zu haben, die wie eine Familie für mich waren.

Trotz ihres schwierigen Starts ins Leben fand ich, dass meine Tochter sich gut entwickelte. Ich hatte mich aus mehreren Gründen bewusst dafür entschieden, berufstätig zu sein. Erstens wusste ich, dass ich zufriedener sein würde, wenn ich außerhalb meiner Rolle als Mutter ein Ziel verfolgte. Zweitens wollte ich meiner Tochter ein Beispiel dafür sein, dass man sich nie darauf ausruhen dürfe, ein Opfer der Umstände zu sein. Arbeiten, Steuern zahlen, ein Auto fahren, ein eigenes Haus unterhalten und unabhängig sein – all dies schenkte mir Würde und Selbstachtung. Der Preis dafür war, dass andere Leute dafür bezahlt wurden, sich um mein Kind zu kümmern, es zu baden und ins Bett zu bringen, während ich spät aus der Arbeit kam, es hochnahm, ins Auto setzte und ins Bett legte, bevor ich selbst erschöpft in mein Bett sank. Ich hätte Unterstützung für die Kinderbetreuung beantragen können, doch diese Unterstützung erhielt man nur, wenn man eine registrierte Tagesmutter nahm. Da ich aber eine Menge Spätschichten einlegte, konnte ich nur Freunde einsetzen, was bedeutete, dass ich für die Kinderbetreuung keine Kosten erstattet bekam. Kinderbetreuung, Benzin, Kleidung, Make-up und die Ausgaben für die Arbeit fraßen viel von meinem Gehalt auf, sodass mir meine Unabhängigkeit teuer zu stehen kam.

Im Allgemeinen arbeitete ich zwischen dreißig und vierzig Stunden pro Woche, ergriff aber jede Möglichkeit zu Überstunden, die sich mir bot. Manchmal arbeitete ich zwischen vierzig und fünfzig Stunden pro Woche, doch das rächte sich, und ich brach einige Monate später erschöpft zusammen. Außer an dem Nachmittag, an dem es passierte, kann ich mich nicht mehr an viel erinnern. Ich hatte das Glück, dass Annette und Judith, die Freundinnen, die sich um mich kümmerten, Krankenschwestern waren. Ein paar Wochen später sagte mir Annette, dass sie es nicht gewagt hatten, den Krankenwagen zu rufen, weil sie befürchtet hatten, man würde mich in die Psychiatrie einweisen. Was mir an dieser Geschichte Angst machte, war die Tatsache, dass ich mich an überhaupt nichts erinnern konnte, und das bestätigte mir: So sehr ich mich um Würde und Unabhängigkeit bemühte, das Dasein einer alleinerziehenden Mutter war das Schwierigste, was ich jemals in meinem Leben gemacht hatte.

Ich ging immer mit Sophie ins Bett, und dann stützte ich mich auf dem Unterarm auf und beobachtete sie im Schlaf. In diesen kostbaren Momenten, in denen ich sah, wie ihre Augenlider zuckten, während sie träumte, und ihren Babyduft einatmete, lohnten sich all die Mühen, die ich für sie erlitt, und all die Opfer, die ich für sie brachte. In einer dieser Nächte tat ich ihr gegenüber das Versprechen, dass ich einen neuen Papa für sie finden würde. Irgendwo hatte ich gelesen, dass Kinder bis zu einem Alter von vier Jahren einen neuen Mann in ihrem Leben fraglos akzeptieren. Laut diesem Artikel wurde es danach zunehmend schwieriger. Da ich glaubte, dass das stimmte, versprach ich meinem schlafenden Baby, einen Mann zu finden, der nicht nur mein Ehemann sein wollte, sondern auch sie annehmen und lieben würde, als wäre sie sein eigen Fleisch und Blut. Ich versprach ihr, dass ich einen neuen Papa für sie finden würde, bevor sie vier Jahre alt war. Und sollte das nicht möglich sein, dann würde ich ihr mein Leben widmen und sie alleine großziehen, ohne einen Kompromiss einzugehen.

Sechs Monate später lernte ich den Mann kennen, der mein Ehemann werden sollte.

26
Riley

Er schaute mir unverwandt in die Augen und versuchte verzweifelt, mir nicht ins Dekolleté zu starren. Dabei sprach er die Worte aus, denen keine alleinstehende Frau widerstehen kann. Er bot mir an, ein paar Heimwerkerarbeiten für mich zu übernehmen.

Ich wollte meine Holzdielen im Flur abschleifen lassen und hatte ein unerhört teures Angebot erhalten. Melanie war an diesem Wochenende gekommen, ich ließ sie und Sophie im Garten zurück und verkündete, dass ich zum Baumarkt fahren werde, um eine Schleifmaschine auszuleihen und dort irgendeinen Dummkopf aufzugreifen, der es für mich tun würde. Dort traf ich Ion.

Ich kehrte nach Hause zurück und erzählte Melanie, dass ich jemanden gefunden hätte, der mich geradezu angefleht habe, ihn die Arbeit für mich machen zu lassen. Und wenn er dumm genug sei, das Feiertagswochenende im August damit zu verbringen, für ein Curry meine Dielen abzuschleifen, dann wäre es unhöflich, ihn von dieser Erfahrung abzuhalten. Mel fand, dass sich das anhörte, als sei er entweder zu gut oder zu dumm, um wahr zu sein, und meinte, er würde wahrscheinlich nicht auftauchen.

Ein paar Tage später, sie war inzwischen nach London zurückgekehrt, rief sie mich an, um mich davor zu warnen, dass ich, falls er auftauchte, auf keinen Fall mit ihm allein bleiben dürfe, weil er vermutlich pervers sei.

Am Samstag stand er da, klopfte an die Haustür und marschierte, als keine Reaktion kam, ums Haus herum und durch die Küche hinein. Er hatte Jeans und ein T-Shirt an, trug eine Sonnenbrille, und über der Schulter baumelte lässig eine Lederjacke.

»Super!«, dachte ich. »Er hat sich für ein verdammtes Date angezogen, aber nicht um meine Dielen abzuschleifen!« Aber da irrte ich mich. Er verkündete, dass er bereit sei, sofort mit der Arbeit zu beginnen, weshalb ich ihn im Wohnzimmer zurückließ und einen Kaffee aufbrühte, bevor er zu arbeiten anfing.

»Ich bin Thofie«, verkündete ein Stimmchen hinter ihm. Er drehte sich um und sah zu Tode erschrocken aus, als er ein kleines Kind entdeckte, das in der Tür stand und zu ihm hochstrahlte.

»Tja, er ist eindeutig nicht der Richtige!«, murrte ich insgeheim, reichte ihm seine Tasse Kaffee und zeigte mich gegenüber seiner Reaktion auf meine Tochter unbeeindruckt.

Es wurde zu einer ständigen Einrichtung für ihn, nach getaner Arbeit zu mir herüberzukommen, um meine Do-it-yourself-Jobs für mich zu erledigen und danach mit uns zu Abend zu essen. Er lud mich mehrmals zum Essen ein, aber obwohl die Dielen wunderbar abgeschliffen waren, gab es noch schrecklich viel im Haus zu tun, und ich war nicht geneigt, ein perfektes Arrangement zu zerstören, in dem ich mit diesem DIY-Geschenk eine Affäre einging. Abgesehen davon genoss ich es, ihn hier zu haben, denn er war ein angenehmer Mensch, und sehr bald schon begann ich ihn zu vermissen, wenn er nach Hause in seine eigene Wohnung ging.

Seine anfängliche Reaktion auf Sophie war eine Mischung aus Überraschung und Unbeholfenheit gewesen. Er hatte nicht gewusst, wie er diesem kleinen Mädchen begegnen sollte, aber nach ein paar Wochen sah ich, wie er sich in ihrer Gegenwart entspannte und sie miteinander spielten. Wir begannen zusammen zum Einkaufen zu gehen, und ohne nachzudenken nahm er sie hoch und trug sie auf dem Arm. Sophie ihrerseits erkannte, dass sich da eine gute Sache anbahnte, und sah nicht den geringsten Anlass, ihre eigenen Beine zu benutzen, wo dieser Mann doch recht glücklich damit zu sein schien, sie auf die Schultern zu setzen und zu tragen. Sie wurde zu einem Schmuckstück um seinen Hals. Jemanden an der Seite zu haben, der mir bei so alltäglichen Dingen wie Lebensmitteleinkauf und Kinderversorgung half, war etwas ganz Neues für mich. Doch obwohl es verführerisch war, war ich anfangs trotzdem auf der Hut und tat, was jede Mutter getan hätte: Ich beobachtete ihn mit Adleraugen.

Es war für mich wichtig, dass meine beiden ältesten Freundinnen, Sophies Patinnen, einen Mann akzeptierten, der so viel Zeit mit Sophie verbrachte. Nach einer persönlichen Tragödie hatte Susan den Polizeidienst verlassen und war, als sie den ungestümen Wissenschaftler Mark Jacob getroffen hatte, nur eine Fahrtstunde entfernt nach Derbyshire umgezogen. Sie hatte Ion kennengelernt, mochte ihn und beobachtete, wie gut er zu Sophie war.

Melanie hatte Jahre damit verbracht, jeden Mann, mit dem ich je ausging, abzulehnen, deshalb war es ziemlich befremdlich, mir anzuhören, dass ich ihn heiraten müsse. Sie kreischte mir gegenüber wie eine Harpyie, dass ich es bloß nicht wagen solle, eine Entscheidung zu treffen, ohne vorher mit ihr telefoniert zu haben. Sie müsse mir unbedingt ausreden, dass ich ihm einen Korb gäbe, wobei sie geflissentlich übersah, dass er mir, selbst wenn er mich vielleicht heiraten wollte, bisher keinen Antrag gemacht hatte. Außerdem hatte sie ihn noch gar nicht kennengelernt. Trotzdem bestand sie unerbittlich darauf, dass er der Richtige sei. Ich war nicht so überzeugt.

Ich hatte mich noch nicht entschieden, ob ich diese Art von Beziehung mit ihm wollte, und so sehr ich es hasste, allein zu sein, bekam ich Panik bei dem Gedanken, dass er zu einer dauerhaften Institution in unserem Leben werden sollte. Wir kannten uns erst seit ein paar Wochen, und plötzlich konnte ich ihn nicht schnell genug loswerden. Ich brach wegen einer unschuldigen Bemerkung, die er über mein Essen machte, einen Streit mit ihm vom Zaun.

Am nächsten Tag fuhr ein Lieferwagen von Interflora vor und brachte einen riesigen Blumenstrauß und eine Nachricht von Ion. Er bat mich um Entschuldigung. Ich war nicht beeindruckt.

»*Ich* provoziere einen Streit mit ihm, und *er* entschuldigt sich?«, schrie ich meine ältere Schwester an und warf ihr die Blumen zu, damit sie sie mit zu sich nach Hause nahm.

»Aber er hat sie dir geschickt, weil er dich mag«, sagte sie und wollte sie mir zurückgeben.

Ein paar Stunden später war ich im oberen Stockwerk und hängte die neuen Vorhänge auf, während Sophie auf dem Bett herumhüpfte.

»Vorsicht«, warnte ich das kleine Känguru hinter mir. »Du fällst herunter.«

Zu spät, denn sie stürzte vom Bett und landete mit einem dumpfen Schlag auf dem Schlafzimmerboden. Sie wimmerte leise, schien aber recht fröhlich zu sein, nachdem sie den Schreck überwunden hatte. Ich untersuchte ihren kleinen Arm, aber es stand nichts heraus und es schien auch keine Blutergüsse zu geben, also tröstete ich sie und brachte sie wie immer zu Bett. Doch um 22 Uhr wachte sie schreiend auf, und ich wusste sofort, dass etwas nicht stimmte. Sophie war immer ein braves Baby gewesen, sie schrie selten, und sobald sie im Bett war, schlief sie durch bis um 7 Uhr morgens. Sie streckte den Arm aus, und ich vermutete, dass sie ihn sich vielleicht doch gebrochen hatte, als sie darauf gelandet war.

Es war spät, und ich war in Tränen aufgelöst. Mein erster Gedanke war, Ion anzurufen. Ich wusste, dass ich ihn schlecht behandelt und mein Verhalten noch verschlimmert hatte, indem ich mich geweigert hatte, seine Blumen anzunehmen, ich machte mich also darauf gefasst, ein unmissverständliches »Verschwinde!« zu hören. Aber da lag ich falsch. Ohne zu zögern, sagte er mir, dass er sofort herüberkommen und uns beide zum Bassetlaw-Krankenhaus fahren werde, das elf Kilometer entfernt lag. Da es Freitagabend war, herrschte viel Verkehr. Während wir dasaßen und auf unseren Aufruf warteten, war ich dankbar, dass er bei uns war. Sophie wimmerte in seinen Armen, und ich lehnte mich instinktiv an seine Schulter, getröstet durch seine Anwesenheit.

»Danke für die Blumen.«

»Ich fragte mich schon, ob du dich darum drückst, sie zu erwähnen«, erwiderte er. »Ich habe den ganzen Tag darauf gewartet, dass du anrufst, und als du es nicht getan hast, dachte ich, das war es jetzt wohl.«

»Als ich heute Abend anrief, dachte ich, du sagst mir, ich soll verschwinden.«

»Das würde ich nie tun. Du hast mich doch gebraucht«, kam zur Antwort.

Es war 2 Uhr morgens, als wir endlich drankamen, und 4 Uhr morgens, als das Untersuchungsergebnis bestätigte, dass sie sich tatsächlich den Arm gebrochen hatte. Inzwischen war Sophie hysterisch vor Schmerzen und purer Erschöpfung. Sie schrie und trat nach jedem, der versuchte, sie zu untersuchen. Man beschloss, sie für den Rest der Nacht auf der Kinderstation zu behalten. Ich war vor Sorge und Müdigkeit selbst erschöpft – noch nie hatte ich sie in einem solchen Zustand gesehen – und brach in Tränen aus. Ich fühlte mich völlig außerstande, meine Tochter zu verlassen, doch Ion überzeugte mich, dass es besser sei, sie dazulassen, wo man sich um sie kümmerte, und versprach, mich am nächsten Morgen wieder herzubringen. Er fuhr mich nach Hause, brachte mich zu Bett und kam ein paar Stunden später die Treppen hoch, um mich aufzuwecken und zurück ins Krankenhaus zu bringen, ohne selbst richtig geschlafen zu haben.

Diese Nacht im Krankenhaus veränderte meine Gefühle für ihn. Jetzt war ich wirklich überzeugt, dass er etwas für Sophie und mich empfand. Doch das machte mir noch mehr Angst. Ich wollte ihn zwar um mich haben, aber ihn nah an mich heranzulassen fiel mir sehr schwer. Wann immer es mir zu kuschelig zu werden schien, brach ich einen Streit vom Zaun und stieß ihn von mir. Er verbrachte immer mehr Zeit mit uns; manchmal ging er erst in den frühen Morgenstunden und fuhr direkt von meinem Haus aus zur Arbeit. Ich rechtfertigte mein Verhalten ihm gegenüber, indem ich mir sagte, dass ihn niemand zwang, so viel Zeit mit uns zu verbringen, und dass er, wenn ihm das nicht gefiel, eine wunderschöne eigene Wohnung hätte. Doch es fühlte sich sicher und tröstlich an, wenn ich mich nachts an Sophie kuschelte und wusste, dass Ion unten war.

Es verwirrte mich allerdings, dass er sich so schlecht von mir behandeln ließ. Während der nächsten paar Wochen unternahm ich alles Erdenkliche, um ihn herunterzuputzen und schlechtzumachen. Ich schrie ihn an, dass er besser früher als später gehen solle, wenn er das vorhabe. Dieser Zustand gipfelte eines Sonntagabends in einem gewaltigen Krach, in dessen Verlauf er sich schließlich mir zuwandte und mir sagte, er wisse, dass ich mich nicht für ihn interessierte, er habe genug, und wenn ich ihn nicht haben wolle, dann müsse ich es nur sagen und er würde mich nie wieder belästigen. Wir trennten uns in dem sicheren Wissen, dass das das Ende war.

Sophie schlief, ich nahm ein Bad und machte mich fürs Bett fertig. Doch ich konnte nicht schlafen und lief aufgewühlt und verwirrt im Wohnzimmer auf und ab. Ions stille Präsenz füllte immer das Haus, und seine Abwesenheit ließ es einsam und leer erscheinen. In einem Augenblick war ich wütend und sagte mir, dass ich ihn nicht brauchte, dass ich niemanden brauchte und er irgendwann sowieso gegangen wäre. Im nächsten Augenblick war ich ganz verzweifelt bei dem Gedanken, ihn zu verlieren. Mir war das Herz schwer von einem Gefühl, das ich nicht bereit war zu empfinden, bis ich es nicht mehr aushielt und mit dem Mieter unter mir vereinbarte, dass er bei Sophie bleiben würde. Ich nahm die Schlüssel, fuhr zu Ions Wohnung und klingelte an der Tür.

Sein Gesichtsausdruck verriet deutlich, dass ich die letzte Person war, die er erwartet hatte. Dann bemerkte er, in was für einem Zustand ich war. Es regnete, und ich stand triefend auf der Türschwelle, hatte ein Nachthemd und Pantoffeln an, aber das interessierte mich nicht.

Zum ersten Mal betrat ich seine Wohnung, und als ich mich umsah, fiel mir auf, dass ich bisher keinen einzigen Gedanken an die Seite seines Privatlebens verschwendet hatte, die nichts mit Sophie und mir zu tun hatte. Er lebte in einer sehr männlich wirkenden Zweizimmerwohnung, die sich in einem viktorianischen Haus befand und hohe Decken und ein sehr großes Wohnzimmer besaß. Mich erstaunten die Gegenstände in seiner Wohnung, die einen Blick auf den Charakter dieses Mannes erlaubten. Gegenstände, die mich bisher nicht interessiert hatten. Da hingen riesige gerahmte Bilder mit Schlachtszenen und Militärflugzeugen an den Wänden. Auf dem Flur stand eine große Glasvitrine, die Regimenter mit Bleisoldaten enthielt, alle akribisch von Hand bemalt. Dann waren da die Bücher. Seine Regale waren voller Bücher zur Militärgeschichte: viele verschiedene Bände zur Schlacht von Waterloo und insbesondere ein ganzes Sortiment Material zum Ersten Weltkrieg, darunter eine vollständige Ausgabe der, wie er mir sagte, »British Official History«.

»Hast du diese Bücher wirklich gelesen oder sammelst du sie nur?«, fragte ich. Er antwortete, dass er sie gerne sammelte, aber tatsächlich jedes Buch, das er besaß, gelesen hatte. Er interessierte sich für Militärgeschichte, seit er zehn Jahre alt war, und hatte mit dem Sammeln von Büchern und Militaria im Alter von zwanzig Jahren begonnen.

So wie er eine enorme Sammlung mit Büchern zur Militärgeschichte besaß, nannte er auch alle Filme von *Alien* und *Star Wars* sein Eigen sowie eine Menge Comedy-Videos, darunter ein halbes Dutzend mit Ben Eltons Stand-up-Nummern, die während seiner berühmten Zeit bei der TV-Show *Saturday Night Live* aufgenommen worden waren.

Als mir bewusst wurde, wie wenig ich von ihm wusste, bekam ich plötzlich Respekt vor ihm und den Sachen, die er kannte, von denen er aber nie gesprochen hatte. Vermutlich hatte ich überhaupt kein Interesse daran gezeigt, etwas über ihn in Erfahrung zu bringen. Als ich jetzt end-

349

lich in seine Wohnung kam und Anteil daran nahm, leuchtete sein Gesicht auf und er sprach lebhaft von dem, was ihn bewegte. Möglicherweise entdeckte ich zum ersten Mal, wie grün seine Augen waren und was für ein zerfurchtes Gesicht er hatte. Die Leute sagten mir immer, wie gut er aussehen würde, aber ich hatte mich aus vielleicht demselben Grund, aus dem ich mir verboten hatte, ihn kennenzulernen, dazu überredet, dass er einfach nicht mein Typ sei. Mir fiel auf, dass ich alles Denkbare getan hatte, um mich davon abzuhalten, ihm gegenüber etwas zu empfinden. In dieser Nacht gestand ich ihm schließlich, was ich mir erst jetzt selbst einzugestehen wagte: Ich brauchte ihn und wollte ihn in meinem und Sophies Leben haben.

Eine alleinerziehende Mutter zu sein, war sehr schwer gewesen. Ich war einsam gewesen und hatte die letzten ein, zwei Jahre vorgehabt, einen Mann zu finden, der sich um meine Tochter und mich kümmern würde. Doch als dieser Mann des Weges kam, hatte ich alles Mögliche in Bewegung gesetzt, um diese Beziehung zu sabotieren und dafür zu sorgen, dass er mich verließ. Zum ersten Mal hatte ich Angst, ihn zu weit getrieben zu haben. Vielleicht würde er mir ja mitteilen, dass es zu spät sei. Wenn er das machte, so fragte ich mich, würde ich ihn dann anflehen, damit er mir noch eine Chance gab? Ich bewegte all diese Gedanken in mir, während er sprach, und stellte fest, dass ich wahrscheinlich überhaupt keine Chance brauchte. Denn wenn ich ehrlich war, dann wusste ich schon die ganze Zeit über, was er empfand, und war tief im Inneren überzeugt davon, dass er sich nicht weigern würde. Nachdem er bewiesen hatte, dass er mich nicht verlassen würde, hatte ich endlich das Vertrauen, dass er bleiben würde.

Als wir vor meinem Haus anhielten, händigte ich ihm

die Schlüssel aus und trat einen Schritt zurück, damit er die Haustür aufschließen und uns beide hineinlassen konnte. Ich war mir sicher, das Richtige getan zu haben, denn jetzt, wo er wieder da war, würde ich es nicht ertragen, jemals wieder von ihm getrennt zu sein. Zwei Wochen später, nur sieben Wochen, nachdem wir uns kennengelernt hatten, fragte er mich, ob ich ihn heiraten würde. Er sagte mir, dass er mir seine Gefühle schon länger habe mitteilen wollen. Aber er hatte sich zurückgehalten, um mich nicht zu verschrecken. Ich würde einschüchternd wirken, weil ich so angriffslustig und unabhängig sei und von Anfang an sehr deutlich gezeigt habe, dass ich allein zurechtkäme und niemanden brauche. In jener Nacht im Krankenhaus habe er zum ersten Mal eine andere Seite von mir gesehen. Ich sei verletzlich gewesen und hätte mich an ihn gewandt. Da habe er erkannt, dass er mich liebe, und beschlossen, mich zu heiraten.

Zwei Jahre später, im September 2001, heirateten Ion und ich. Meine Eltern hatten die Hochzeiten ihrer beiden anderen Töchter nicht besucht. Entsprechend weigerten sie sich auch, auf meiner anwesend zu sein. Norman war mein Brautführer.

Einer der ausschlaggebenden Faktoren für meine Entscheidung, einer Heirat mit Ion zuzustimmen, war das Zusammentreffen mit seiner Familie. Ich wusste, dass sie sicher nicht viele Orientalen kennengelernt hatten, und war ziemlich besorgt. Was würden sie dazu sagen, dass er ein Mädchen heiratete, das nicht nur aus Pakistan stammte, sondern auch ein kleines Kind hatte? Ich wusste, dass seine Mutter Witwe war und dass Ion das dritte von vier Geschwistern war. Es gab noch die Schwestern Heather und Catherine und den älteren Bruder Andrew. Meine

Idee, einen nach dem anderen kennenzulernen, wurde vereitelt, als wir an einem Samstag, an dem wir auf dem Marktplatz zum Einkaufen gingen, seiner Mutter und seinen beiden Schwestern in die Arme liefen. Ich wappnete mich innerlich gegen eine feindselige Begrüßung und konnte gar nicht verstehen, warum sie so erfreut schienen, mich endlich zu treffen.

»Warum sollten sie das nicht sein?«, wollte Ion wissen, als wäre es das Natürlichste von der Welt, dass seine Familie die Person, die er heiraten wollte, mögen würde.

Nachdem wir unsere Verlobung verkündet hatten, trafen wir uns alle im Haus seiner Mutter, um die Konsequenzen für Sophie zu besprechen. Die Familie beschloss, dass Sophie, weil sie noch so klein war, Stabilität brauche und es von vornherein besser sei, die Familienbeziehungen klar zu definieren. Also nannte sie Ion ab sofort »Daddy«. Außerdem bekam sie an diesem Tag eine neue Oma und mehrere Tanten, Onkel, Cousins und Cousinen. Catherines Sohn James war ebenfalls ein Einzelkind, und bei nur achtzehn Monaten Altersunterschied zwischen ihnen fingen die beiden jüngsten Kinder der Familie an, was sie auch in Zukunft machen sollten: Sie spielten und kabbelten sich wie Geschwister. Bis Ion und ich heirateten, waren diese Beziehungen zu einem festen Teil in Sophies Leben geworden.

Ich vertraute Ion und seiner Familie völlig. Den Beweis dafür trat ich sechs Monate nach unserer Verlobung an, als neun von uns Mädchen nach Amsterdam reisten, um Susans Junggesellinnenabschied zu feiern. Zuerst zögerte ich, doch Ion überredete mich zu gehen. Er meinte, er sei durchaus imstande und auch absolut bereit, auf Sophie aufzupassen. Also fuhr ich mit und ließ Sophie in Ions fähigen Händen zurück; unterstützt wurde er von meiner zukünftigen Schwiegermutter. Ich war aufrichtig gerührt darüber, wie diese Leute Sophie in ihre Familie aufnahmen und sie wie ihr eigen Fleisch und Blut liebten.

Ich hatte bei verschiedenen Gelegenheiten gehört, dass pakistanische Männer die Kinder anderer Männer nicht großziehen, und wusste von mehreren Männern, deren Frauen gestorben waren und die innerhalb von sechs Monaten mit einer neuen Frau und Mutter für ihre Kinder aus Pakistan zurückkamen. Normalerweise war es ein sechzehnjähriges Mädchen, kaum älter als die Kinder. Anders ist es, wenn eine Frau mit Kindern zur Witwe oder verlassen wird. Zum Wohle der Kinder findet sie sich normalerweise lieber damit ab, sie allein großzuziehen, als das Risiko einzugehen, sie der Gnade eines Mannes auszuliefern, der nicht der Vater ist. Der einzige pakistanische Stiefvater, den ich kenne, ist mein Bruder Mohammed, und er ist eine Ausnahme.

Das lässt mich die Aufnahme von Sophie in die Riley-Familie noch viel mehr schätzen, denn nachdem ich in einer pakistanischen Familie aufgewachsen war, hatte ich damit überhaupt nicht gerechnet.

»Onkel Andrew, bist du wie mein Daddy?«, fragte Sophie, als sie bei Andrew und Tracy übernachtete. Er antwortete, dass sie Brüder seien, weshalb er davon ausgehe, dass sie sich ähnlich seien.

»Ja, aber *spielst* du?«, wollte sie wissen.

Zu Sophies Glück spielte Onkel Andrew, doch dieser Vorfall gibt einen ziemlich genauen Einblick in Ions Beziehung zu Sophie. Von Anfang an war seine Rolle in unserem Leben nie die eines Ehemanns, der zufällig ein Stiefkind mitgeliefert bekam, als er die Mutter heiratete. Vielmehr war er der hingebungsvolle Vater, der immer einen aktiven Part in ihrer Erziehung spielte. Als sie klein war, donnerten sie durchs Haus, jagten sich gegenseitig, spielten Verstecken und kämpften um Süßigkeiten.

»Mummy, als du Daddy geheiratet hast, hast du einen neuen Mann bekommen und ich einen großen Bruder«, erklärte sie einmal und bestätigte, was die meisten Ehefrauen ahnen: Wenn es ums Spielen geht, haben Ehemänner oft dasselbe mentale Alter wie ihre Kinder.

Ich weiß, dass ich unglaubliches Glück hatte. Ion hat Windeln gewechselt, sie gebadet, ist in der Nacht aufgestanden, wenn es ihr nicht gut ging, hat die Schulfahrten übernommen und spielte ganz allgemein eine aktive Rolle in ihrer Erziehung – meistens, ohne lange darum gebeten zu werden. Während unseres ersten Familienurlaubs plauderten Susan, Melanie und ich am Pool, als ich Ion auf uns zukommen sah, Sophie auf den Armen. Sie hatte ein kleines Malheur gehabt und sich beschmutzt, und Ion hatte unsere Mädels-Unterhaltung nicht stören wollen und es auf sich genommen, sie unter die Dusche zu stellen, zu säubern und ihren Badeanzug auszuwaschen. Dann händigte er das kleine kichernde Bündel mir aus, sauber und eingekuschelt in ein großes Strandhandtuch, bevor er zum Schwimmen ging und uns drei mit ungläubigen Blicken zurückließ. In einer ähnlichen Situation hätten die meisten Väter das Kind einfach der Mutter übergeben, damit sie sich darum kümmerte.

Als Sophies Patinnen zeigten Susan und Melanie ein ausgesprochen intensives Schutzverhalten, und ich wusste immer, dass sie gegenüber jedem Mann, der in unser Leben trat, wachsam und misstrauisch waren. Ich erinnere mich daran, wie wütend Susan gewesen war, weil mein Ex die sechs Monate alte Sophie an den Trägern ihrer Latz-hose hochgehoben hatte. Sie wurde rot vor Wut und sagte später, es sei ein Glück, einen Mann los zu sein, der ein Baby so behandelte.

Susan und Mark heirateten im März 2000 und leben in dem pittoresken Dorf Crich im Lake District. Sophie hat Sues Eltern, Brian und Margaret, als Grandpa und Nanny Owers adoptiert und nannte sie kreativ »Paten-Großeltern«. Sie verbrachte fast alle Schulferien mit Susan und Mark, die sie im Laufe der Jahre mit Ausflügen nach Disneyland Paris verwöhnten und in die französischen Alpen mitnahmen, um ihr das Skifahren beizubringen. Im Gegenzug nimmt Sophie Mark mit ins Kino, sodass er alle neuesten Kinderspielfilme anschauen kann. 2002 wurden Susan und Mark zu ihren gesetzlichen Vormün-dern im Falle unseres Tod gemacht, was die sechsjährige Sophie zu der hoffnungsvollen Erklärung veranlasste: »Ich kann es kaum erwarten, bis Daddy und du tot seid, damit ich bei Onkel Mark und Tante SueSue leben kann.«

1999 lernte Melanie David Warren, einen langgedien-ten Polizeikollegen kennen. Sobald sie zu dem Schluss ge-kommen war, dass er in Ordnung war, und dank einer Flasche Jack Daniels und eines Push-up-BHs verliebten sie sich ineinander, und sie galoppierte mit ihm im August 2001 zum Traualtar. Die märchenhafte Hochzeit wurde natürlich von der unerschütterlichen Pillippa organisiert. Als Dave wieder nüchtern wurde, durfte er feststellen, dass er Co-Hypothekennehmer eines sehr teuren Hauses in Banstead Surrey und verblüffter Vater von zwei hüb-schen kleinen blonden Kindern ist, die ihn Daddy nen-nen.

Wie die meisten orientalischen Eltern hat meine Mutter nie danach verlangt, ihre Töchter zu verstehen oder von ihnen verstanden zu werden. Sie wollte einfach nur bedingungslosen Gehorsam. Wenn Gehorsam der Maßstab dafür ist, ob ich eine gute Tochter bin, dann habe ich in den Augen meiner Mutter schrecklich versagt. Ich bin jetzt mit einem *Angrezi*-Ehemann verheiratet und Mutter einer Tochter, die sie nicht so lieben kann, wie sie ihre pakistanischen Vollblut-Enkelkinder liebt. Ich habe ihr Schande gemacht und sie enttäuscht.

Über die Jahre hinweg habe ich versucht, im Gesicht meiner Mutter den Engel meiner Kindertage wiederzuentdecken, doch es war vergebens. Er ist für immer verschwunden. Oder er hat nie existiert, und ich habe in Pakistan die Person zu sehen bekommen, die meine Mutter in Wirklichkeit immer war. Wir haben nur noch selten Kontakt. Meine Mutter verachtet alles an mir, und ich nehme ihr ihre ständige Kritik sowie ihre Weigerung übel, mir wenigstens ein Stück weit entgegenzukommen oder mich zu verstehen zu versuchen. Sie pflegte ungefähr ein Mal pro Jahr anzurufen, doch auch das hat nun aufgehört, was eine Erleichterung ist, denn die Gespräche waren für uns beide eine Qual. Innerhalb von Sekunden löste sich ihrerseits jeder Vorsatz, sich zurückzuhalten, in Luft auf, und sie goss einen Sturzbach schmerzhafter Kritik über mir aus, weil ich eine schlechte, gefühllose Tochter sei.

Obwohl ich Urdu sprechen kann, bin ich nicht fähig, in meiner Muttersprache zu erklären, dass ich nicht von Natur aus »schlecht« bin. Ich *wollte* eine gute Tochter sein, und es war nicht meine Schuld, dass ich in einer Kultur erzogen wurde, die mich zur Fremden gegenüber meinen eigenen Eltern machte.

Wir leben in einer Tragödie der modernen Zeit. Uns

verbinden Blutsbande, die uns fürs Leben zusammenschweißen und nach unserem Tod weiterleben sollten, solange unsere Töchter und deren Töchter sich an uns erinnern. Stattdessen sind wir zwei Gegnerinnen, die am Rande eines riesigen, gähnenden Grabens stehen, den keine von uns überbrücken kann. Er wird nicht nur durch eine Generation, sondern durch zwei Sprachen und zwei einander sehr fremde Kulturen aufgebrochen und kann zu unseren Lebzeiten nicht mehr zugeschüttet werden. Mir wurde gesagt, meine Mutter hasse mich. Ich wünschte, ich könnte sie lieben. Aber es ist schwer, eine Fremde zu lieben.

Margaret Riley ist die Sorte Schwiegermutter, die sich jede Frau aussuchen würde. Anfangs hatte sie Vorbehalte gegen Ions Entscheidung, mich zu heiraten; erstens hatte sie nie zuvor Menschen aus dem Orient kennengelernt und geglaubt, dass es immense kulturelle Unterschiede gebe, und zweitens war ein fremdes kleines Kind im Spiel. Trotzdem kam sie unvoreingenommen zu ihrem ersten Sonntagslunch zu uns. Später sagte sie uns, sie habe mit eigenen Augen gesehen, dass wir zusammengehörten, als sie Ion und mich beim gemeinsamen Kochen beobachtete und feststellte, wie wir drei als Familie miteinander umgingen. Da habe sie uns ihren Segen gegeben.

In unserer Beziehung fiel schon früh auf, dass mein Mann bemerkenswert frei von emotionalem Ballast war. Ich führe das darauf zurück, dass er eine beneidenswert glückliche Kindheit und eine entspannte, unbekümmerte Beziehung zu seiner Mutter gehabt hat. Sie sagt ihm regelmäßig, dass sie ihn liebt, und das ebenso locker und natürlich, wie er es annimmt. Als Ion an der Salford University seinen Abschluss in Militärgeschichte machte, kamen

Mum und Catherine zur Zeremonie, um zu sehen, wie ihm sein Diplom verliehen wurde, und ich erinnere mich daran, wie begeistert sie waren. Sie ließen kaum eine Gelegenheit aus, es ihm mitzuteilen. Mum übergab Ion eine Karte, auf der »Einem sehr geliebten Sohn« zu lesen war und im Weiteren, wie stolz sie auf ihn sei. Es war jenseits meiner Erfahrung, eine Karte wie diese von der eigenen Mutter zu bekommen, und mir wurde sehr weinerlich zumute. Auf unserer Hochzeit sagte sie mir, wie viel Glück ihr Sohn habe, mich zu heiraten.

Seit damals verfehlt sie es nie, mir das Gefühl zu geben, etwas Besonderes zu sein. An Geburtstagen und zu Weihnachten wählt sie ihre Geschenke mit sehr viel Überlegung und Umsicht aus und findet immer genau das, was ich mir auch selber gekauft hätte. Damit zeigt sie mir, dass sie sich die Zeit genommen und die Mühe gemacht hat, genau das auszusuchen, was mich bewegt. Ich nenne sie Mum und gehe zu ihr, um meine Freuden und Ängste mir ihr zu teilen. Bei ihr finde ich die Liebe und das Verständnis, die ich mir immer von meiner eigenen Mutter gewünscht hatte. Wenn Ion und ich uns streiten, wende ich mich in dem Wissen an sie, dass sie offen ihre Meinung sagt und niemals einfach seine Partei ergreifen würde, obwohl sie seine Mutter ist. Was für ein Glück, eine Schwiegermutter zu haben, die da ist, wenn man sie braucht, und die sich zurückhält, wenn sie nicht gebraucht wird.

Immer war sie auch eine perfekte Großmutter. Sie betreut James und ließ über die Jahre hinweg dieselbe verlässliche Unterstützung auch Sophie zukommen, übernahm das Babysitten, wenn Ion und ich ausgingen, die Fahrten zur Schule, als ich ganztags arbeitete, sie interessiert sich allgemein für Sophies Entwicklung und schenkt ihr ihre beständige Liebe.

Meine Schwägerin Catherine ist ebenfalls großartig. Sie sagt mir, dass ich klug und schön sei und das Beste, was ihrem Bruder hätte passieren können. Ich entsinne mich eines Center-Parc-Urlaubs, bei dem mich eine Frau dumm anredete und Catherine sich unverzüglich vor ihr aufbaute. Ich hatte Bedenken, dass sie diese Frau wegen mir niederschlagen würde, und war erleichtert, als Ion kam. Aber es berührte mich, dass Catherine trotzdem zu meiner Verteidigung herbeisprang. Sophie und ich haben dieselbe Anerkennung und Zuneigung von Ions ganzer Familie erhalten. Zum ersten Mal in meinem Leben habe ich eine Familie, die mich liebt und zu der ich mich zugehörig fühle. Danach habe ich immer gesucht. Wenn sie ihre Reihen schließen, nehmen sie mich in ihre Mitte, weil ich dazugehöre. Allein schon zu dieser Familie zu gehören und von ihr akzeptiert zu werden, hätte mir gereicht. Als ich Ion heiratete, war das alles, was ich mir wünschte, und ich erwartete nicht mehr.

Ich ging an meine Heirat mit einer sehr orientalischen Haltung heran. Zwar war ich nicht in ihn »verliebt«, aber ich »mochte« ihn sehr und wusste, dass er ein hingebungsvoller Ehemann und Vater sein würde, der Stabilität und Zugehörigkeitsgefühl in mein und Sophies Leben bringen würde. Ich vertraute ihm, war zufrieden, mit einem Mann verheiratet zu sein, den ich mochte und respektierte, und spürte, dass das eine gesunde Basis war, auf der man eine glückliche Ehe aufbauen und Kinder großziehen konnte.

Aber als ich kurz nach unserer Hochzeit eines Abends von der Arbeit nach Hause fuhr, stellte ich etwas überrascht fest, dass ich Gas gab, weil ich es nicht erwarten konnte, zu ihm zu kommen. Allein schon der Gedanke, ihn wiederzusehen, nachdem wir zehn Stunden voneinander getrennt gewesen waren, ließ mein Herz einen Sprung machen, den ich so nicht noch einmal erwartet hätte. Es bestand kein Zweifel: Ich hatte mich in meinen eigenen Ehemann verliebt.

Bei Ion hatte ich ein tiefgehendes Glücksgefühl und eine Zufriedenheit entdeckt. Ich fühlte mich von ihm geliebt und wertgeschätzt. Er war der Mann, auf den ich mein ganzes Leben gewartet hatte. An jenem Abend schien auf der Heimfahrt von der Arbeit plötzlich ein Schleier gelüftet worden zu sein, der meinen Mann als jenen großen, gut aussehenden, grünäugigen Helden mit kantigem Kinn enthüllte, von dem ich all die Jahre geträumt hatte. Ich hatte es zuvor einfach nicht gesehen, weil ich am falschen Ort gesucht hatte.

Viele Jahre lang war ich von dem Konflikt zwischen meiner orientalischen und westlichen Identität zerrissen worden, war weder Engländerin noch Pakistanerin gewesen und fühlte mich gleichzeitig doch als beides. Ich hatte immer geglaubt, dass ich, um irgendwohin zu gehören, das eine auf Kosten des anderen wählen müsste. Doch heute bin ich glücklich mit einem Mann verheiratet, der mich bedingungslos liebt, gehöre zu einer Familie, die mich als das akzeptiert, was ich bin, und habe Freunde, die mir über die Jahre hinweg ihre unverbrüchliche Loyalität und Freundschaft schenkten. Keine dieser Beziehungen ist davon abhängig, ob ich orientalisch oder westlich bin.

Aus meinem östlichen Hintergrund und meiner westlichen Erziehung heraus hat sich eine dritte Person entwickelt: eine starke, glückliche, unabhängige britisch-orientalische Frau, die sich das Beste aus beiden Welten genommen hat. Schließlich entdeckte ich, dass meine wahre Identität in der Verschmelzung von Sprache, Küche, Ethnie und Überlieferung liegt. All das zusammen macht mich zu einer vollständigen Persönlichkeit. Diese Identität überschritt die Barrieren von Rasse, Religion und Kultur und überbrückte am Ende den Graben. So fand ich den Frieden und das Zugehörigkeitsgefühl, das mir mein ganzes Leben lang versagt gewesen war. Ich muss mich nicht zwischen dem einen oder anderen entscheiden, denn ich kann beides in mir vereinen.

Mein ganzes Leben hatte ich danach gestrebt, akzeptiert zu werden. Ich war in einer westlichen Gesellschaft erzogen worden, doch genauso wichtig ist die Anerkennung des Reichtums der orientalischen Kultur, in die ich hineingeboren wurde. Die beiden sind untrennbar, sie sind zwei Hälften, die aus mir ein Ganzes machen. Ich bin Britin und ich bin Orientalin.

In der Schublade meines Nachtkästchens bewahre ich einen Geschenkanhänger auf, den ich an einem Geburtstag erhielt. Ich halte ihn in Ehren. Auf dem Anhänger ist ganz einfach zu lesen: »Meiner exotischen Schwiegertochter, alles Liebe von Mum.« Ich bin endlich zu Hause.

Danksagung

Ich möchte den anderen drei Mitgliedern des »Hexenzirkels« danken: meiner Schwester Farah und meinen Freundinnen Susan Jacob und Melanie Warren. Wir wissen alle, was wir uns gegenseitig bedeuten. Danke auch an Ion, Mark, Dave und Michael für die Liebe und Unterstützung, die ihr uns vieren angedeihen lasst. Ihr wisst, dass wir dessen wert sind und ihr ohne uns nur halb die Männer wärt, die ihr seid!

Danke an meine wunderbare Tochter Sophie, die Freude meines Lebens. Ich danke dir, dass du so geduldig warst während der zwölf Monate, die ich benötigte, um dieses Buch zu schreiben, und in denen ich mich in mein Arbeitszimmer eingesperrt habe und manchmal zu beschäftigt, zu müde oder zu emotional aufgeladen war, um dir genug Aufmerksamkeit zukommen zu lassen. Insbesondere bitte ich um Verzeihung für all die Zeiten, in denen ich intensiv arbeitete oder bei Besprechungen in London war und dich der Gnade von Daddys Kochkünsten überließ. Ich hoffe, dass du in späteren Jahren kein Buch schreibst, in dem du der Welt von den irreparablen, langfristigen Gefühlstraumata erzählst, die diese schrecklichen Mahlzeiten verursacht haben müssen.

Mein Dank an Lesley Anyon und ihren prachtvollen Ehemann Michael. Ihr beide habt mir Freundschaft und Unterstützung geschenkt, als ich allein war, und habt nie erwartet, etwas zurückzubekommen.

Meiner lieben Freundin und amerikanischen Küchengöttin Deborah Jenkins: Du hast dieses Projekt von Anfang an gekannt und weigertest dich mit typischer Hartnäckigkeit zu gehen, wenn es zu schwierig oder zu emotional für mich wurde, um damit zurechtzukommen. Deine Reaktionen auf die Enthüllungen, die in diesem Buch gemacht werden, sind Gold wert.

Und Shahenaz, das fünfte Mitglied des Hexenzirkels: Nichts verändert sich, und wahre Freundschaft bedeutet, immer da abgeholt zu werden, wo wir stehen gelassen wurden.

Allen Mitgliedern von New Life in Retford. Ihr wisst, wer ihr seid und was ihr mir bedeutet.

Meine immerwährende Liebe und Zuneigung meiner Schwiegermum (darf ich es wagen, sie Mutter Riley zu nennen?) und der Familie, die sie mir geschenkt hat.

Zuletzt, doch äußerst wichtig, noch einmal meinem Ehemann Ion: Du hast deine eigenen Vorhaben zurückgestellt, um meins zu unterstützen. Du hast den Haushalt weitergeführt, dich um Sophie gekümmert und mir bei der Herausgabe dieses Buchs geholfen, indem du es mir möglichst machtest weiterzuschreiben. Vor allem hast du mir durch die psychischen Umwälzungen geholfen, die die Rückbesinnung auf lange verdrängte Erinnerungen mit sich brachte. Du hast zugehört, mich getröstet und die Dinge, die du über mich erfahren hast, nie missbilligt oder verurteilt. Das alles zeigt, was für ein hervorragendes Preis-Leistungs-Verhältnis diese Ehe hat.

Glossar

Abba-Ji	Vater, das angehängte *ji* steht für besonderen Respekt
Acha Bhai	Schwager
Acha nahin hoga!	Es wird nicht zu dir passen.
Akal	gesunder Menschenverstand
Ammi	Mum
Angrezis	die Engländer
Apa	Schwester
Awara	sittenlos, missraten
Bahot garam chai	sehr heißer Tee
Bakri!	Ziege
Bas! Bas ho gaya!	Genug! Das reicht!
Beta	Liebling
Bewakuf!	Idiot!
Bey-izzati	keine *Izzat* haben
Beycharis	arme Dinger
Bhahenchode	Schwesterf…er
Bhai	Bruder
Bheynse	Büffel
Bhindi	Okraschote
Biraderi	Brüderlichkeit
Biwi	Ehefrau
Bungla	Haus
Burra Abba	Älterer Vater (Großvater)
Burra Mammu	Mutters älterer Bruder
Burri Amma	Ältere Mutter (Großmutter)

Chacha	Vaters Bruder
Chachi	Ehefrau des *Chacha*
Choti	jünger
Chup!	Sei still!
Dadda	Großvater väterlicherseits
Daddi	Großmutter väterlicherseits
Desi	einheimisch
Dhania	Koriander
Dhoolan	Braut
Dupatta	Schal
Garam masala	»scharfe Gewürze«, Gewürzmischung
Gora	weiße Person
Gori	Weiße
Gurrh Burrh	Unannehmlichkeiten, Chaos
Habri	mit vorstehenden Zähnen
Haldi	Kurkuma
Haramin!	Bastard
Haramzadi!	Bastard
Inki aisi ki taisi!	Sie können mich mal!
Izzat	Ehre
Jahanum	Hölle
Kaffirs	Heiden
Kali	schwarz
Kameeni	abfälliges Wort für weiblich
Kamiz	Unterkleid, Tunika
Khandani	Familie

Kismet	Schicksal
Kurta	langes, weißes Baumwollhemd
Maaderchode	Mutterf...er
Mamoo	Mutters Bruder
Mazhab	Glaube
Mumani	Mamoos Frau
Namaz	Gebete
Nanna	Großvater mütterlicherseits
Naukar	Bediensteter
Pak	rein
Pakoras	Frittiertes mit Kichererbsenteig
Patter ka dil	Herz aus Stein
Phaeris	Feen
Pukka	gar, gekocht
Punkha	Ventilator
Purdah	Vorhang, Schleier
Quaid-e-Azam	Großer Führer
Ramadan	Fastenmonat
Rishta	Heiratsantrag
Roti	ungesäuertes Brot, auch »chapatti« genannt
Sabzi	Gemüse
Sali	abfälliges Wort für Frau
Shaitan ki aulad!	Ausgeburt des Teufels!
Shalwar kameez	traditionelle Kleidung, bestehend aus bauschigen Hosen und Hemd
Sharah	Alkohol

Sharabi	betrunken
Sharam	Schande
Tameez	Etikette
Tawa	flaches Backblech
Wazu	rituelle Waschung vor Gebeten

»Was Ferzanna während ihrer Erziehung erlitten hat, sollte kein Kind erfahren müssen, schon gar nicht innerhalb der vermeintlichen Sicherheit seiner eigenen familiären Umgebung. Unglücklicherweise ist die Existenz von Kindsmisshandlungen äußerst real und kann, so traurig es ist, nicht geleugnet werden. Sie existieren in allen Gesellschaften und Kulturen, was den Schutz von Kindern zu einer vordringlichen Aufgabe für all jene macht, die als Eltern, Vormund oder Betreuungsperson das Sorgerecht, die Aufsicht oder die Pflege für ein Kind innehaben.«

Ali Khan
Vorsitzender von *roshni

roshni (bedeutet auf Urdu »Licht«) ist eine in Schottland eingetragene Wohltätigkeitsorganisation, die 2002 gegründet wurde. Ferzanna Riley gehört dem Aufsichtsrat an und trägt zur langfristigen Strategie der Wohltätigkeitsorganisation bei, die die Wahrnehmung von Kindsmissbrauch stärken und junge Leute befähigen soll, sich dem Problem zu stellen. Durch diese Arbeit sorgt *roshni* dafür, dass Kinder und junge Leute, die Opfer irgendeiner Form von Missbrauch werden, Zugang zu den nötigen Hilfen erhalten und empfänglich für die eigenen kulturellen und religiösen Bedürfnisse werden.

Für weitere Informationen besuchen Sie bitte www. roshni.org.uk